ESG, 더 나은 미래를 향한 우리의 약속!
환경, 지구를 위한 리셋 그리고 우리의 선택

ESG, 더 나은 미래를 향한 우리의 약속!
환경, 지구를 위한 리셋 그리고 우리의 선택

초판 1쇄 인쇄 2025년 08월 22일
초판 1쇄 발행 2025년 08월 29일

지은이 유재열 권재철 이선우 박종희 유민형 이은학 이광호 김춘택 김헌준 류지헌
펴낸이 김헌준
편 집 류석균
디자인 전영진
펴낸곳 소금나무
　　　　주소 (07314) 서울시 영등포구 신길로 214, B 101-1호 ㈜시간팩토리
　　　　전화 02-720-9696 팩스 070-7756-2000
　　　　메일 sogeumnamu@naver.com
　　　　출판등록 제2025-000036호(2025.03.11.)

ISBN 979-11-989090-5-3 03300

이 책의 저작권은 지은이에게 있으며, 무단 전재와 복제를 금합니다.
잘못된 책은 구입하신 곳에서 교환해 드립니다. 책값은 뒤표지에 있습니다.

소금나무는 ㈜시간팩토리의 출판 브랜드입니다.

환경,
지구를 위한 리셋
그리고 우리의 선택

ESG,
더 나은 미래를 향한
우리의 약속!

유재열 권재철 이선우 박종희 유민형 이은학 이광호 김춘택 김헌준 류지헌

한국ESG경영인증원

소금나무

발간사
이은학 대전정보문화산업진흥원 원장

지속 가능한 미래를 향한 전 지구적인 과제 속에서 ESG(Environmental, Social, Governance) 경영은 이제 선택이 아닌 필수가 되었다. 기후변화의 심화와 사회적 불평등의 확대, 기업의 투명성에 대한 사회의 높아진 요구는 이제 기업과 정부 그리고 우리 사회 전반이 새로운 경영 패러다임을 받아들이도록 이끌고 있다.

ESG는 사실 우리 모두의 오늘과 내일을 위한 이야기이다. 내가 무심코 사용하는 플라스틱 컵이 지구 반대편에 어떤 흔적을 남기는지, 내가 투자한 돈이 어떤 가치를 지닌 기업을 성장시키는지, 우리 아이들이 살아갈 세상은 지금보다 더 따뜻하고 공정할 수 있을지에 대한 질문과 맞닿아 있기 때문이다. 이처럼 ESG는 거대한 담론 이전에 더 나은 세상을 꿈꾸는 우리 각자의 소중한 마음에서 시작되는 책임 있는 철학이라 할 수 있다.

이러한 시대적 소명으로 ESG 분야에 관심과 경험을 가진 10명의 전문가가 함께 모여 본서를 집필하게 되었다. 오랫동안 각자의 자리에서 환경을 고민하고, 사회의 목소리에 귀 기울이며, 더 나은 조직의 모습을 그려온 우리가 머리를 맞댄 이유는 이 중요하고도 따뜻한 이야기를 더 많은 분과 나누고 싶다는 간절함 때문이었다.

따라서 이 책은 단순한 이론서가 아닌 실무자와 연구자, 정책입안자 모두에게 실질적인 통찰을 제공하는 데 그 첫 번째 목적이 있다. 동시에 ESG를 처음 접하는 일반 대중이 쉽게 다가서고 각자의 자리에서 실천할 수 있도록 가급적 난해한 용어를 피하면서 친절하게 기술하고자 노력하였다. 먼저 고민을 시작한 동료로서, 함께 길을 걷고 싶은 친구로서 독자 여러분께 다가가고자 한다.

본서는 ESG의 세 축인 환경, 사회, 지배구조 각각의 핵심 이슈를 다양한 분야와 관점에서 심도 있게 조망하고 분석하였다. 또한 ESG 경영의 국내외 동향과 정책적 과제 그리고 기업의 우수 대응 사례 등을 다루고 있다. 이를 통해 독자들이 ESG 경영이 단기적인 유행을 넘어 미래 사회의 지속 가능성을 실현하는 핵심 전략임을 체감할 수 있도록 구성하였다. ESG를 실천해 세상을 놀라게 한 성공 스토리를 통해 영감을 얻고, 알쏭달쏭했던 개념들을 명쾌하게 풀어주는 친절한 안내서를 만나게 될 것이다.

지속 가능한 미래는 누군가가 만들어주는 것이 아니라 우리가 함께 만들어 가는 여정이다. 세상을 바꾸는 거창한 시작이 아니어도 괜찮다. '이건 좀 아닌데?'라는 작은 문제의식, '이렇게 하면 더 좋지 않을까?'라는 작은 관심만으로도 충분하다. 독자 여러분의 그 작은 관심이 모여 세상을 바꾸는 가장 큰 에너지가 될 것이라 우리는 굳게 믿는다.

2025년 8월 한국ESG경영인증원 공저자를 대표하여...

추천사
정희태 카이스트 생명화학공학과 교수

지속 가능한 미래를 향한 실천의 나침반

기후위기와 환경 파괴가 일상의 현실이 된 오늘, 우리는 더 이상 방관자가 될 수 없다. ESG라는 개념이 기업 경영의 화두를 넘어 개인의 삶과 사회 전반의 패러다임 변화를 요구하고 있는 지금, 이 책은 그 어느 때보다 절실하고 의미 있는 길잡이가 될 것이다.

한국ESG경영인증원 소속 열 명의 전문가들이 모여 공동으로 집필한 이 책은 ESG를 추상적 개념이 아닌 우리 일상의 구체적 실천으로 끌어내린 점에서 특별한 가치를 지닌다. 책을 읽는 순간부터 시작되는 환경 영향, 플라스틱 사용의 딜레마, 패션 소비의 숨겨진 비용, 쓰레기 처리의 현실까지 저자들은 우리가 무심코 지나쳤던 일상의 모든 순간에 ESG의 렌즈를 들이댄다.

특히 이 책이 돋보이는 점은 문제 제기에서 그치지 않고 현실적이고 실천 가능한 대안을 제시한다는 것이다. 배터리의 순환경제, 지속 가능한 여행, 가치 중심의 소비, 에너지 전환의 윤리까지 각 분야의 전문가들이 제시하는 해법은 개인의 작은 실천부터 사회 시스템의 근본적 변화까지 아우르며, 독자들에게 '나도 할 수 있다'라는 희망과 확신을 심어준다.

공학자로서 기술과 사회의 상호작용을 연구해 온 나에게 이 책은 기술 발전이 단순히 경제적 효율성을 추구하는 것을 넘어 사회적 가치와 환경적 지속가능성을 동시에 고려해야 한다는 메시지를 명확히 전달해준다. 행정의 ESG 전환, 기업의 가치 경영, 시민참여의 중요성을 다룬 장들은 기술 혁신과 사회 변화가 어떻게 조화를 이룰 수 있는지에 대한 깊은 통찰을 제공한다.

무엇보다 이 책의 진정한 힘은 ESG를 어렵고 거창한 담론이 아닌 오늘 당장 시작할 수 있는 생활 속 실천으로 번역해낸 데 있다. 각 장의 구체적 사례와 실천 방안은 독자들이 단순한 지식 습득을 넘어 행동 변화로 이어질 수 있도록 안내하고 있다.

ESG에 관심은 있지만 어디서부터 시작해야 할지 막막했던 분들, 지속 가능한 미래를 만드는 데 동참하고 싶은 모든 분에게 이 책을 강력히 추천한다. 열 명의 전문가가 정성껏 준비한 이 나침반과 함께 지속 가능한 미래를 향한 의미 있는 여정을 시작해 보길 바란다.

2025년 8월 대전 카이스트 교정에서...

목차

발간사 ... 004
추천사 ... 006

CHAPTER 01

유재열

플라스틱의 두 얼굴 _ 편리함과 위험 사이에서

플라스틱, 우리 일상의 숨은 영웅일까? ... 016
   플라스틱의 유용성과 사회적 기여
   폭발하는 플라스틱 생산량, 쏟아지는 폐플라스틱

넘쳐나는 플라스틱, 어떤 대가를 치르고 있을까? ... 022
   플라스틱 사용의 폭증과 폐기물 문제
   한국, 세계 최고 수준의 플라스틱 소비·폐기국

플라스틱에 새 생명을 불어넣을 수 있을까? ... 029
   재활용 기술의 발전
   시민·기업·정부의 인식 변화와 실천 행동

CHAPTER 02

권재철

패션 _ 입는 것부터 다시 생각하다

지속 가능한 패션 소재와 생산 방식 ... 044
   지구를 살리는 친환경 섬유의 혁신

ESG

기업의 의류 제조 저에너지 전략
친환경 의류 제조 공정의 전환점

지속 가능한 패션을 위한 여정 ... 053
의류 재활용의 가치와 실천
창의적 업사이클링의 세계
옷 한 벌의 탄소 발자국 추적
ESG 패션 브랜드의 실천 사례

ESG 차원에서의 웨어러블 패션 ... 064
웨어러블 패션의 지속가능성
투명하고 책임 있는 기술 경영
웨어러블 패션의 가능성과 미래

CHAPTER 03

이선우

쓰레기를 읽다 _ 버려진 것들에 대한 성찰

무심한 일상, 버려진 감각	... 076
나는 무엇을 버리고 있는가?	... 081
버리는 방식에 대하여	... 085
쓰레기가 남긴 흔적	... 088
덜 버리는 삶, 되찾는 감수성	... 092

CHAPTER 04

박종희

지구에 남긴 발자국 _ 여행은 가볍게

여행이 지구에 남기는 발자국 ... 098
　관광 산업의 거대한 환경 발자국
　기후변화의 가해자이자 피해자인 관광
　성장하는 욕망과 변화의 가능성

변화의 바람이 불기 시작하다 ... 103
　스웨덴 플뤽스캄 현상과 정부·기업의 대응
　리제너러티브 투어리즘의 등장
　새로운 여행 문화와 기술 혁신

나의 탄소발자국 돌아보기 ... 109
　개인 여행의 탄소 배출량과 교통수단의 선택
　항공 여행의 문제점과 탄소 상쇄의 한계
　개인 탄소 예산의 현실과 변화 방법

제주도와 세계의 녹색 여행 실험 ... 115
　제주도의 에너지 전환 실험과 현실
　세계 각국의 성공 사례들
　성공 요인과 교훈

오늘부터 시작하는 지속 가능한 여행 ... 121
　지속 가능한 여행의 구체적 실천 방법
　슬로우 트래블과 디지털 기술의 활용
　개인에서 커뮤니티로의 확산과 새로운 패러다임

CHAPTER 05

유민형

환경 _ 팔아야 할 대상이 아닌 지켜야 할 가치

친환경이 유행이 된 시대 ... 130

환경은 상품이 아니다
철학이 브랜드를 만든다
가치를 판다는 것은 선택받는다는 것

우리가 팔고 있는 것은 무엇인가?　　　　　　　　　　　　　　… 141
　보이지 않는 가치를 파는 기업들
　작은 기업도 가치를 팔 수 있다
　가치를 파는 브랜드가 오래 간다

가치를 파는 기업, 소비를 바꾸는 사람　　　　　　　　　　　… 148
　가치를 팔아 성장한 기업들
　작은 소비의 힘, 일상의 변화
　환경을 팔지 말고 가치를 팔아야 한다

CHAPTER 06

이은학

행정의 전환 _ ESG로 여는 공공의 미래

행정이 ESG를 주목해야 하는 이유　　　　　　　　　　　　　… 158
　ESG는 단순한 유행이 아닌 구조적 전환
　행정에 ESG 도입이 필요한 배경

행정의 일상에서 구현되는 ESG　　　　　　　　　　　　　　… 164
　일상 행정서비스에 녹아든 ESG
　법과 제도를 통한 ESG 기반 구축

ESG 행정을 위한 혁신 과제　　　　　　　　　　　　　　　　… 170
　공무원 역량과 조직문화 변화 전략
　지역 간 격차와 현실적 한계 해소

시민과 함께 만드는 ESG 행정　　　　　　　　　　　　　　　… 176
　시민참여가 ESG 추진의 핵심 동력
　미래 세대와 함께하는 ESG

CHAPTER 07

이광호

전환의 시대 _ 우리가 선택해야 할 에너지

전기는 어디에서 오는가? ... 182
우리가 외면한 사회적 비용 ... 186
대안은 바로 신재생에너지 ... 190
에너지를 선택하는 삶 ... 195
전환의 윤리 그리고 연대 ... 200

CHAPTER 08

김춘택

배터리의 두 번째 생명 _ 순환이 만드는 미래 산업

배터리의 시작과 끝 그리고 새로운 시작 ... 204
   배터리, 우리 삶의 필수 동력
   폐배터리 리사이클링, 왜 중요한가?
   버려지지 않는 배터리

배터리 순환 경제의 현재와 미래 가치 ... 218
   희귀 금속, 다시 태어나다
   성장하는 시장, 확장되는 기회
   변화를 이끄는 기술과 정책

지속 가능한 배터리 산업을 위한 우리의 과제 ... 229
   폐배터리, 더 이상 폐기물이 아니다
   산업 생태계의 연대와 협력
   배터리 순환의 완성, 지속 가능한 미래

CHAPTER 09

김헌준

우리가 읽는 책 _ 얼마나 지구를 아프게 했을까?

책 한 권, 얼마나 많은 자원이 들었을까? ... 242
  나무 한 그루로 몇 권의 책을 만들 수 있을까?
  전자책은 친환경적일까?

책을 둘러싼 소비의 풍경 ... 249
  반품되는 책, 폐기되는 지식
  책의 두 번째 생명, 어떻게 가능할까?

지구를 위한 독서, 우리가 바꿀 수 있는 것들 ... 256
  지구를 생각하는 독자란?
  친환경 출판은 가능할까?

CHAPTER 10

류지헌

함께 그린(Green) 미래 _ 우리가 만드는 ESG 실천

환경, 우리 삶의 필수 가치 ... 266
  왜 지금 환경을 이야기해야 할까?
  ESG, 환경의 가치가 우리 삶에 스며들다
  우리의 옷장이 지구에 미치는 영향
  탄소중립, 우리 모두의 약속이자 희망

자원순환과 보존 ... 273
  플라스틱 없는 세상을 꿈꾸며
  자원순환, 버려진 것들에 새 생명을
  물과 에너지, 보이지 않는 자원의 소중함

자연과 기술의 조화 ... 282
  함께 숨 쉬는 지구를 위하여

시원한 바람과 깨끗한 에너지가 흐르는 도시
기술과 자연이 따뜻하게 만나는 미래

지속 가능한 미래를 위한 시민참여와 연대 … 289
ESG, 변화를 완성하는 우리의 힘
세대와 세대를 잇는 연대의 실천
작은 실천이 만드는 커다란 변화

CHAPTER 01

플라스틱의 두 얼굴
_ 편리함과 위험 사이에서

유재열

한국기계전기전자시험연구원(KTC) 부원장 / 한국계량측정협회 이사 / 한국ESG경영인증원 전문위원
기계산업인적자원개발위원회(ISC) 위원장 / 천안과학산업진흥원 ESG경영위원회 전문위원

동국대 철학과 졸업, 연세대 대학원에서 일반행정 석사 학위를 취득, 현재 ESG 분야의 전문성을 발휘하고 있다. 산업통상자원부에서 26년 넘게 에너지, 산업, 무역, 지역경제, 기획조정 등 다양한 분야에서 공직 생활을 수행하였다. 플라스틱 오염이 인간을 비롯한 생태계 전반에 미치는 위협을 극복하기 위해서 일상에서 우리가 유념해야 할 태도와 생분해성 플라스틱 개발 등 새로운 기술에 대한 관심이 필요함을 강조하고자 이 책 집필에 참여하였다. 재정경제부 물가안정유공 표창, 국무총리 표창, 대통령 표창 등을 수상한 바 있다.

ESG

플라스틱,
우리 일상의 숨은 영웅일까?

우리 주변을 둘러보면 플라스틱으로 만들어진 물건이 참 많다. 가볍고 튼튼하며 가격도 저렴한 플라스틱 덕분에 우리는 음식 포장부터 전자제품, 의료기기까지 많은 편리함을 누리고 있다.

전 세계에서 한 해 만들어지는 플라스틱이 4억 톤이 넘는다고 한다. 실제로 플라스틱은 지난 100여 년 동안 산업과 일상에 혁신을 가져온 고마운 발명품이다.

그런데 이렇게 유용한 플라스틱의 또 다른 얼굴에 대해 생각해 본 적 있는가? 플라스틱 폐기물이 산처럼 쌓이고 바다로 흘러 들어가는 오늘날, 편리함 이면에 숨어 있는 환경과 건강 문제도 점점 더 두드러지고 있다.

이 장에서는 플라스틱이 우리 생활에 가져다준 놀라운 이득과 함께, 그로 인해 발생한 심각한 환경 오염 대가를 하나씩 알아보고자 한다. 또한 현재 세계가 플라스틱 문제를 해결하기 위해 어떤 노력과 기술 혁신을 펼치고 있는지 살펴보고, 우리 각자가 실천할 수 있는 방법도 이야기해 보려고 한다. 플라스틱 문제 해결을 너무 어렵게 느낄 필요는 없다. 작은 실천들이 모이면 큰 변화를 만들 수 있다.

그럼 플라스틱의 두 얼굴을 함께 들여다보고 앞으로의 선택에 대해 생각해보자.

플라스틱의 유용성과 사회적 기여

플라스틱은 19세기 후반부터 등장하여 현대 문명을 혁신적으로 변화시킨 소재이다. 가격이 저렴하고 가볍지만 내구성이 높고 가공 또한 쉬워 산업, 과학 분야 및 일상생활 어디에서나 많이 활용되고 있다. 1950년대 이후 대량 생산된 플라스틱은 빠르게 생활 필수품이 되었고, 오늘날 플라스틱 없는 세상을 상상하기 어려울 정도이다.

플라스틱이 처음 등장했을 때 사람들은 그것을 '마법 같은 신소재'라고 불렀다. 플라스틱은 기존에 자연 소재로 만들던 여러 물건을 대체하면서 자원을 보호하는 데 큰 공헌을 했다.

예를 들어 19세기 후반만 해도 당구공을 만들기 위해 코끼리의 상아를 사용했는데, 코끼리 남획으로 상아가 부족해지자 이를 대체할 새로운 재료를 찾기 시작했다. 그렇게 해서 세계 최초의 상업용 플라스틱인 '셀룰로이드(celluloid)'가 1869년 미국의 발명가 존 하이엇(John Hyatt)에 의해 탄생했다.

셀룰로이드는 실제 당구공 재료로 쓰이지는 못했지만, 거북 껍질이나 상아 등으로 만들던 머리빗, 피아노 건반, 장신구, 단추 등에 사용됨으로써 당시 필요 물품들을 대신 생산할 수 있게 되었다. 덕분에 코끼리와 바다거북 같은 야생동물이 과도하게 포획되는 것을 줄일 수 있었다. 실제로 상아 한 개로 만들 수 있는 당구공은 겨우 다섯 개 정도였다고 한다.

플라스틱의 등장은 이렇게 처음부터 야생동물을 구한 숨은 영웅이나 다름없다. 값비싼 천연재료를 대신해준 덕에 더 많은 사람이 다양한 물건을 저렴하게 즐길 수 있게 된 사회적 효과도 아주 상당했다.

문화와 정보의 대중화

19세기 말에는 조지 이스트먼(George Eastman)이라는 발명가가 플라스틱 셀룰로이드로 만든 필름 롤을 개발했다. 그전까지 사진이나 영화 필름은 종이나 유리로 만들어서 잘 찢어지거나 깨지곤 했는데, 플라스틱으로 만든 필름은 튼튼하고 유연해서 다루기 쉬웠다. 플라스틱 필름의 등장으로 영화 산업이 본격적으로 발전할 수 있었고, 우리가 오늘날 즐기는 영화 문화의 꽃을 피우는 계기가 되었다.

20세기에는 음악을 담는 매체도 플라스틱 덕분에 급격히 발전했다. 가볍고 잘 깨지지 않는 LP 음반이 1940년대 후반에 나오면서 대중이 음악을 대량으로 접할 수 있게 되었고, 이어서 카세트테이프와 CD 같은 플라스틱 기반의 음향과 영상 매체들이 잇따라 등장했다.

플라스틱은 정보와 문화 콘텐츠를 저장하고 널리 퍼뜨리는 데에도 큰 역할을 했다. 예전에는 상상도 못 했을 대용량의 음악과 영화가 플라스틱 디스크 하나에 담겨 전 세계로 배포되어 문화의 대중화를 이끌었다.

식품 보관과 물류 혁신

플라스틱은 식품의 보관과 보존 그리고 포장 및 운송 등에도 획기적으로 기여한 바가 크다. 최초의 인공 합성수지인 '베이클라이트(Bakelite)'는 과학자 레오 헨드릭 베이클랜드(Leo Hendrik Baekeland)에 의해 개발되었다. 베이클라이트는 페놀과 포름알데히드를 축합하여 만든 제품으로 내열성과 전기절연성, 내약품성 등에 뛰어난 효과를 지니게 되어 어떤 환경에서도 버티는 '천의 용도를 지닌 신소재'로 탄생한 것이다.

이후 1944년 베이클라이트 사가 폴리에틸렌(PE)을 대규모로 생산하기 시작하면서부터 포장과 운송 비용을 획기적으로 줄일 수 있게 되었으며, 통조림 캔과 멸균 팩의 내부에도 플라스틱을 코팅 처리함으로써 유통기한을 늘리고 폐기물을 줄이는 데 큰 공헌을 하였다.

1946년 얼 타퍼(Earl Tupper)가 발명한 가정용 밀폐용기(텁퍼웨어) 역시 플라스틱으로 만들어져 물과 공기를 효과적으로 밀봉함으로써 음식물을 위생적으로 오래 보관하고, 음식물 쓰레기를 크게 줄일 수 있게 되었다.

항공 우주와 과학 발전

플라스틱의 빛나는 활약은 산업과 과학의 최첨단 분야에서도 계속되었다. 인류가 1969년 달에 첫발을 내디딜 때 우주비행사 닐 암스트롱이 입었던 아폴로 우주복에는 무려 21겹의 다양한 플라스틱 소재가 사용되었다. 그 덕분에 우주복은 달의 극한 온도 변화와 우주 방사선을 견뎌낼 수 있었다.

오늘날 발사되는 로켓이나 인공위성에도 가볍지만 강도가 뛰어난 첨단 플라스틱 소재가 빠짐없이 쓰이고 있다. 최근 우리나라가 성공적으로 쏘아 올린 누리호 로켓에도 여러 종류의 고성능 플라스틱이 사용되어 무게를 줄이고 성능을 높였다. 이렇듯 항공 우주 산업에서 플라스틱은 없어선 안 될 핵심 재료가 되었다. 플라스틱 없이는 인간의 우주 진출도 훨씬 더 딜 수밖에 없었을 것이다.

의료와 보건 혁신

의료 분야도 빼놓을 수 없다. 코로나19 팬데믹 기간에 사용한 일회용 마스크부터 병원의 주사기와 수액팩, 수술용 장갑과 의료기구들까지 대부분 플라스틱으로 만들어졌다. 플라스틱 덕분에 일회용 의료용품을 대량 생산하여 철저한 멸균 유지와 교차 감염 위험 감소에 크게 이바지하였다. 만약 플라스틱이 없었다면 수십억 개에 이르는 백신 주사기와 검사용 키트 등을 한 번 쓰고 바로 버리는 방식으로 전 세계에 공급한다는 것은 불가능했을 것이다.

인공관절, 인공혈관 같은 인체 이식용 의료기기나 보철도 플라스틱으로 만들어져 환자들의 삶의 질을 높여주고 있다. 최근에는 특수 플라스틱으로 만든 인공심장을 사람에게 이식하기도 했다. 플라스틱 생산 기술이 이제는 사람의 생명까지 직접 구하는 단계로 발전한 것이다. 현대 의학의 발전 뒤에는 이렇게 일회용 플라스틱 생산 기술이 든든한 조력자로 자리 잡고 있다.

폭발하는 플라스틱 생산량, 쏟아지는 폐플라스틱

이처럼 플라스틱은 지난 160여 년간 인류의 생활과 산업 전반에 걸쳐 편리함과 발전을 선사한 위대한 발명품이다. 가볍고 강하며 저렴하다는 장점 덕분에 식품 보존, 물류 효율화, 의료 발전, 정보 대중화, 첨단기술 개발 등 다양한 분야에서 사회적 가치를 창출해왔다.

하지만 우리가 일상에서 무심코 사용하는 플라스틱이 한 해 얼마나 생산되고, 그로 인한 폐플라스틱으로 얼마나 버려지고 있는지 생각해 본 적 있는가? 옆의 표를 보면 과히 위협적이라 생각이 들 것이다.

2000년 이전 2억여 톤에 불과했던 전 세계 플라스틱 생산량이 20여 년 흐른 2019년에는 약 4억 6천

연도	전 세계 플라스틱 생산량
1950년	약 2백만 톤
2000년	약 2억 34백만 톤
2019년	약 4억 60백만 톤
2050년 전망	약 11억 톤

출처: OECD(2022), Global Plastics Outlook

만 톤으로 두 배 증가했다. 추가 정책 개입이 없으면 2050년경에는 약 11억 톤에 이를 것으로 OECD는 추정하고 있다. 참고로 한 해 생산되는 4억 톤의 플라스틱을 축구장 하나 면적에 모아서 쌓으면 높이는 약 5만~5만 5천m, 즉 약 55km에 달한다. 상상이 가지 않는 높이인데, 이는 세계 최고봉 에베레스트(약 8.8km)의 6배 이상 높이가 될 것으로 추정된다(국제 규격 축구장의 면적은 약 7,000㎡).

이렇게 지난 수십 년간 기하급수적으로 늘어난 막대한 양의 플라스틱이 한편으로는 우리의 편의를 높였지만, 동시에 제대로 처리되지 못하고 지구 곳곳에 쌓여 폐기물이 되어 돌아오고 있다.

플라스틱이 처음에는 야생동물을 구하고 문명을 발전시키는 '숨은 영웅'이었지만, 싼 제조단가로 대량 생산되다 보니 너무 쉽게 쓰고 버려지는 문화가 자리 잡게 되어 인간과 지구 환경을 가장 위협하는 유해 소재·제품으로 전락할 위험에 당면해 있다. 이제 우리는 편리함의 이면에 무엇이 숨어 있는지 그 두 번째 얼굴도 마주해야 할 때이다.

ESG

넘쳐나는 플라스틱, 어떤 대가를 치르고 있을까?

플라스틱이 가져다준 편리함이 엄청나다는 데는 이견이 없을 것이다. 그런데 그 이면에 숨은 문제점에 대해서도 한 번쯤 생각해 본 적 있는가?

플라스틱 사용의 폭증과 폐기물 문제

앞 장에서 살펴본 것처럼 값싸고 유용한 특성 때문에 플라스틱은 급증하여 매년 전 세계에서 약 4억여 톤이 생산되고 있다. 그 결과 버려지는 플라스틱 폐기물 또한 매년 그에 맞먹는 수치에 달하며, 2000년의 약 2억 톤에 비해 20년 만에 2배 이상으로 증가했다. 현재 추세라면 2050년에는 연간 11억 톤 이상의 플라스틱 쓰레기가 발생할 수 있다는 전망도 있다. 특히 플라스틱의 40%가 한 번 쓰고 버려지는 일회용품이어서 사용 후 곧바로 폐기물로 이어지고 있다는 사실은 큰 충격으로 다가오고 있다.

문제는 이렇게 버려진 폐플라스틱 중 고작 9%만 재활용되고 나머지는 매립(약 49%), 소각(19%)되거나 자연에 무단으로 버려져 상당량은 하천을 따라 바다까지 흘러 들어가고 있다. 일회용 플라스틱의 남용과 낮은 재활용률로 인해 분해되지 않는 쓰레기가 지구 환경에 축적되는 상황이다.

<2019년 기준 전 세계 플라스틱 폐기물 처리 방식 비율>

처리 방식	매립	소각	재활용	mismanaged
비율(%)	49	19	9	22

출처: OECD(2022), Global Plastics Outlook

플라스틱은 자연에서 완전히 분해되기까지 500년 이상 걸린다고 한다. 우리가 지금 버리는 플라스틱은 수 세기 동안 지구에 남아 영향을 미칠 수 있기에 우리의 미래 세대들에게 큰 죄책감이 들기도 한다.

다행히 분리수거된 페트병을 모아 재활용을 준비하거나 해변에서 쓰레기를 치우는 노력이 곳곳에서 이루어지고 있다. 하지만 안타깝게도 전 세계적으로 플라스틱 폐기물의 재활용률은 아직 너무 낮다. 여전히 엄청난 양의 폐플라스틱이 적절히 처리되지 못한 채 자연에 남아 기후위기 및 자연재해 같은 지구의 대재앙에 큰 원인이 될 것이다. 생각만 해도 끔찍하고 두렵지 않은가?

해양 오염과 생태계 피해

바다로 흘러 들어간 플라스틱 쓰레기는 해류를 타고 전 세계 해양으로 퍼진다. 북극의 얼음 틈부터 한적한 남태평양의 섬 해변, 심지어 에베레스트 정상의 빙하에서도 미세한 플라스틱 조각들이 발견되고 있다. 해양 생물들은 이 떠다니는 플라스틱으로 인해 큰 고통을 겪고 있다. 바다거북이나 물개, 바닷새 같은 동물들은 버려진 어망이나 비닐류에 몸이 얽혀 상처를 입거나 목숨을 잃고, 플라스틱 조각을 먹이로 착각해 삼킨 물고기나 고래 등은 먹이가 소화되지 않아 결국 굶어 죽기도 한다.

실제로 2019년 한 해에만 플라스틱 쓰레기 610만 톤이 수생환경에 침투했고, 이 중 약 170만 톤에 달하는 플라스틱 쓰레기가 바다로 유입되었다는 보고도 있다. 충격적이게도 현재 바닷속에 누적되어 떠도는 플라스틱 폐기물은 약 3천만 톤에 이른다.

2019년 3월 필리핀 다바오만에서 발견된 향유고래 사체의 위장에서 약 40kg의 플라스틱 쓰레기가 발견되어 국제적인 주목을 받았다. 이 고래는 굶주림과 탈수로 사망한 것으로 추정되며, 위장에는 16개의 쌀 포대, 바나나 농장용 비닐, 쇼핑백 등 다양한 플라스틱 폐기물이 가득 차 있었다. 이 사건은 해양 플라스틱 오염의 심각성을 여실히 보여주는 사례로, 전 세계적으로 플라스틱 사용과 폐기에 대한 경각심을 불러일으켰다.

이런 안타까운 사례는 빙산의 일각일 뿐이다. 전 세계 바닷새의 약 90% 이상이 이미 뱃속에 플라스틱을 가지고 있다는 연구 결과도 있다. 1962년부터 2012년까지의 데이터를 분석한 결과에 의하면, 전 세계 186종의 바닷새 중 약 59%가 플라스틱을 섭취한 것으로 나타났다. 이러한 데이터를 기반으로 한 모델링 결과, 2015년 기준으로 약 90%의 바닷새가 플라스틱을 섭취했을 것으로 추정되고 있다.

특히 플라스틱 오염이 가장 심각한 지역으로 인도양, 태평양, 대서양의 남부 해역으로 나타나고 있어 플라스틱 쓰레기가 지구상에 얼마나 넓게 퍼져 있는지 알 수 있다.

미세플라스틱과 생태계 교란

최근 연구에 따르면, 전 세계 바다에 떠다니는 미세플라스틱 조각이 무려 171조 개, 무게로는 약 230만 톤에 달한다는 충격적인 추정이 발표되었다. 바닷물 한 스푼을 떠서 현미경으로 들여다보면 셀 수 없을 만큼 많은 미세플라스틱 조각들이 발견될 정도라고 하니, 해양 생태계에 미치는 영향이 걱정되지 않을 수 없다.

플라스틱은 결국 물리적으로 해양 생물을 해칠 뿐만 아니라 시간이 지나 미세플라스틱으로 쪼개지면서 유해 화학물질을 방출하여 서식지를 오염시킬 것이다. 이렇게 환경에 잔존하는 플라스틱은 생태계 전반의 균형을 교란하고, 먹이사슬을 통해 결국 인간에게까지 크게 영향을 미칠 것으로 우려가 되고 있다.

이렇듯 플라스틱으로 인한 문제는 비단 바다만의 일이 아니다. 우리가 사는 육지 환경과 인류 자신의 건강에도 직접적인 영향을 주고 있다. 일회용 플라스틱 제품들을 마구 쓰고 버리면 거리나 자연에 쓰레기로 남아 경관을 해치고 도시 환경을 악화시킨다.

이렇게 관리가 안 된 쓰레기 더미에서 미세플라스틱과 유해 화학물질이 흘러나와 토양과 하천을 오염시켜 지구 환경과 인체 건강을 크게 위협할 것이라는 사실은 자명하다.

미세플라스틱과 인체 영향

플라스틱은 그 자체로도 문제지만, 인간의 건강 문제도 간과할 수 없다. 플라스틱 제품에는 비스페놀A(BPA) 같은 화학첨가제가 사용되는데, 이런 물질들은 미량이라도 지속해서 노출되면 내분비계를 교란하거나 건강에 해로울 수 있다는 연구들이 있다. 특히 폐기된 플라스틱이 부서져

생긴 미세플라스틱은 먹이사슬을 거쳐 우리 식탁으로 돌아올 수밖에 없다. 우리가 먹는 생선이나 소금, 심지어 마시는 물에서도 미세플라스틱이 검출되고 있다는 사실만으로도 우리 인체 건강에 얼마나 치명적 영향이 있을지 의문의 여지가 없다.

2019년 세계자연기금(WWF)의 의뢰로 호주 뉴캐슬 대학교가 미세플라스틱 연구를 수행한 바가 있다. 그 결과에 따르면 현대인은 매주 신용카드 한 장 분량(약 5g)의 미세플라스틱을 섭취하고 있다고 한다. 이는 플라스틱 입자가 이미 식품에까지 침투해 있음을 보여주고 있다.

최근에는 사람의 혈액과 폐, 태반 등 인체 내부에서도 미세플라스틱이 검출되었다는 보고들이 나오고 있다. 2024년 국내 연구진이 건강한 성인 36명의 혈액을 검사한 결과, 88.9%의 사람 혈액에서 미세플라스틱이 검출되었고, 혈액 1mL당 평균 4.2개의 입자가 존재하는 것으로 보고되었다. 검출된 입자는 주로 폴리스티렌(PS)과 폴리프로필렌(PP) 계열로, 이는 일회용 식품 용기와 플라스틱 컵, 합성섬유 등에 쓰이는 재질이다. 나아가 해당 연구는 혈중 미세플라스틱 농도가 높은 사람일수록 염증 및 혈액 응고 관련 지표의 상승이 관찰되어 미세플라스틱이 인체에 염증 반응을 일으키고 순환계 건강에 악영향을 줄 가능성을 시사하기도 했다. 이러한 결과는 미세플라스틱이 단순히 배출되는 것이 아니라 인체에 축적되어 잠재적 유해작용을 나타낼 수 있음을 보여준다.

과학자들은 이렇게 몸속으로 들어온 미세플라스틱이 염증 반응을 일으키거나 세포에 스트레스를 주는 등 건강에 부정적 영향을 끼칠 가능성을 두고 연구를 이어가고 있다. 아직 인체에 미치는 정확한 위험성은 규명 중이지만, 플라스틱을 지나치게 많이 쓰고 버리면 결국 그 미세한 조각들을 우리가 다시 먹고 마시게 될 것이라는 사실만은 분명해 보인다.

한국, 세계 최고 수준의 플라스틱 소비·폐기국

그럼 우리나라는 과연 어떨까? 우리나라 역시 플라스틱 과잉 사용과 폐기물 문제에서 자유롭지는 않다. 2020년 기준 한국의 1인당 연간 플라스틱 폐기물 발생량은 208kg으로, 조사 대상 OECD 국가 중 가장 많았다. 이는 OECD 평균의 4배에 달하는 수치로, 2위인 호주(100kg)의 두 배를 넘는 압도적인 1위였다. 국내 플라스틱 소비는 특히 일회용 포장재를 중심으로 증가해왔는데, 이는 2020년 코로나19로 인한 배달 음식과 택배 급증이 원인이 되기도 하였다.

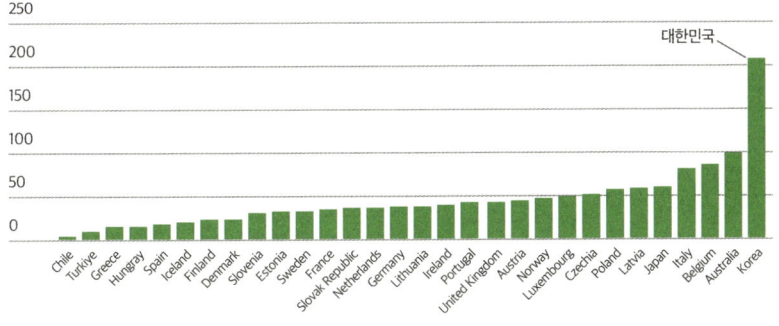

<국가별 1인당 플라스틱 폐기물 배출량(kg)>

출처: OECD(2022), Environment Statistics

우리나라는 분리수거 인프라가 잘 갖춰져 재활용률이 높은 편이라고 생각하는 국민이 많다. 하지만 실제로 재활용률도 낮고 상당량이 소각·매립되고 있다.

환경부 통계에 따르면, 2022년 기준 국내 1인당 가정에서 배출된 플라스틱 쓰레기량은 1인당 102kg으로 집계되었다(위 OECD에서 발표한 208kg

은 국제 비교를 위한 산업계 발생 폐기물까지 포함한 산출량임). 이를 보더라도 대한민국은 세계 최고 수준의 플라스틱 소비·폐기국이라는 오명을 지울 수 없을 것이다. 그만큼 이에 따른 환경 영향을 줄이기 위한 노력 또한 급박한 상황임을 시사하고 있다.

지금까지 살펴본 것처럼 플라스틱의 편리함 이면에는 이렇게 큰 환경적·사회적 대가가 숨어 있다. 한때는 '일회용'이라는 말이 곧 편리함과 현대적인 생활을 의미했지만, 이제는 지구가 더 이상 감당하지 못할 수준에 이르렀다.

하지만 너무 낙담할 필요는 없다. 다행히 이러한 문제를 인식한 국제사회와 많은 사람이 변화를 위해 움직이기 시작했다. 그렇다면 과연 플라스틱 문제가 해결될 수 있을까? 이제 플라스틱 문제를 해결하기 위한 노력과 새로운 대안들에 대해 알아보자.

ESG

플라스틱에 새 생명을 불어넣을 수 있을까?

이제 가장 중요한 질문을 해볼 차례이다. 플라스틱 문제, 과연 해결할 수 있을까? 다행히도 희망은 있다. 지금 이 순간에도 전 세계의 수많은 사람이 이 어려운 문제를 풀기 위해 힘을 모으고 있다. 무엇보다도 우리 각자 일상에서의 작은 실천으로 변화를 만드는 첫걸음이 중요한데, 생각보다 실천 방법은 간단하다. 아래 몇 가지 예를 보자.

- **장바구니 사용하기**: 마트나 시장에서 비닐봉지 대신 집에서 가져온 장바구니를 사용한다. 일회용 비닐봉지를 줄이는 가장 쉬운 방법이다. 실제로 여러 나라에서 장바구니 사용을 생활화하면서 비닐봉지 사용량을 큰 폭으로 줄인 사례가 많다. 아일랜드에서는 2002년 비닐봉지에 환경세를 부과한 이후 사용량이 90%나 감소했다고 한다. 작은 정책 변화와 시민 실천으로 거둔 놀라운 성과 사례이다.

- **일회용 컵 대신 텀블러 갖고 다니기**: 카페에 갈 때 개인 텀블러나 머그컵을 가져간다. 주문할 때 직원에게 일회용 컵 대신 텀블러에 담아 달라고 하면 일회용 컵 사용량을 크게 줄일 수 있다. 일부 카페는 텀블러를 쓰면 할인도 해준다. 이렇게 해서 한 사람이 하루에 일회용 컵 하나라도 아끼면 전 세계적으로 매일 수천만 개의 컵 쓰레기를 줄일 수 있다는 계산이 나온다.

- **배달 음식 주문 시 일회용 수저·포크 거절하기**: 배달 앱으로 음식을 시킬 때 일회용 수저나 포크가 필요 없다면 "수저·포크 안 줘도 돼요" 옵션을 꼭 체크한다. 집에 있는 식기나 금속 수저를 쓰면 불필요한 플라스틱을 쓰레기로 만들지 않을 수 있다. 최근에는 이러한 움직임이 퍼지면서 많은 배달 앱과 음식점이 기본으로 수저를 넣지 않고 필요할 때만 제공하는 추세이기도 하다.

- **생수 대신 재사용 물병 사용하기**: 일회용 페트병 생수를 매번 사 마시기보다 집에서 물을 휴대용 물병에 담아 가지고 다니는 습관을 들인다. 회사나 학교에서도 정수기 물을 개인 컵이나 물통에 따라 마시면 플라스틱병 쓰레기를 크게 줄일 수 있다. 전 세계적으로 1분마다 100만 개 이상의 플라스틱병이 판매되고 소비된다고 하니, 우리가 작은 습관을 바꾸는 것만으로도 엄청난 폐기물을 줄일 잠재력이 있다.

이렇게 우리 생활 속에서 플라스틱 소비를 줄이는 작은 행동들이 모이면 큰 힘이 된다. 플라스틱 문제가 워낙 다양하고 복잡하다 보니 개인의 노력은 의미 없다고 생각할지 모르지만, 실제로 여러 나라에서 시민들의 참여로 일회용품 사용을 획기적으로 줄여낸 사례들이 있다. 결국 모든 변화는 우리 자신의 실천에서 시작된다.

재활용 기술의 발전

그럼 일상의 작은 실천과 더불어 재활용 기술 관련 업계와 정부 등에서는 어떠한 노력을 하고 있을까?

물리적 재활용

기존의 플라스틱 재활용은 주로 '물리적 재활용(MR, Mechanical Recycling)'에 의존했다. 물리적 재활용이란 폐플라스틱을 분류·세척하여 잘게 분쇄한 후 녹여서 다시 제품 원료로 만드는 방식인데, 비교적 저비용으로 할 수 있다는 장점이 있다. 우리나라는 분리배출과 선별 시스템이 잘 갖춰져 있어 페트병 등 일부 소재는 물리적 재활용을 통해 의류 원사나 생활용품으로 다시 태어나기도 한다.

예를 들어 일본의 코카콜라사는 편의점 수거기를 통해 회수한 녹차 페트병을 다시 같은 녹차 음료병으로 제작 판매하는 보틀 투 '보틀(bottle to bottle)' 순환 시스템을 구축하여 2019년까지 3억 6천 5백만 개의 페트병을 재생산하였다.

그러나 물리적 재활용은 반복할수록 플라스틱의 물성이 저하되고, 음식물 오염 등 혼합 폐기물은 재활용이 어려운 한계가 있다. 전 세계적으로도 전체 플라스틱 폐기물 중 10%도 안 되는 낮은 비율만이 재활용되고 있을 뿐이다.

화학적 재활용

이런 물리적 재활용의 한계를 보완하기 위해 '화학적 재활용(CR, Chemical Recycling)' 기술이 주목받고 있다. 화학적 재활용은 플라스틱을 열분해하거나 화학 반응을 통해 분자 단위로 분해하여 연료나 새로운 플라스틱 원료로 되돌리는 방식이다.

예를 들어 폐플라스틱을 고온에서 열분해하면 합성원유(열분해유) 형태로 추출할 수 있고, 이를 정제하면 석유로 만든 새 플라스틱과 동등한 품질의 폴리머를 제조할 수 있다. 이렇게 하면 플라스틱을 무한에 가깝게 재순환할 잠재력이 있다는 장점도 크다.

다만 현재 기술로는 열분해에 많은 에너지가 필요하고 경제성이 낮아 주로 파일럿 단계나 일부 상용화 초기 단계에 있지만, 그럼에도 불구하고 여러 기업이 투자에 나서고 있다. 예를 들어 국내 GS칼텍스는 폐플라스틱 열분해유를 생산하고, 이를 정유 및 석유화학 공정의 원료로 재투입하는 자원순환형 사업을 추진하고 있다. 2027년 가동을 목표로 연 5만 톤 수준의 폐플라스틱 열분해유 공장 설립을 검토하고 있으며, 확보된 열분해유는 석유정제시설에 투입하여 자원효율성 제품을 생산 및 판매할 계획이다.

이러한 화학적 재활용이 확대되면 기존에 소각되던 복합플라스틱이나 오염된 플라스틱 폐기물까지 처리가 가능해져 재활용률이 크게 향상될 것으로 기대된다.

혁신적인 재활용 기술

혁신적인 재활용 기술로 효소를 이용한 분해가 떠오르고 있다. 2016년 일본에서 PET 플라스틱을 분해하는 세균인 Ideonella sakaiensis가 발견되어 화제가 되었는데, 이 미생물이 만들어내는 PETase 효소가 페트병을 분해하는 원리였다. 이후에도 과학자들은 이 효소를 개량하여 분해 속도를 높이기 위한 연구를 활발히 진행하고 있다.

2020년에는 프랑스의 스타트업 카르비오스(Carbios)가 10시간 만에 페트병의 90%를 분해하는 효소를 개발하여 주목받았다. 이 실험은 70℃ 조건에서 수행되었으며, 효소가 작용하기 좋은 환경을 갖추면 기존보다 매우 빠르게 PET를 테레프탈산과 에틸렌글리콜 등 원료 단위로 분해할 수 있음을 보여주었다. 같은 해 영국 연구진 또한 PET 분해에 관여하는 두 종류의 효소를 하나로 결합해 상온에서도 작용하는 효소를 개발하기도 했다.

이러한 효소 기술은 폐플라스틱을 완전히 원료로 되돌릴 수 있어 최고의 재활용 효율을 기대하게 하지만, 효소 생산 비용과 작용조건, 분해된 화학물질의 회수 등 현실적인 과제가 남아 있다.

그럼에도 최근 카르비오스는 프랑스에서 하루 250kg의 폐페트병을 효소로 분해하는 시범 공장을 가동했고, 하루 130톤 규모로 확대된 공장을 건설 중이다. 효소 재활용 기술이 상용화되면 현재 재활용이 어려운 다층 포장재나 색깔 있는 플라스틱도 원료로 순환시킬 수 있어 향후 폐플라스틱 처리에 게임 체인저가 될 가능성 또한 충분하다.

생분해성 플라스틱 개발

또 하나의 대안으로는 아예 처음부터 친환경 소재로 플라스틱을 만드는 방법이 있다. 옥수수 전분이나 사탕수수 등 식물에서 추출한 성분이나 미생물을 이용해 만든 생분해성 플라스틱이 바로 그것이다. 이런 바이오 기반 플라스틱은 적절한 조건에서 비교적 빠르게 분해되어 자연으로 돌아간다는 장점이 있다.

　예를 들어 식물성 원료로 만든 PLA라는 바이오플라스틱은 산업용 퇴비화 시설에서 고온·고습 조건을 맞춰주면 몇 달 내 분해가 가능하다. 또 다른 생분해 플라스틱인 PBAT는 토양에서 분해될 수 있어서 비닐봉지 등에 활용되고 있다. 다만 PLA는 자연 환경, 특히 바다 같은 곳에서는 잘 분해되지 않는 한계가 있고, PBAT는 석유 기반으로 만들어지기 때문에 완전히 친환경적이라고 하긴 어렵다.

　그런데 최근 등장한 PHA라는 소재는 미생물이 당을 먹고 만들어 낸 고분자 물질로, 토양은 물론 바닷물에서도 분해되는 것으로 알려져 있

<주요 생분해성 플라스틱 소재 특성 비교>

소재	원료 / 출처	생분해 조건 / 특성
PLA (Polylactic Acid)	• 옥수수, 사탕수수 등 식물에서 추출한 당을 미생물로 발효시켜 젖산을 얻고, 이를 중합해 만든 100% 바이오 기반 플라스틱	• 산업용 퇴비화 시설에서 58~60℃ 이상의 고온과 높은 습도 등의 조건으로 수개월 내 분해 가능 • 일반 토양·해양 환경에서는 분해가 매우 느리거나 어려움
PBAT (Polybutylene Adipate Terephthalate)	• 석유 유래 화학물질(주로 부탄다이올)로 합성된 생분해성 폴리에스터 • 일부는 바이오 기반(사탕수수 유래 성분)으로 대체하는 연구도 진행 중	• 토양 등 자연 환경에서 6개월 이내 비교적 빠르게 분해됨 • 산소, 햇빛, 미생물 등이 분해를 촉진함 • 해양 환경에서는 분해가 잘 되지 않음
PHA (Polyhydroxyalkanoate)	• 미생물 발효로 생산되는 바이오 폴리에스터 • 미생물이 식물성 당류나 식물성 기름 등 바이오매스를 섭취하여 세포 내에 합성·축적한 고분자를 추출 • 100% 바이오 기반 소재	• 토양, 해양 등 조건을 가리지 않고 미생물에 의해 1년 내 90% 분해 • 바닷속에서도 분해되어 미세 플라스틱을 남기지 않음

다. PHA는 일정 조건에서는 6개월 이내에 해수에서 분해가 진행되기 때문에 해양 오염 문제를 줄일 획기적인 대안으로 떠오르고 있다. 실제로 PHA는 사용 후 적절한 환경에 놓이면 미생물에 의해 완전히 분해되어 물과 이산화탄소로 돌아가기 때문에 '자연으로 돌아가는 플라스틱'이라고도 불린다.

물론 이렇게 기대를 모으는 바이오플라스틱도 아직은 갈 길이 멀다. 현재 전 세계 플라스틱 중 바이오플라스틱이 차지하는 비중은 1%도 채 안 될 정도로 매우 적다. 아직 생산 단가도 높고 대량 생산 기술이 부족해서 일반 플라스틱만큼 널리 쓰이진 못하고 있다. 그리고 분해된다고는 하지만 특정 조건이 갖춰져야만 제대로 분해되는 경우도 많아서 소비자가 함부로 버리면 오히려 자연 환경에 남을 수도 있다.

그래서 바이오플라스틱이라고 해도 아무 데나 버리지 말고 가능한 한 분리배출하거나 퇴비화 시설로 보내는 등 올바른 처리가 중요하다. 결국 기술 개발과 함께 분해와 재활용 시스템을 잘 구축해야 효과를 볼 수 있다. 다행히 여러 나라에서 정부 차원의 투자와 기업의 연구개발이 활발히 이루어지고 있어 머지않아 획기적인 친환경 플라스틱이 실용화될 것으로 기대된다.

시민·기업·정부의 인식 변화와 실천 행동

시민의 인식 변화

시민들의 인식도 달라지고 있다. 2023년 4월 22일 지구의 날에 발표된 '친환경 구매 보고서(Buying Green Report 2023, TRIVIUM PACKAGING)'에

따르면, 세계적인 인플레이션으로 인해 소비자 물가가 크게 상승했음에도 불구하고 소비자들의 82%가 지속 가능한 포장재 제품에 더 많은 비용을 지불할 의향이 있음을 답했다. 특히 젊은 소비자(18~24세)는 90%까지 높은 의향을 보였다고 한다. 예전에는 편리함 때문에 당연하게 여기던 일회용 플라스틱 소비를 이제는 많은 사람이 다시 생각해 보게 된 것이다.

폐플라스틱 문제를 해결하려면 생산-소비-처리 전 단계에 걸친 종합 대책이 필요하지만, 무엇보다 시민 개개인의 실천이 중요하다. 앞서 언급했듯이 일상에서 일회용 플라스틱 사용을 줄이는 작은 실천들이 모이면 큰 변화를 만들 수 있다.

예를 들어 장바구니와 텀블러 사용으로 비닐봉지와 일회용 컵 사용 줄이기, 배달 주문 시 일회용 수저 받지 않기, 생수 대신 재사용 가능한 물병 사용하기, 플라스틱 완충재 대신 종이 포장재를 활용하는 기업 제품 선택하기 등이 있다.

배출 단계에서는 올바른 분리배출이 중요하다. 투명 페트병은 라벨을 떼고 배출하고 내용물을 비워 헹구는 등의 작은 실천을 통해 재활용 효율을 높일 수 있다. 최근 우리나라는 공동주택 등을 중심으로 높은 순도의 재활용을 유도하고 있다. 시민들이 분리배출 요령을 잘 지킨다면 재활용 공정에서 보다 높은 품질의 재생원료를 얻어낼 수 있다.

정부 정책의 역할

그럼 지속 가능한 지구 환경을 위해 폐플라스틱 재활용 및 생분해성 플라스틱 개발을 위한 정부와 지자체는 어떤 노력들을 하고 있을까? 한국 정부는 2020년 12월 「생활폐기물 탈플라스틱 대책」을 발표하여 '2025년까지 플라스틱 폐기물 발생량 20% 감축, 분리배출된 폐플라스틱의 재활용률 70% 달성'을 목표로 세운 바가 있다. 이를 위해 일회용품 규제 강화, 플라스틱 제품의 재사용·재활용 의무 확대, 친환경 대체 소재 전환 등을 추진하고 있다.

우리나라는 2019년부터 대형마트의 비닐봉지 제공을 금지한 데 이어 2022년부터는 편의점 등의 비닐봉지도 금지하고, 카페 등 식음료 매장에서 일회용 컵 보증금제를 시범 도입하는 등 일회용 플라스틱 억제 정책을 시행하고 있다.

또한 생산자책임재활용(EPR) 제도를 통해 제조업체가 일정량의 폐플라스틱을 회수·재활용하도록 의무를 부과하고 있다. 2025년 현재 환경부에서는 EPR 제도의 적용 대상을 기존의 중대형 가전제품에서 중소형까지 포함하는 모든 전기·전자제품으로 확대할 예정이기도 하다. 그리고 재활용이 어려운 복합재질 포장을 줄이기 위해 '재질구조개선등급제'를 운영하여 기업들의 포장 재질 개선을 유도하고 있다.

지방자치단체들도 앞다투어 탈(脫) 플라스틱 도시 선언이나 공공기관 일회용품 사용 금지 등의 캠페인을 벌이고 있다. 이러한 정책적 노력은 시민의 참여와 결합될 때 실효성을 높일 수 있기에 우리 스스로 솔선수범하는 자세가 필수이다.

기업의 참여

앞서 시민의 자발적 실천, 정부의 정책 의지 그리고 기업의 기술 개발 노력 등을 살펴보았다. 하지만 이러한 여러 노력 중에서도 플라스틱 생산 및 폐기량에서 가장 비중이 큰 기업들의 적극적 동참이 중요하다.

글로벌 소비재 기업들은 플라스틱 저감을 위한 자발적 목표를 내걸고 있다. 세계에서 플라스틱을 가장 많이 사용하는 기업으로 꼽히는 코카콜

라와 펩시코는 2030년까지 모든 제품 포장에 50% 이상 재생 플라스틱 사용 목표를 선언했다. 유럽의 생수업체 에비앙 또한 2025년까지 자사 페트병을 100% 재생 원료로 제조하겠다고 발표했고, 식품기업 네슬레도 재생 페트 사용량을 대폭 늘리겠다(2025년까지 50% 이상)는 계획을 공개했다. 화장품 업계에서는 아예 용기를 리필(재사용) 시스템으로 바꾸는 움직임도 있다. 플라스틱을 아예 안 쓰는 것은 현실적으로 어렵겠지만, 필요 이상의 플라스틱을 쓰지 않도록 시스템 자체를 바꾸는 노력이 곳곳에서 시작된 것이다.

국내 기업 역시 플라스틱 저감을 위해 노력 중이다. 예를 들어 SPC 그룹(배스킨라빈스, 파리바게뜨 등)은 2021년도에 생분해 PLA 필름 포장재를 세계 최초로 상용화한 SKC와 협력하여 생분해성 소재 컵 및 포장재를 사용·확대 시행하고 있다. 유한킴벌리도 2024년도에 주요 협력회사 13개사와 '지속 가능한 산업생태계 조성 업무협약'을 체결함으로써 지속 가능한 원부자재 개발과 이를 적용한 혁신 제품 개발에 협력하는 등 친환경 경영을 강화하고 있다. 석유화학 기업들도 재활용 원료 시장에 뛰어들어 SK, LG, 롯데케미칼 등이 잇따라 폐플라스틱 재활용 공장 투자 계획을 밝히고 있다.

그 결과 어떤 변화들이 일어나고 있을까? 글로벌 기업들의 ESG 경영 보고서를 보면 여러 흥미로운 사례들을 찾을 수 있다. 유명 커피 전문점인 스타벅스는 매장 내 일회용 컵 사용을 줄이기 위해 한국을 포함한 일부 나라에서 다회용 컵 대여 서비스를 도입했다. 소비자들이 보증금을 내고 다회용 컵에 음료를 받은 뒤 컵을 반납하면 세척하여 다시 사용하는 시스템이다. 또 다른 사례로 2016년 덴마크 코펜하겐에서 개장한 제로 웨이스트 식료품점이 있는데, 제품을 벌거벗은 채(포장 없이) 파는 판매 방식을 채택했다고 한다. 고객은 개인 용기를 가져와 필요한 만큼의 식료품과 각종 유기농 제품을 담아 구매함으로써 매장에서는 포장 폐기물을 크게 줄였다고 한다.

이러한 산업계의 움직임은 순환경제 시장을 확대하고 기술 혁신을 가속화한다는 점에서 매우 중요하다. 다만 환경단체들은 '재활용만으로는 한계가 있으므로 플라스틱 자체의 생산 억제가 우선'이라고 지적하면서 기업들이 과대 포장 줄이기, 리필 판매 등 재사용 체계 구축에도 나설 것을 요구하고 있기도 하다.

국제 공조

이렇게 플라스틱 문제를 해결하고 지속 가능한 순환경제 가속화를 위해서는 각국의 정책적 노력도 중요하지만, 국제적인 공조를 통한 자발적 노력이 함께해야 한다. 이는 지구 전체가 유기적으로 생태계가 연결되어 있기에 그렇다.

플라스틱 오염은 국경을 넘어 퍼지기 때문에 국제사회의 협력이 활발히 진행되고 있다. 2022년 3월 UN 환경총회에서 전 세계 175개국이 합의하여 2024년까지 플라스틱 오염을 끝내기 위한 최초의 국제 협약을 만들자는 결의를 이끌어냈다. 이는 플라스틱의 생산부터 폐기까지 전 과정에 법적 구속력을 갖는 규제를 마련하려는 시도로, 많은 이들이 "파리협정 이후 가장 중요한 다자 환경협정"이라고 평가하기도 했다. 현재 협약 체결을 위한 정부 간 협상이 진행 중이며, 주요 쟁점으로 일회용 플라스틱 생산 감축 목표, 유해 첨가물 규제, 폐기물 관리 지원, 미세플라스틱 저감 등이 논의되고 있다.

한편 우리나라는 2018년 5월 OECD 환경 글로벌 포럼에 참석하여 플라스틱 오염 문제 해결을 위한 국제적 협력인 '플라스틱 대응 선언'에 동참하였다. G7 정상회의(2018년) 및 G20 오사카 정상회의(2019년) 플라스틱 대응 선언에서도 해양 플라스틱 문제와 자원순환 경제 전환에 대한 공동 노력을 약속한 상태이다. 우리나라도 위의 선언에 적극 참여하여 국제사회와 함께 공동의 목표달성을 위해 노력하고 있다.

유럽연합(EU)은 2021년부터 빨대, 면봉, 일회용 식기 등 10종의 일회용 플라스틱 제품 판매를 금지하는 지침을 시행했으며, 각 회원국에 재활용 플라스틱 사용 의무, 분리수거율 목표 등을 부과하고 있다. 이러한 국제적 규제가 확산하면서 글로벌 플라스틱 생산량 자체는 줄어들 것이고, 기업은 지속 가능 미래를 위한 기술 개발 등의 책임이 촉진되는 효과도 상승할 것으로 기대된다.

미래 기술 전망

미래에는 다양한 신기술과 아이디어가 플라스틱 문제 해결에 접목될 것으로 기대된다. 예를 들어 AI 기반 로봇 선별 시스템으로 재활용 효율을 높이고, 폐플라스틱을 3D프린터 필라멘트로 재가공해 고부가 제품을 만드는 시도도 이루어질 것이다. 또한 바다에 떠 있는 플라스틱만 모아 수거하는 해양 청소 기술(The Ocean Cleanup 프로젝트 등)도 가동 중이며, 미생물을 이용해 매립지의 플라스틱을 자연 상태에서 분해하는 연구와 이산화탄소나 메탄으로 바이오 플라스틱 원료를 합성하는 탄소저감형 기술 등이 개발되고 있다.

궁극적으로는 미래 기술 혁신 노력도 중요하지만, 플라스틱을 필요 이상 소비하지 않는 사회적 문화가 동반되어야 함을 명심해야 한다.

지금까지 플라스틱 문제와 그 해결을 위한 다양한 노력을 살펴봤다. 플라스틱의 첫 번째 얼굴이 우리에게 엄청난 편리함과 발전을 가져다준 영웅이라면, 두 번째 얼굴은 그로 인한 환경 오염과 위기이다. 그렇다고 해서 플라스틱 사용을 현실적으로 전면 금지할 수도, 완전히 플라스틱을 없앨 수도 없다.

우리가 필요한 곳에서는 현명하게 플라스틱을 사용하되, 불필요한 낭비는 줄이고 더 좋은 대안으로 서서히 전환해 나가는 것이 중요하다. 다행히 전 세계적으로 그 중요성에 공감대가 생겼고, 정책과 기술도 변화의 방향으로 움직이고 있다.

플라스틱 문제는 한두 해에 해결될 간단한 일이 아니지만, 우리 모두의 작은 실천과 지속적인 노력이 모이면 분명 플라스틱의 위험을 줄이고 지속 가능한 미래를 만드는 데 큰 힘이 될 것이다.

우리 모두의 일상에서의 작은 실천이 미래 세대에게 건강한 지구 환경을 물려 줄 수 있다. 편리함과 위험 사이에서 지혜로운 선택을 하면서 플라스틱과 더욱 현명하게 공존할 수 있기를 기대해 본다.

에코 용어 사전

1. 탄소중립 (Carbon Neutrality)
인간의 활동으로 발생하는 이산화탄소(CO_2) 배출량을 상쇄하여 실질적인 탄소 순배출을 '제로(0)'로 만드는 개념이다. 이를 위해 에너지 절약, 재생에너지 확대, 탄소흡수원 조성, 탄소배출권 거래 등이 함께 활용된다.

2. 그린워싱 (Greenwashing)
실제로는 친환경적이지 않으면서 마치 친환경인 것처럼 보이게 하는 기만적 마케팅 전략을 뜻한다. 예를 들어 환경 오염을 유발하는 기업이 초록색 포장이나 모호한 친환경 문구를 사용해 소비자를 오도하는 경우가 해당된다.

3. 탄소 발자국 (Carbon Footprint)
개인이 활동하거나 상품이 생산·소비되는 전 과정에서 직간접적으로 배출되는 온실가스 총량을 CO_2 기준으로 환산한 수치이다. 예를 들어 고기를 자주 먹을수록, 비행기를 많이 탈수록 탄소 발자국은 커진다.

4. 순환경제 (Circular Economy)
자원을 한 번 쓰고 버리는 선형경제와 달리 재사용, 재제조, 재활용을 통해 자원을 순환시키는 경제 시스템이다. 폐기물 발생을 최소화하고 제품의 수명을 연장함으로써 환경 부담을 줄이고 자원 효율성을 극대화하는 것이 목적이다.

5. 지속가능성 (Sustainability)
현재 세대의 필요를 충족하면서 미래 세대의 자원도 보존하는 가치 체계를 말한다. 환경뿐만 아니라 사회, 경제 전반에서 균형 잡힌 발전을 추구한다.

CHAPTER 02

패션
_ 입는 것부터 다시 생각하다

권재철

대한상공회의소 교수 / 한국ESG경영인증원 교수자 / 명예보호관찰관
전국기능경기대회 및 장애인 기능경기 심사위원 / 산업기사 이론, 실기 검토 및 출제위원
기능사 및 기능장 심사위원 / 일학습병행 평가위원 / 한국산업인력공단 교재 집필 전문가

한밭대학교에서 전기공학을, 충북대학교 대학원 전기전산공학과에서 전기자동제어 분야를 연구하면서 이론과 실무를 아우르는 전문가로 활동 중이다. 전기전자, 자동제어, 태양광 발전 학생 지도 및 전국기능경기대회 심사를 이어오고 있으며, 회사의 직무 교육, 기관 및 회사 컨설팅을 진행하고 있다. KAIST, 충청강원권에서 교육 기부 활동을 하고 있으며, 특히 한국직업방송에서 교육 매체 모터제어, PLC제어 등 13편을 개발하여 검색하면 무료로 제공받아 볼 수 있다. <메카트로닉스공학(건기원)>, <PLC실기(한국산업인력공단)> 등 다수의 책을 집필하였다.

ESG

지속 가능한
패션 소재와 생산 방식

우리는 항상 옷을 입는다. 아침에 일어나 무심코 선택한 티셔츠, 익숙하게 손이 가는 바지나 유행을 따르기 위해 구매한 블라우스, 재킷 등을 입는다. 하지만 입는 행위에 얼마나 많은 선택과 의미가 숨어 있는지 자주 잊는다.

현대 사회에서 패션은 단순한 스타일 표현을 넘어 인간의 삶과 지구 환경에 중대한 영향을 미치는 산업으로 부상하고 있다. 한 해에 수십억 벌의 의류가 생산·소비되고 있으며, 경제 성장과 고용 창출에 긍정적인 기여를 하는 동시에 심각한 환경 오염과 자원 낭비 등 다양한 사회적 문제를 초래하고 있다. 이러한 양면성 속에서 더 이상 전통적인 생산과 소비 중심의 패션 산업을 유지할 수 없는 시점에 도달했다.

지속 가능한 패션(Sustainable Fashion)은 단순히 친환경 소재를 사용하는 것에 그치지 않고, 전반적인 의류 생산-유통-소비-폐기의 전 과정을 재구성하여 환경 파괴를 줄이고 사회적 책임을 다하겠다는 윤리적 선언이자 실천 전략이다. 이는 '잘 만든 옷이란 무엇인가'에 대한 정의를 다시 생각하게 만들며, 동시에 우리가 입는 옷이 누가, 언제, 어디서, 어떻게 만들어졌는지를 되돌아보게 만든다. 그 가운데 ESG라는 새로운 관점이 주목받고 있다.

    ESG는 환경(Environmental), 사회(Social), 지배구조(Governance)의 약자로서, 기업의 비재무적 가치를 평가하는 기준으로 글로벌 산업계에 확산하고 있다. ESG 패션은 이러한 개념을 패션 산업에 적용한 것으로서 다음과 같은 질문을 한다.

- 친환경 원자재를 사용하는가?
- 근로자의 인권을 보장하는가?
- 공정한 공급망 관리를 하는가?

ESG 패션은 단순한 트렌드나 마케팅 전략이 아닌 기후위기 시대에 요구되는 새로운 생존 전략이다. 이러한 변화는 패션 산업 내부에서만 발생하는 것이 아니다. 정부와 시민, 사회 그리고 무엇보다 소비자의 의식 변화가 중요한 촉매 역할을 한다.

    예를 들어 유럽연합(EU)은 지속 가능한 제품 설계와 순환 경제 전략을 법제화하고 있으며, 한국에서도 ESG 경영에 대한 공시 의무화와 같은 제도적 장치가 마련되고 있다. 소비자 또한 지속 가능한 가치를 선택하는 방향으로 소비 행태를 변화시키고 있으며, 기업의 생산 전략에도 영향을 미치고 있다.

    지속 가능한 소재에는 비용과 기술 장벽이 여전히 존재하는데, 친환경 섬유는 기존의 합성섬유보다 생산 단가가 높아 중소 브랜드와 소비자 모두에게 부담이 된다. 또한 글로벌 공급망의 복잡성 속에서 진정으로 윤리적이고 투명한 생산 과정을 유지하기란 쉽지 않으며, 일부 기업은 그린워싱(Greenwashing), 실제로는 친환경적이지 않으면서 마치 그렇다고 포장하는 마케팅 기법을 통해 소비자의 신뢰를 저해하기도 한다.

이러한 배경 속에서 지속 가능한 패션 및 ESG 패션의 개념과 필요성을 바탕으로 실제적인 실천 방법과 산업 전반의 흐름을 체계적으로 알아야 한다. 우리는 더 이상 과거의 방식대로 옷을 사서 입고 버릴 수 없다.

패션이라는 일상적 행위를 통해 지구의 미래를 선택하는 시대에 살고 있는 지금, 우리의 선택은 곧 지속 가능한 사회와 지구를 위한 약속이어야 한다.

패션 산업에서의 지속가능성은 단순히 친환경 원단을 사용하는 것을 넘어 생산 방식 전반을 재설계하고 환경과 사람 모두에게 이로운 시스템을 구축하는 것을 의미한다. 지속 가능한 생산 방식은 탄소 배출 저감, 자원 절약, 유해 물질 최소화, 노동자의 권리 보장 등을 통합적으로 고려하는 복합적인 개념이다.

지구를 살리는 친환경 섬유의 혁신

패션 산업에서 가장 눈에 띄는 지속가능성 실천 중 하나는 바로 친환경 섬유의 사용이다. 섬유는 의류 생산의 가장 기초적인 자원이며, 어떤 섬유를 선택하느냐에 따라 의류 한 벌이 지닌 환경적 의미는 크게 달라진다.

전통적인 면화는 많은 양의 물과 농약이 필요하며, 합성섬유는 미세플라스틱과 화학물질의 오염 문제를 야기한다. 이에 반해 유기농 면(Organic

Cotton)은 농약이나 유전자 조작 없이 재배되어 토양과 생물다양성에 대한 영향을 최소화하며, 대나무 섬유는 빠른 생장 속도, 탄소 흡수 능력과 생분해 가능

성 덕분에 친환경 대체재로 주목받고 있다. 다른 예로 리오셀(Lyocell)은 나무에서 추출한 셀룰로오스(주로 유칼립투스, 너도밤나무, 참나무 등)를 원료로 만든 재생섬유(셀룰로오스계 섬유)로, 합성섬유와 달리 화석연료에서 유래하지 않고 식물 기반이라는 점에서 친환경적이며, 폐기 후에도 자연으로 돌아가는 특성이 있다.

  해양 폐기물을 재활용하여 만든 나일론 섬유인 에코닐(Econyl)과 같은 신소재도 등장하고 있다. 에코닐은 이탈리아의 환경 섬유 전문 기업인 아쿠아필(Aquafil)이 개발한 재생 나일론(Recycled Nylon)으로, 버려진 플라스틱 폐기물(폐어망, 카펫, 산업용 플라스틱 등)을 수거해 화학적으로 분해·정제하여 다시 나일론6으로 되살려낸 섬유이다. 즉 에코닐은 기존 나일론과 동일한 품질을 유지하면서도 원유를 사용하지 않고 폐기물을 자원으로 전환하는 혁신적인 순환형 섬유이다. 이는 패션이 플라스틱 폐기물 문제 해결에 도움이 될 수 있는 가능성을 보여주는 사례다.

  이러한 섬유들은 기능성과 아름다움을 넘어 환경을 위한 선택이라는 점에서 가치를 지닌다. 그러나 이들 친환경 소재의 생산 비용은 일반 섬유보다 높아 대량 생산과 보급에 한계가 존재하며, 이 부분에서 정부의 정

책 지원과 소비자의 이해가 함께 요구된다.

기업의 의류 제조 저에너지 전략

의류 제조 공정은 다양한 기계 설비와 화학 공정이 동원되는 만큼 막대한 에너지를 소비한다. 특히 염색, 세탁, 건조 등은 많은 전력과 고온의 증기가 필요하므로 전체 에너지 사용량의 상당 부분을 차지한다. 따라서 지속가능한 패션을 위해서는 공정 단계에서 에너지 효율성을 제고하는 기술적 노력이 필요하다. 이를 위한 대표적인 사례로 태양광, 풍력 등의 재생에너지를 제조 시설에 도입하는 것을 들 수 있다.

세계적인 브랜드인 파타고니아(Patagonia)는 자사 공장과 물류시설, 사무공간에 태양광 발전 설비를 적극적으로 설치하면서 에너지 자립과 탄소중립을 실현하기 위한 실질적인 노력을 이어가고 있는 대표적인 지속가능 패션 브랜드이다.

H&M 그룹의 2030년까지 100% 재생에너지로 전환하겠다는 목표는 단순한 좋은 의도가 아니라 기후위기 시대에 기업이 감당해야 할 책임이라 할 수 있다.

한편 저온 염색 기술이나 수분 함유율을 줄인 자동 건조 기술, 스마트 자동화 설비를 통한 생산 최적화 등은 에너지 낭비를 줄이면서도 품질을 유지하는 방법으로 부상하고 있다. 이러한 방식은 초기 투자 비용이 발생하더라도 장기적으로는 비용 절감 효과와 함께 기업의 지속가능성을 강화하는 결과를 낳는다.

친환경 의류 제조 공정의 전환점

의류 제조에는 과잉 생산, 유해 화학물질 사용, 막대한 수자원 소비, 폐수 배출, 탄소 배출 등 수많은 문제가 제조 공정 곳곳에 자리 잡고 있다. 이러한 배경 속에서 최근 떠오르고 있는 개념이 바로 '저오염 공정'이다. 저오염 공정이란 말 그대로 의류 생산 과정에서 환경 오염을 최소화하고, 자원 효율성을 높이며, 궁극적으로 지속 가능한 산업 생태계를 추구하는 실천 방식이다.

의류 제작은 보통 원료 채취, 방적과 제직, 염색, 봉제 및 마감, 포장 등 일련의 5단계를 거치는데 단계마다 대부분 오염원이 발생한다.

1단계: 원료 채취

가장 많이 쓰이는 면(Cotton)은 전통적으로 살충제와 농약, 대량의 물을 필요로 한다. 하지만 최근 들어 유기농 면이나 리오셀, 대마(Hemp)와 같은 저환경 영향 섬유의 활용이 늘어나고 있으며, 이는 토양과 수질 보호, 생물 다양성 유지에 긍정적인 역할을 하고 있다.

2단계: 방적과 제직

기존에는 전력 소모가 높은 설비들을 주로 사용했지만, 최근에는 에너지 효율이 높은 기계와 친환경 가공 방식을 채택하는 기업이 증가하고 있다. 섬유의 표백이나 전처리 시에도 형광증백제 대신 천연 효소나 산소계 표백이 도입되면서 보다 저해성 가공이 가능해지고 있다.

3단계: 염색

염색 단계는 의류 생산에서 가장 많은 물을 소비하고 가장 많은 유해 화학물질을 배출하는 공정이다. 전통적인 염색은 높은 온도의 물에서 많은 양의 염료와 보조제를 사용하여 색을 입히는 방식을 사용하는데, 이 과정에서 발생하는 폐수는 강과 바다를 오염시키며 심각한 생태계 파괴를 초래하고 있다.

이러한 문제를 해결하기 위해 최근에는 물을 거의 사용하지 않는 '무수 염색 기술(waterless dyeing)'이 주목받고 있다. 예를 들어 초임계 상태의 이산화탄소(CO_2)를 활용하여 염료를 섬유에 침투시키는 방식이나 레이저 및 오존 가공 기술이 있다. 이는 물 사용을 획기적으로 줄이고 폐수 배출을 없애는 기술로, 환경에 큰 영향을 미치는 기존 염색 방식의 대안으로 자리 잡고 있다.

4단계: 봉제 및 마감

봉제 및 마감 공정에서 저오염을 위한 시도가 다양하게 이루어지고 있다. '제로 웨이스트 패턴'은 원단을 재단할 때 버려지는 자투리를 최소화하기 위한 설계 방식으로 원단 낭비를 크게 줄여준다. 접착제를 최소화하고, 단순한 봉제 방식이나 재봉이 쉬운 디자인을 적용하는 것도 자원 절약에 기여한다. 최근에는 다기능 복합소재를 사용하여 여러 기능을 한 가지 소재로 구현함으로써 부자재 사용을 줄이고 가공 공정도 단순화하려는 시도도 있다.

5단계: 포장

포장재를 생분해가 가능한 소재로 대체하는 것이 대표적인 친환경 방법이다. 기존의 비닐 포장 대신 옥수수 전분 기반의 필름이나 FSC(산림관리협의회) 인증 재생지 포장이 점점 확대되고 있으며, 제품 수명 주기 전반에서 환경 영향을 줄이는 데 큰 도움이 된다.

생산된 의류를 유통하는 과정에서도 환경 영향을 줄이려는 노력이 필요하다. 예를 들어 현지 생산 및 판매 구조를 구축하여 물류 이동 거리와 탄소 배출을 줄인다.

의류 제조에서 저오염 공정을 실현하는 것은 기술적 전환뿐 아니라 패션 산업 전반의 철학과 문화, 운영 방식이 달라져야 가능한 일이다. 단지 한두 가지 친환경 원단을 사용하는 것이 아니라 생산 과정 전반에서 다음과 같은 근본적인 질문을 던지는 데서 시작해야 한다.

"우리는 무엇을 희생하고 있는가?"

우리는 오랫동안 빠르고 많은 소비를 당연하게 여겨왔다. 옷 한 벌을 사기 위해 어떤 생태계가 훼손되고, 누군가의 노동 환경이 희생되었는지 돌아보지 않았다. 이제는 그 흐름을 바꾸어야 한다. 생산자는 더 책임 있는 공정을 도입하고, 소비자는 그 가치를 알아보고 지지할 수 있어야 한다. 진정한 저오염 공정은 기술만이 아니라 이러한 의식의 전환 속에서만 실현될 수 있다.

지속 가능한 생산 방식은 단순히 몇 가지 기술이나 소재를 바꾸는 것에서 그치지 않아야 한다. 패션 산업 전반의 철학뿐만 아니라 공급망, 유통 시스템, 나아가 소비자의 인식까지 전면적으로 변화해야만 가능한 과제이다. 우리는 이제까지의 '빠르고 저렴한 패션'을 지향하던 관행에 대해 반성해야 하며, 의류 생산과 소비에서의 윤리적 책임을 무겁게 받아들여야 한다.

앞으로는 의류 생산자, 패션 디자이너, 패션에 관한 소비자 정책을 입안하는 사람 모두가 함께 협력하여 지속 가능한 패션 생태계를 구축해야 한다. 기술 혁신과 친환경 경영뿐만 아니라 그것을 가능하게 하는 사회적 합의가 병행될 때, 우리는 진정한 의미의 지속 가능한 패션 산업을 구축할 수 있을 것이다.

ESG

지속 가능한 패션을 위한 여정

우리가 매일 입는 옷 한 벌에는 생각보다 많은 이야기가 담겨 있다. 단순한 소비재로 여겨지는 의류는 이제 환경, 노동, 사회적 책임이라는 복잡한 맥락 속에서 다시 바라보아야 할 대상으로 떠오르고 있다.

지속 가능한 패션이란 단순히 천연 소재를 사용하는 것을 넘어 의류가 만들어지고, 유통되고, 폐기되는 전 과정에서 사람과 지구를 해치지 않도록 하는 철학적 실천이다.

패션 산업은 의류 디자인과 생산뿐만 아니라 원자재 공급부터 제품 폐기까지 연결된 다양한 산업과 긴밀히 얽혀 있는 복합적인 생태계를 이룬다. 지속 가능한 패션을 실현하기 위해서는 단지 한 브랜드의 노력만으로는 한계가 있으며, 그 이면에 있는 방대한 산업 구조에 대한 총체적 접근이 필요하다.

의류 재활용의 가치와 실천

패션 산업은 전 세계적으로 해마다 수천만 톤의 의류 폐기물을 양산하고 있다. 특히 '패스트 패션'의 등장으로 인해 옷의 평균 수명이 단축되면서 사용 후 버려지는 옷의 양은 기하급수적으로 늘어나고 있다. 이러한 대량 소비·대량 폐기의 구조는 환경 파괴를 가속화하고 있는데, 이를 해결하기 위한 가장 기본적인 접근 방식이 의류 재활용이다.

의류 재활용은 크게 두 가지 방식으로 나뉜다. 첫 번째는 사용한 옷을 분쇄해 섬유로 재가공하거나 천 조각으로 다시 직조하는 방식으로, 에너지 소비가 비교적 적고 단순한 기술로 가능하지만 품질 저하가 발생할 수 있다는 한계가 있다.

두 번째는 폐의류를 화학적으로 분해해 원재료 수준으로 되돌리는 방식으로, 새 옷과 유사한 수준의 품질을 유지할 수 있으나 기술적 복잡성과 높은 처리 비용이 문제로 지적된다.

최근에는 이러한 재활용 기술을 더욱 정교화하기 위한 연구개발이 활발하게 이루어지고 있으며, 브랜드 차원에서도 리사이클 라인의 제품 출시 및 수거 캠페인 확대 등 다양한 실천이 이루어지고 있다. 그러나 여전히 낮은 회수율과 복합 소재로 인한 분류의 어려움 등이 남아 있어 전 사회적인 대응이 필요하다.

창의적 업사이클링의 세계

재활용이 자원으로의 단순한 복귀라면, '업사이클(Upcycle)'은 보다 창의적이고 혁신적인 재탄생을 지향한다. 업사이클은 버려신 소재나 제품을 해체하거나 재구성하여 기존보다 더 높은 가치의 새로운 제품으로 재탄생시키는 방식이다. 이는 환경보호를 넘어 예술성과 독창성을 강조할 수 있는 영역이기도 하다.

예를 들어 버려진 청바지를 잘라 가방이나 소파 커버로 만들고, 군용 텐트를 재활용해 아우터를 만드는 것은 단순한 자원순환을 넘어 독창적이고 개성 있는 브랜드 정체성을 만드는 데 기여한다. 이러한 방식은 소비자에게 '이야기가 있는 제품'을 제공하면서 감성적 연결을 강화하는 효과도 있다.

국내에서도 '컨셔스 컬렉션'이나 '제로 웨이스트' 프로젝트를 통한 업사이클 브랜드가 증가하고 있으며, 사회적기업이나 환경 NGO와의 협업을 통해 사회적 가치까지 함께 추구하는 경우도 많다.

- **컨셔스 컬렉션(Conscious Collection)**
  패션 산업에서 지속가능성과 윤리적 소비를 실현하기 위한 대표적인 노력 중 하나로, 패션 브랜드들이 친환경 소재, 윤리적 생산, 지속 가능한 디자인 철학을 기반으로 제작한 제품군을 의미한다.

> **• 제로 웨이스트(Zero Waste)**
> 말 그대로 '쓰레기 0(제로)'에 도전하는 삶의 방식이다. 버려지는 쓰레기를 최소화하고, 자원을 최대한 순환시켜 사용하는 생활 습관과 사회 시스템을 말한다. 재활용뿐만 아니라 생산부터 소비, 폐기까지의 전 과정을 재설계해 폐기물이 발생하지 않도록 하는 것을 목표로 한다.

그러나 업사이클 제품은 대부분 수작업 중심이며, 대량 생산이 어렵다는 점 그리고 일반 소비자에게는 다소 낯선 스타일이라는 점에서 여전히 대중화에는 시간이 필요하다. 그럼에도 불구하고 업사이클은 자원의 가치 재발견과 패션의 창의성이라는 두 가지 측면에서 매우 중요한 미래 지향적 접근법이다. 나아가 청년 창업자들에게는 진입장벽 낮은 시장이기도 하며, 새로운 소비 트렌드를 형성할 수 있는 기반으로 주목받고 있다. 업사이클은 단순한 재활용이 아니라 '재탄생'이다.

옷 한 벌의 탄소 발자국 추적

패션 산업은 전체 산업 탄소 배출량의 약 10%를 차지하며, 이는 항공 및 해운 산업을 합친 것보다 많은 수치이다. 의류 한 벌을 생산하는 데 발생하는 온실가스 배출량은 우리가 생각하는 것보다 훨씬 많다.

원자재 생산-염색-가공-물류-폐기에 이르는 전 과정에서 이산화탄소(CO_2), 메탄(CH_4) 등의 온실가스가 배출된다. 이처럼 '탄소 발자국(Carbon Footprint)'은 패션 산업의 숨겨진 환경 비용을 가시화하는 중요한 지표이다.

탄소 발자국을 줄이기 위한 노력은 다양한 방식으로 진행되고 있다. 먼저 원자재 단계에서는 유기농 면, 재생섬유 사용을 통해 탄소 배출량을 줄일 수 있으며, 제조 공정에서는 재생에너지 도입과 에너지 효율성 강화가 핵심이다. 유통 과정에서 친환경 포장재, 탄소 중립 물류 시스템, 현지 생산 확대 등을 통한 이동 거리 감축 시도도 증가하고 있다.

브랜드 차원에서는 자사 제품의 탄소 배출량을 계산하고, 이를 소비자에게 투명하게 공개하는 '탄소 라벨링'을 도입하는 경우도 늘고 있다. 예를 들어 영국의 스텔라 맥카트니(Stella McCartney)는 제품의 환경 영향을 정량적으로 제시하고 있으며, 스웨덴의 H&M도 지속가능성 보고서에서 제품의 탄소 발자국을 분석해 공개하고 있다.

하지만 여전히 많은 기업이 탄소 배출 데이터를 수집하고 분석하는 데 어려움을 겪고 있으며, 표준화된 측정 기준의 부재와 공급망의 복잡성으로 인해 정확한 수치 산정이 어렵다. 이러한 한계를 극복하기 위해서는 산업 전반의 공동 기준 마련과 더불어 정부, 학계, 시민단체의 협력이 필요하다.

패션 산업은 그 본질상 유행과 변화를 중시하며 빠른 생산과 소비를 촉진해왔다. 그러나 그로 인해 발생한 폐해를 직면하고 있으며, 이제는 속도가 아닌 '책임'을 중심으로 산업 구조를 재편해야 할 시점에 와 있다.

재활용 업사이클을 통한 탄소 절감은 단지 환경보호의 수단이 아니라 앞으로의 시장 생존 전략이자 기업 평판의 핵심 요인이 되고 있다. ESG 기준이 전 세계적으로 확대되면서 지속가능성을 갖추지 못한 기업은 시장에서 도태될 위험에 놓이고 있다. 따라서 산업 전반의 시스템 전환이 절실하며, 이를 위해 혁신 기술에 대한 제도적 지원과 소비자 교육이 함께 병행되어야 한다.

ESG 패션 브랜드의 실천 사례

ESG 패션의 환경(Environment), 사회(Social), 지배구조(Governance)를 국내외 브랜드 사례 중심으로 소개한다.

① 플리츠마마(Pleats Mama, ㈜송강인터내셔널)

플리츠마마는 '리사이클링'이라는 키워드에 가장 충실한 브랜드 중 하나로 꼽힌다. 버려진 페트병을 활용해 리사이클 원사로 가방을 제작하는 국내 대표 친환경 브랜드이다. 주력 제품인 주름가방 1개에는 평균 16개의 페트병이 사용되며, 무염색 직조 방식을 통해 물과 화학염료 사용을 대폭 줄였다. 이는 패션 산업의 염색 오염 문제에 대한 획기적 해결 방안으로 평가받고 있다.

또한 지역 기반 생산 및 경력 단절 여성과의 협업을 통해 여성 친화적 일자리 창출이라는 사회적 가치도 실현하고 있다. 아직 공식 ESG 보고서를 발간하지는 않지만, 원사 출처와 탄소 배출 정보를 투명하게 공개하며 자체 ESG 실천을 이어가고 있다.

② 누깍(Nukak, ㈜업사이클리스트)

누깍은 2001년 스페인 바르셀로나에서 시작된 업사이클링 패션 브랜드로, 한국을 포함한 여러 국가에서 활동 중이다. 폐소방호스, 자전거 튜브, 방수 천막 등 비정형 도시 폐소재를 기부받아 가방과 액세서리로 재탄생시키며, 각 제품은 모두 유일한 디자인과 흔적을 간직한 단 하나의 작품으로 제작된다.

사회적기업 인증을 받은 누깍은 소재 재활용을 넘어 장애인 시설 및 소수계층과의 협업을 통한 일자리 창출과 수익 환원 구조를 실천한다. 또한 소량 생산, 제품 수명 관리, 공급망 투명화 등 ESG 기반의 책임 있는 브랜드 운영을 지속하며, '지속가능성과 사회적 책임의 조화'를 브랜드 철학으로 실현하고 있다.

③ Patagonia

미국의 파타고니아는 지속 가능 패션의 대표 브랜드로, 재생 폴리에스터, 유기농 면, 울 등 친환경 소재를 적극 활용하고, 염색 및 세탁 공정에서도 물 절감 기술을 개발해왔다. 'Worn Wear' 프로그램을 통해 수선과 재사용을 장려하며, 제품의 탄소 발자국과 원료 정보도 투명하게 공개한다.

공정무역 인증 공장에서 노동자의 생활임금과 권리를 보장하며, '1% for the Planet' 캠페인을 통해 매출 일부를 환경단체에 기부도 한다. 2022년 창립자는 회사 소유권을 환경재단에 기부하면서 모든 수익을 기후 대응에 재투자하는 ESG 지배구조 혁신을 실현하고 있다.

④ Stella McCartney

영국 비건 패션의 대표 브랜드인 Stella McCartney는 전통적 가죽이나 모피를 전혀 사용하지 않고 식물성 소재와 재생섬유를 활용한다. 최근에는 버섯에서 유래한 바이오 가죽(Mylo), 해양 폐플라스틱을 재활용한 원단 등 혁신적인 친환경 소재를 도입하여 기술과 윤리를 결합한 패션을 실현하고 있다.

또한 성 평등, 노동권 보장, 다양성 존중을 브랜드 운영의 핵심 가치로 삼고 있으며, 생산 과정에서도 윤리적 기준을 철저히 적용한다. 자체 지속가능성 위원회를 통해 전사적 ESG 평가를 진행하고, 매년 지속가능성

보고서를 공개함으로써 투명한 경영과 신뢰성을 확보하고 있다. Stella McCartney는 사회적 책임과 데이터 기반 실천이 어우러진 글로벌 지속 가능 패션의 모범 사례이다.

⑤ Eileen Fisher

미국의 Eileen Fisher는 '순환 패션(Circular Fashion)'을 브랜드 전략의 중심에 두고 있다. 'Take Back Program'을 통해 소비자가 입지 않는 자사 제품을 다시 회수하고, 이를 리폼하거나 재판매하는 순환 시스템을 구축했다. 또한 저수 세척 기술, 자연 염료, 생분해성 섬유를 적극 활용하여 폐기물과 오염을 최소화하고 있다.

Eileen Fisher 제품은 브랜드 운영의 중심에 있는 여성 노동자에 의해 생산된다. 여성의 경제적 자립을 돕기 위한 기금, 지역 NGO와의 연계를 통해 사회적 연대도 확장하고 있다.

또한 직원 주도형 기업 운영 구조를 갖추고 있으며, ESG 기준에 맞는 운영 투명성 강화를 위해 외부 감사를 정기적으로 받고 있다. 브랜드 운영 방식에서 민주적 의사결정 구조를 실험하고 있으며, 사회적기업의 모델로도 연구되고 있다.

⑥ Veja

프랑스의 Veja는 친환경 운동화 브랜드로, 유기농 면과 아마존산 고무, 재활용 플라스틱을 주원료로 사용하며, 탄소 배출량과 원재료의 출처를 투명하게 공개하는 것이 특징이다. 브라질 유기농 농장과 직접 계약해 농민의 공정한 수익 보장을 실현하고, 장애인과 취약계층을 고용한 생산 시스템을 운영함으로써 사회적 책임도 함께 실천한다.

Veja는 광고비를 줄이고 중간 유통 마진을 없애 공정한 가격 구조와 투명한 공급망을 유지하고 있으며, 모든 제품의 가격 구성과 원가 정보를 웹사이트에 공개한다. '투명성'이라는 철학을 바탕으로 지속가능성과 윤리적 소비를 동시에 추구하는 브랜드 운영 모델을 보여주고 있다.

ESG 브랜드들은 친환경 마케팅을 넘어 브랜드 철학과 시스템에 ESG를 내재화하고 있다는 점이 특징이다. 이들은 각기 다른 규모와 방식으로 ESG를 실천하지만 공통적으로 다음과 같은 요소를 갖추고 있다.

- 지속가능성에 기반한 경영 전략
- 소비자와의 신뢰 형성을 위한 투명한 정보 공개
- 환경적 책임과 사회적 가치의 균형
- 윤리적 공급망 운영과 ESG 지표 관리

ESG 관련 비용 부담, 지속 가능 소재의 안정적 공급, 소비자 의식 변화 유도는 여전히 과제로 남아 있다. 결국 ESG 패션은 완성된 모델이 아니라 끊임없는 실천과 성찰을 요구하는 과정이며, 이를 통해 우리는 산업과 소비를 동시에 전환할 수 있는 가능성을 기대한다.

ESG 패션의 결론은 단순히 친환경 옷을 만들자는 주장에 그치지 않고, 패션 산업 전체가 환경(E), 사회(S), 지배구조(G)에 대한 깊은 책임의식과 실천적 전환을 추구해야 한다는 데 있다. 이는 패션을 생산하고, 유통하고, 소비하는 모든 과정에 걸쳐 보다 윤리적이고 지속 가능한 기준을 적용하겠다는 선언이며 약속이다.

패션은 인간의 감성을 표현하는 문화적 수단이면서도 지구 자원 소비와 노동 불평등, 산업 폐기물의 주범이 되어온 이중성을 지니고 있다. 아름다움과 창조의 이미지 이면에 수많은 이들의 고통과 환경 파괴가 존재해 왔으며, 우리는 그 이면을 너무 오랫동안 외면해 왔다.

ESG 패션은 이와 같은 구조적 모순에 대해 스스로 질문을 던지고, 가능한 한 덜 해로운 선택을 넘어 더 나은 방향으로 변화하고자 하는 실천적 노력이 필요하다.

환경 측면에서는 자원순환과 탄소중립, 무독성 소재 사용, 수질 보호를 위한 저오염 공정이 적극적으로 도입되어야 한다. 사회적 측면에서는 공급망 노동자의 인권 보호, 공정무역, 지역사회 연계 같은 요소들이 필수적으로 고려되어야 한다. 지배구조 측면에서는 투명한 정보 공개와 ESG 전문성 강화, 윤리적 리더십이 뒷받침되어야 한다.

ESG는 단순히 패션 기업의 이미지 전략이 되어선 안 되며, 브랜드가 진정성을 가지고 책임을 다하는 방식이 기업이 시장과 사회로부터 신뢰를 회복하고 유지하는 핵심 경쟁력이다.

소비자 역시 중요한 주체이다. 우리는 예쁜 옷에서 한 걸음 더 나아가 다음과 같은 고민을 해야 한다.

'어떤 방식으로 만들어졌는가, 누가 만들었고 어떻게 유통되었는가?'

이는 단지 소비를 줄이자는 금욕적 메시지가 아니라 소비의 윤리를 회복하고, 우리가 지구와 사람에게 어떤 영향을 끼치고 있는지를 자각하자는 요청이다.

ESG 패션은 단기간의 유행이 아니라 지속 가능한 미래를 위한 시대적 요구이다. 이 변화는 한두 브랜드의 캠페인으로 완성되지 않으며, 산업 전체의 협력과 소비자 모두의 의식 전환이 함께해야 비로소 실현될 수 있다.

우리는 옷 한 벌을 고르는 선택이 지구의 미래를 결정할 수 있다는 사실을 인식해야 하며, 그 선택의 힘을 긍정적인 방향으로 사용할 준비가 되어 있어야 한다.

ESG 패션을 실현하기 위한 기술과 시스템은 점차 고도화되고 있지만, 이러한 변화의 중심에는 결국 '사람'이 있다. 이는 ESG 패션이 말하는 결론이자 우리가 함께 만들어 가야 할 다음 세대의 기준이다.

ESG

ESG 차원에서의 웨어러블 패션

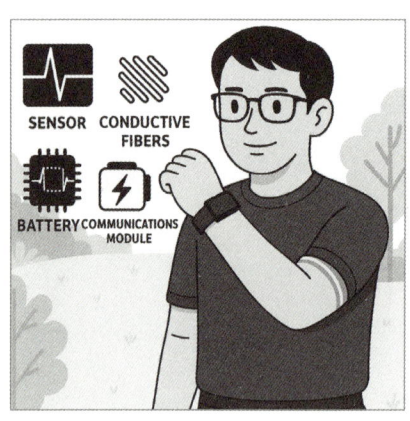

웨어러블(Wearable)은 단어 그대로 '착용할 수 있는'을 뜻한다. 웨어러블 의류는 신체에 착용하며, 동시에 디지털 기술이 통합된 옷을 의미한다. 즉 단순히 몸을 덮는 옷의 기능을 넘어 사람의 생체 데이터를 측정하고, 이를 활용하여 사용자와 상호작용하는 스마트 기능성 제품이다. 스마트 섬유, 센서, 통신 기술이 결합한 옷은 사용자의 생체 정보를 수집하고, 외부 환경에 반응하면서 건강 및 피트니스, 안전 등 다양한 목적에 활용되고 있다. 대표적인 예로는 다음과 같은 것들이 있다.

- 심박수, 체온, 땀, 수분량을 측정하는 스마트 셔츠
- 자외선 차단 및 경고 기능이 있는 UV 감지 의류
- 위치 추적 기능이 있는 어린이용 의류
- 재난 시 구조 신호를 보내는 기능성 작업복

이처럼 웨어러블 패션은 기능성과 혁신성의 경계에서 새로운 미래를 제시하고 있다. 하지만 기술이 발전하는 속도에 비해 그것을 감당하는 환경과 윤리, 관리 체계는 아직 미비한 것이 현실이다.

웨어러블 패션의 지속가능성

웨어러블 패션은 기존 섬유보다 복잡한 재료와 공정이 필요하고, 웨어러블 스마트 의류는 전도성 섬유, 센서, 배터리, 무선 모듈 등이 통합되어 있으며, 생산과 폐기의 환경 부담이 상당히 크다.

주요 문제로는 센서와 회로에 사용되는 금, 은, 구리와 같은 금속들은 추출 과정에서 환경을 심각하게 오염시키고, 웨어러블 스마트 의류는 수명이 다하면 일반 섬유처럼 재활용되기 어려워 전자 쓰레기로 전락할 위험이 크다.

또한 배터리 혹은 전력 회로는 인체 유해한 물질을 포함하고 있어 환경 유해성이 높다. 아울러 웨어러블 섬유는 다양한 소재가 복합되므로 일반 재활용 체계에 편입되기 어렵다.

> **<해결 방향>**
>
> - 생분해성 전도성 섬유 개발
> - 모듈형 분리 설계(패브릭과 전자 부품 분리 가능하게)
> - 친환경 인쇄전자기술 적용
> - 제품 회수 및 제조사 책임 회수 시스템(EPR) 강화

웨어러블 기술은 사용자의 건강을 추적하고 데이터를 수집하지만, 그 정보의 주인은 누구인지, 그 정보가 어떻게 활용되는지 그리고 그 기술을 생산하는 사람들은 어떤 환경에 놓여 있는지에 대한 대답은 아직 명확하지 않다.

① 웨어러블 의류는 생체 데이터를 실시간으로 수집한다. 심박수, 체온, 운동량 등 민감한 정보가 포함되어 있으며, 이를 수집·저장·활용하는 과정에서 다음과 같은 사회적 책임이 따른다.
- 개인정보 수집에 대한 투명한 동의 절차
- 제3자 활용에 대한 명확한 고지
- 사용자 데이터의 익명성 및 암호화
- 소비자 데이터의 소유권 명시

② 스마트 의류는 기술과 가격 면에서 접근성이 낮아 경제적 약자나 고령층은 배제될 수 있으므로 사회적으로 누구나 입을 수 있는 웨어러블 기술을 개발하고, 공공복지 영역에도 접목하려는 노력이 필요하다.

③ 스마트 의류 생산은 고도의 정밀성이 요구되며, 안전한 작업 환경 및 공정 임금 지급이 보장되어야 진정한 ESG라 할 수 있다.

투명하고 책임 있는 기술 경영

웨어러블 패션 기업은 제품의 수명, 소재 정보, 기능·성능, 데이터 정책 등을 투명하게 공개해야 하며, 공급망 전반에 걸친 윤리적 책임을 져야 한다. 기술 오용 가능성에 대한 자체 윤리 규정 마련도 필수이다.

ESG 성과 지표 공개 사항에는 제품 회수율, 탄소 저감률, 기술 윤리 정책 등이 있으며, 공급업체에 대한 정기적인 ESG 실사, 기술 특허권 및 정보 독점에 대한 공정한 사용권을 부여하고, 제품 설계 시 윤리위원회 운영 및 외부 평가 제도를 도입해야 한다.

이러한 지배구조는 단순한 내부 경영이 아닌 사회 전체의 신뢰 기반을 형성하는 데 필수적인 요소이다.

웨어러블 기술 결합의 대표적 사례를 분석해 보면 다음과 같다.

① 엠씨넥스(MCNEX) - 2022년 스마트 워크웨어 공개

엠씨넥스는 차량용 센서 기술을 기반으로 하던 기업에서 2022년 산업 안전을 위한 스마트 워크웨어를 공개하며 웨어러블 분야로 확장했다. 워크웨어는 건설 및 제조 현장에서 작업자의 체온, 맥박, 신체 활동 등 생체 정보를 실시간 수집하여 사고를 예방하고, GPS 모듈을 통해 작업자 위치를 추적해 신속한 구조 대응이 가능하도록 설계되었다.

환경(E) 측면에서는 배터리 효율 향상 및 모듈형 전자부품 구성으로 전자 폐기물 저감에 기여하고 있으며, 사회(S)적으로는 고령 근로자와 위험 직종 종사자의 생명과 안전 보호, 작업 환경 개선에 실질적 효과를 보이고 있다. 또한 지자체 및 산업안전청과의 협업을 통해 공공 기반의 상용화를 추진하면서 기술을 책임감 있게 확산하고 있다.

이처럼 엠씨넥스는 기술 중심에서 사회적 가치 중심으로 사업을 확장한 ESG 기반 웨어러블 기술 사례로 평가받고 있다.

② 에프알엘코리아(유니클로코리아) + 국내 스타트업 협력

에프알엘코리아는 2020년 국내 스타트업과 협력하여 체온 반응형 스마트 패딩을 시범 출시하였다. 이 제품은 전기나 배터리 없이도 사용자의 체온 변화와 외부 온도에 반응하는 고분자 섬유를 활용해 자동으로 보온력을 조절하는 기능성 의류이다. 전자부품을 최소화하고도 스마트 기능을 구현한 점에서 환경(E) 부담이 낮은 웨어러블 기술로 주목받고 있으며, 향후 재활용 가능한 고기능성 소재와 결합할 경우 탄소저감형 의류로의 발전 가능성도 기대된다.

사회(S)적 측면에서 보면, 체온 유지가 필요한 노약자나 만성질환자, 외부 근로자 등에게 실용적인 일상복으로 활용될 수 있으며, 접근 가능한 가격대를 통해 기술의 대중화도 함께 이끌 수 있다는 점에서 의미가 크다. 비록 아직은 상용화 이전의 시범 단계에 머물고 있지만, 에너지 효율성과 기능성, 환경 책임이 균형을 이룬 ESG 지향 웨어러블 패션의 가능성을 보여주는 국내 대표 사례로 평가받고 있다.

③ 한솔섬유 + 마이크로소프트 코리아

2023년 한솔섬유는 마이크로소프트 코리아와 협력하여 헬스케어 웨어러블 섬유 공동 개발 프로젝트를 추진하였다. 이 기술은 심박수, 체온, 근육 피로도 등의 생체 데이터를 섬유형 센서로 감지하고, 클라우드 기반 시스템과 연동해 실시간 건강 모니터링이 가능하도록 설계되었다. 핵심 기술은 탄소 기반 전도성 실과 섬유형 스트레인 센서이며, 현재 배터리 없이

동작 가능한 자가충전 구조 연구도 함께 진행 중이다.

환경(E) 측면에서는 에너지 효율성과 전자 폐기물 저감을 동시에 고려한 지속 가능한 기술로 주목받고 있으며, 사회(S)적으로는 운동선수뿐 아니라 고령자, 만성질환자 등 의료적 돌봄이 필요한 계층에게 실질적인 도움을 줄 수 있는 스마트 의류 솔루션으로 평가된다.

지배구조(G) 차원에서는 마이크로소프트의 보안 기술을 기반으로 개인정보 보호와 데이터 투명성 확보를 중시하며, 향후 공공 보건 시스템과의 연계도 모색 중이다. 이 협업은 기술과 돌봄, 윤리와 환경이 결합한 ESG 기반 미래 웨어러블 패션의 모범 사례로 주목받고 있다.

④ KT - 5G 기반 스마트 유니폼 프로젝트

KT는 2023년 5G 통신 기술을 활용한 스마트 유니폼을 상용화하며 웨어러블 의류의 실용성과 공공성을 확장했다. 이 유니폼은 공항, 물류창고, 응급현장 등에서 근무하는 인력의 생체 정보와 동선, 위험 요인을 실시간으로 감지하고, 5G 네트워크를 통해 지휘센터와 초저지연 연결을 지원하여 긴급 상황에서 빠른 대응이 가능하도록 설계되었다.

환경(E) 측면에서는 다회 사용이 가능한 전자 패치형 센서와 분리형 회로 설계를 적용해 전자 폐기물 발생을 줄이고, 유지 보수 효율성도 높였다. 사회(S)적으로는 재난 현장, 응급 구조, 물류 업무에 종사하는 인력의 생명 보호와 업무 효율화에 기여하면서 공공 서비스의 질을 높이고 있다. 감염병 대응이나 스마트 물류 시스템과 연계될 수 있는 구조 또한 사회적 파급력을 높이고 있다.

지배구조(G) 면에서는 정부 및 지자체와의 협업, 데이터 보안 강화, 책임 있는 기술 보급 체계를 마련함으로써 공공성과 기술의 균형을 추구하는 ESG형 웨어러블 기술 사례로 자리매김하고 있다.

⑤ 구글 + 리바이스

구글의 ATAP 팀과 리바이스는 2017년부터 Jacquard 프로젝트를 통해 세계 최초의 스마트 데님 재킷을 선보이며 웨어러블 의류의 새로운 방향을 제시했다. 이 재킷은 소매에 내장된 직물형 터치 센서를 통해 손동작만으로 스마트폰의 음악 재생, 전화 수신, 내비게이션 안내 등의 기능을 제어할 수 있도록 설계되었다. 센서 모듈은 탈부착이 가능하고, 일반 데님처럼 세탁이 가능해 실용성과 내구성을 동시에 확보했다.

환경(E) 측면에서는 소형화된 전자 모듈과 지속 가능한 면화 프로그램을 통해 생산된 친환경 소재를 사용하여 지속가능성을 고려했다. 사회(S)적 측면에서는 고령자나 시각장애인 등 디지털 기기 사용이 어려운 계층에게 새로운 접근성을 제공할 수 있는 가능성을 보여주었다.

지배구조(G) 면에서는 구글과 리바이스가 기술과 섬유산업 간의 책임 있는 협력모델을 구축함으로써 웨어러블 산업에서 기술 기업과 패션 브랜드가 어떻게 파트너십을 통해 ESG 가치를 실현할 수 있는지를 보여주는 사례로 평가받고 있다.

⑥ 애플 + 나이키

애플과 나이키는 2016년부터 협업을 통해 애플 와치와 연동되는 스마트 피트니스 의류 라인을 선보이며 웨어러블 헬스케어 시장을 선도하고 있다. 나이키가 개발한 고기능성 원단 기술(Dri-FIT)과 함께 체온 조절, 땀 배출 최적화, 심박수 측정 기능이 포함된 착용형 센서 밴드를 통해 사용자의 운동 데이터를 실시간 수집·분석할 수 있도록 설계되었다. 이 제품군은 마라톤, 사이클링, 홈트레이닝 등 다양한 운동 환경에서 맞춤형 건강관리 솔루션을 제공하며, 웨어러블 패션의 실용성과 상업성을 동시에 입증하고 있다.

환경(E) 측면에서는 재활용 폴리에스터와 기능성 섬유 혼합 소재를 적용한 제품군을 확대하고 있으며, 나이키는 2030년까지 전체 제품의 절반을 재활용 소재로 전환할 계획을 공식화했다. 애플 역시 탄소중립 목표와 재활용 알루미늄 확대를 추진하면서 ESG 이행을 강화하고 있다.

이처럼 두 브랜드는 기술 기반 웨어러블 제품의 대중화를 이끄는 동시에, 지속가능성과 윤리적 책임을 병행하는 대표적인 글로벌 협업 모델로 평가받고 있다

웨어러블 패션의 가능성과 미래

웨어러블 패션은 더 이상 과학 소설의 영역이 아니며, 센서를 내장한 셔츠, 체온을 감지하는 재킷, 자외선에 반응하는 모자, 심박수를 체크하는 스포츠 브라 등 이 모든 것이 현실이 되었고, 이제는 무엇이 가능한가에서 '어떻게 잘 활용할 것인가'로 관심이 옮겨가고 있다. 기술이 접목된 의류는 기능성을 넘어 인간의 삶의 질을 높이고, 환경과 사회를 연결하는 매개체로 자리매김할 수 있다.

웨어러블 패션의 가장 큰 가능성은 보건·의료·안전·스포츠 분야에서의 확장성이다. 심박수, 체온, 근육 긴장도 등 생체 정보를 감지하여 질병을 조기 진단하거나 고위험 노동자의 생명을 보호하는 옷은 사회적 약자와 고령자, 환자들에게 보이지 않는 돌봄의 역할을 할 수 있다. 이는 단순한

편의를 넘어 '삶의 연장선'으로 기능하게 된다.

환경적 측면에서도 웨어러블 기술은 새로운 전환점을 마련할 수 있다. 예컨대 기온에 따라 스스로 열을 조절하는 옷은 난방 에너지 소비를 줄이며, 야외 활동에 최적화된 자외선 감지 섬유는 피부 건강은 물론 의료 비용 절감과 환경보호의 이중 효과를 제공한다. 더 나아가 미세먼지, 온도, 소음 등을 실시간 측정하는 의류는 도시 환경 데이터를 축적하고, 공공정책에도 이바지할 수 있는 사물인터넷(IoT) 인프라의 일부로 발전할 수 있다.

하지만 이 모든 가능성은 윤리적 설계와 ESG 경영 없이 지속될 수 없다. 개인정보 보호, 전자 폐기물과 생분해되지 않는 소재 문제 등은 반드시 기술 발전과 함께 해소되어야 할 과제이다. 특히 ESG 관점에서 웨어러블 의류는 다음과 같은 미래 지향적 실천이 요구된다.

- 생분해 가능한 스마트 섬유, 모듈형 설계, 에너지 효율성 개선
- 기술의 접근성 확대, 의료·안전 사각지대 해소, 공공 서비스와의 접목
- 데이터 보호 정책 강화, 공급망 투명성, 기술 윤리 기준 수립

웨어러블 패션의 미래는 무엇을 얼마나 잘 입히는가보다 '어떤 가치를 우리의 몸에 담는가'에 달려 있다. 기술이 사람을 따르고, 옷이 책임을 입히며, 소비자가 질문을 던질 때 웨어러블 패션은 단순한 유행이 아닌 지속 가능한 혁신의 한 축이 될 수 있다.

'입는다는 것'은 이제 단순한 생존의 도구가 아닌 윤리적·기술적·사회적 선택의 표현이 되었으며, 우리는 이제 옷을 고를 때 가격이나 기능뿐 아니라 그 뒤에 숨겨진 환경적, 사회적 가치를 함께 고려해야 한다.

ESG 차원에서 바라본 웨어러블 패션의 결론은 단순히 스마트한 옷을 만드는 데 그치지 않는다. 기술과 패션이 만나는 지점에서 환경, 사회, 지배구조에 대한 깊은 성찰과 책임을 함께 고민해야 한다. 웨어러블 패션은 건강을 모니터링하고 안전을 보조하며, 다양한 상황에서 사용자에게 실질적인 편익을 제공할 수 있는 진보된 의류이다. 그러나 동시에 이러한 제품은 전자 폐기물, 소재 복합성, 개인정보 수집과 같은 새로운 윤리적 과제를 수반한다.

환경(E) 측면에서 웨어러블 의류는 친환경 소재 사용을 넘어 모듈 분리 설계, 생분해 가능한 스마트 섬유, 저전력 회로 설계 등을 도입해야 진정한 지속가능성을 확보할 수 있다. 사회(S)적으로는 고령자, 장애인, 의료 취약 계층까지 기술 혜택을 확장하는 포용성과 접근성이 강조되어야 하며, 생산 노동자의 권익 보호, 공정한 거래, 지역사회 연계도 중요하다. 지배구조(G)에서는 투명한 데이터 활용 기준 마련, 소비자 동의 기반 정보 수집, 기술 기업과 섬유 브랜드 간의 윤리적 파트너십이 요구된다.

결국 웨어러블 패션은 기술과 삶이 연결되는 미래의 옷이며, ESG는 그 연결이 지속 가능하고 책임 있는 방향으로 이어지도록 하는 기준이자 약속이다. 우리는 기술이 더 인간다워지고, 패션이 더 책임을 다할 수 있도록 행동해야 하며, 그 중심에 '사람'이 있다는 점을 잊지 말아야 한다.

지구를 위한 작은 실천 하나 _ 텀블러를 들고 다니세요

매일 아침 우리는 커피 한 잔으로 하루를 시작하곤 한다. 편리하게 테이크 아웃한 커피 한 잔이 일상의 루틴처럼 느껴지지만, 그 안에는 무심코 지나치는 환경 비용이 숨어 있다. 바로 일회용 컵이다.

우리나라에서만 하루에 약 700만 개 이상의 일회용 컵이 사용되고 있으며, 연간으로 환산하면 25억 개가 넘는 컵이 버려지고 있다. 그중 일부는 재활용되지만 대부분 일반 쓰레기로 분류되어 소각되거나 매립된다. 게다가 종이컵이라고 불리는 컵조차 겉은 종이, 안은 플라스틱 코팅이 되어 있어 재활용이 까다롭고 자연 분해되기까지는 수백 년이 걸린다.

환경 부담은 컵 자체에만 있지 않다. 일회용 컵을 생산하는 데도 상당한 자원이 들어간다. 종이컵 한 개를 만드는 데 필요한 물의 양은 약 1.3리터, 즉 커피 한 잔을 마시기 위해 커피보다 더 많은 물이 소비되고 있는 셈이다. 여기에 나무와 전기, 포장재까지 포함하면 환경적 손실은 더 커진다.

이런 문제를 해결하기 위한 가장 쉽고도 강력한 실천은 바로 개인용 텀블러를 사용하는 것이다. 텀블러는 한번 구입하면 수백 번 재사용이 가능하며, 장기적으로 볼 때 자원 절약과 탄소 배출 감소에 큰 기여를 한다. 실제로 한 사람이 1년간 하루 한 잔의 커피를 텀블러로 대체하면 약 10kg 이상의 탄소 배출을 줄일 수 있다는 분석도 있다.

일부 카페에서는 텀블러 사용 고객에게 할인 혜택도 제공하고 있어 경제적 이점도 있다. 작은 행동이지만 이러한 실천이 모이면 커다란 변화를 만들어 낸다. 우리가 습관처럼 사용하는 일회용품 하나하나가 지구의 자원과 직결되어 있다는 사실을 기억한다면, 오늘 하루 텀블러 하나쯤은 가방에 넣고 다닐 수 있지 않을까?

지구를 지키는 일은 거창할 필요가 없다. 내 손에 들린 컵 하나에서부터 변화는 시작된다.

CHAPTER 03

쓰레기를 읽다
_ 버려진 것들에 대한 성찰

이선우

한국ESG경영인증원 이사장 / 한국환경과학회 홍보이사 / 시사코리아저널 저널리스트
Artima Group 총괄 대표이사

에너지, 환경, ESG 경영 등 다양한 분야에서 30여 년에 걸쳐 경력을 쌓아온 전문가로, 지속 가능한 미래를 위한 실천적 리더십을 발휘하고 있다. 충남대학교, KAIST AIB(Advanced Innovative Business) 과정과 대전대에서 공부하였다. 25년간 원자력 에너지 분야에서 근무하며 대한민국 에너지 산업의 중심에서 정책과 기술 현장을 아우르는 실무 역량을 발휘했고, 이후 미세먼지·초미세먼지 및 IoT 센서 기반 벤처기업에서 실무 경험을 쌓으며 활동 영역을 확장하였다. 이러한 현장 경험을 바탕으로 6인의 공동 설립자들과 함께 한국ESG경영인증원과 한국이에스지경영인증원을 창립하여 ESG경영전문지도사 자격 제도를 운영하면서 기업 ESG 경영 컨설팅, 공공기관 및 대학 ESG 강의 등 다양한 교육 및 실천 활동을 전개하고 있다.

ESG

무심한 일상, 버려진 감각

냉장고 안에서 이상한 냄새가 났다. 문을 열자마자 퍼지는 그 묘한 악취는 단번에 무언가를 오래 방치했다는 신호처럼 느껴졌다. 유통기한이 한참 지난 반찬통 하나가 원인이었다. 이미 상해 있었고, 나는 그것을 조용히 비닐봉지에 담아 음식물 쓰레기와 함께 버렸다. 그렇게 하루가 흘러갔고, 나는 다 버렸다고 생각했다. 그러나 또 다른 문제가 그날의 냄새처럼 어딘가에 남아 있었다. 나는 그 반찬을 왜 먹지 않았는지, 그것이 왜 그토록 오랫동안 잊혔는지 그리고 그것을 담은 비닐봉지는 지금 어디로 갔는지 스스로 묻지 않았다.

그날 냉장고를 정리하면서 나는 무심히 지나쳤던 여러 음식물을 다시 바라보게 되었다. 반쯤 남은 고추장은 언제 샀는지조차 기억나지 않았고, 밀폐용기 안에서 시들어가던 나물은 며칠째 자리를 지키고 있었다. 손길이 닿지 않은 채 존재만으로 공간을 차지하고 있는 것들. 나는 매일 새로운 음식을 사 먹으면서도 냉장고 속 오래된 것들에는 관심을 두지 않았다. 언뜻 풍요로워 보이는 그 공간은 어느새 소비의 무덤이 되었고, 그 안에 덩그러니 남겨진 음식들은 나의 무관심과 게으름 그리고 선택적 망각을 조용히 증언하고 있었다.

버린다는 것은 단지 공간을 정리하는 일이 아니다. 그것은 시간의 흔적을 지우는 행위이며, 감정의 일부를 떼어내는 일일 수도 있다. 어떤 물건은 사용한 적도 없이 버려지고, 어떤 감정은 표현되지도 않은 채 내던져진다. 쓰레기통에 담긴 물건은 더 이상 필요하지 않다는 선언이지만, 동시에 더는 책임지지 않겠다는 무언의 단절이다.

'우리는 삶의 일부를 잘라내듯 매일 무언가를 버리고 있지만, 그에 대해 생각해 본 적이 얼마나 있을까?'

때로는 물건이 아닌 사람도 그렇게 버려진다. 연락이 끊긴 친구, 정리하지 못한 관계 그리고 속으로만 삭인 말들. 물리적 쓰레기만이 아니라 정서적 쓰레기 또한 우리의 일상에 조용히 쌓이고 있다. 감정적 거리 두기, 회피, 침묵, 방치 등 쓰레기를 외면하는 태도는 삶의 다른 부분에서도 되풀이된다. 무언가를 치우는 방식은 결국 우리의 관계를 다루는 방식과도 맞닿아 있다.

환경부가 2021년부터 2022년까지 폐기물 종류별 발생 및 처리 현황에 대해 조사한 내역을 담은 '제6차 전국폐기물통계조사'(자원순환기본법에 따라 5년마다 실시) 결과를 보면, 1인당 하루에 버리는 생활폐기물은 950.6g으로 5년 전인 제5차 전국폐기물통계조사(2016~2017) 당시(929.9g)보다 2.2% 증가한 것으로 나타났다.

이제 우리나라는 1인당 하루 평균 1kg 이상의 생활폐기물을 배출하는

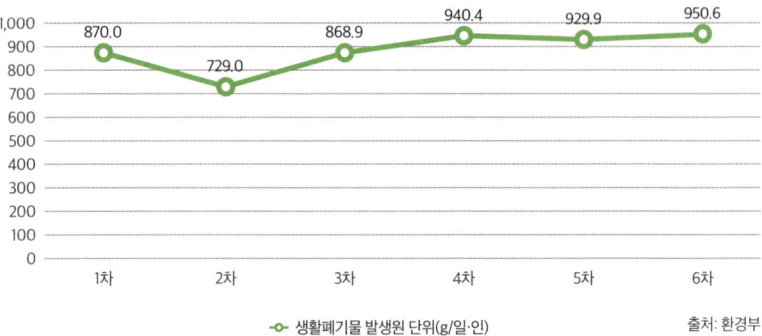

나라다. 세계은행 보고서에 따르면, 아시아는 2030년까지 전 세계 폐기물량의 절반 이상을 차지할 것으로 전망된다. 숫자는 거대하지만 그 안에 담긴 것은 결국 개인의 삶이다. 오늘 하루 내가 먹고 쓰고 버린 것들로 세계는 다시 구성된다.

우리는 매일 무언가를 소비하고 폐기하지만, '버림'이라는 행위 자체를 인식하지 않는다. 손끝에서 떨어진 순간, 시야에서 사라진 순간부터 쓰레기는 존재하지 않는 것처럼 여겨진다. 그러나 그것은 단지 내 눈앞에서 사라진 것일 뿐, 지구 어딘가에는 여전히 남아 있다. 땅속에 묻히거나, 바다를 떠돌거나, 다른 생명체의 몸을 타고 다시 돌아온다. 잊었다고 끝나는 일이 아니라는 것을 우리는 종종 잊는다.

우리는 쓰레기를 단순한 물질로만 생각한다. 그러나 그것은 단지 쓸모를 다한 물건이기 이전에 우리의 기억과 태도, 감정이 응축된 흔적이다. 그것은 소비의 끝자락에서 되묻는다. 왜 이 물건이 남겨졌는지, 언제부터 관심을 잃었는지, 그 끝은 누구의 책임인지.

누군가에게는 추억이 담긴 물건이었고, 누군가의 노동과 자원을 들여 만들어진 것이었지만, 우리는 어느 순간 그것을 '쓸모없음'이라는 말 한마디로 밀어낸다. 그렇게 쓰레기는 더 이상 책임지지 않기로 한 것들의 집합이 되고, 결국 선택적으로 망각한 모든 것들의 총합이 된다.

버림은 늘 불편한 감정과 맞닿아 있다. 죄책감, 무지, 게으름 그리고 부끄러움이 교차하는 자리. 그래서 우리는 그것을 되도록 빨리, 멀리 아무렇지 않게 처리하려 한다. 쓰레기통을 닫고 비닐봉지를 묶는 일은 단지 폐기를 마무리하는 것이 아니라 감정을 단절하는 방식이기도 하다.

우리는 그것이 무엇이었는지를 묻지 않고, 왜 버리게 되었는지를 따지지 않는다. 그저 사라지기만을 바란다. 그것이 사라졌다고 느끼는 순간, 마음의 무게도 함께 덜어낸 듯한 착각에 빠진다.

그러나 외면은 해답이 아니다. 쓰레기를 읽는다는 것은 그 불편함 속으로 들어가는 일이다. 쓰레기통 앞에 멈춰 서서 내가 무엇을, 왜, 어떻게 버렸는지를 생각해보는 것. 그 짧은 질문 하나가 우리의 감각을 다시 깨우기 시작한다. 쓰레기는 더 이상 보이지 않는 것이 아니라 보지 않기로 선택한 것이며, 거기에 우리의 태도가 가장 적나라하게 드러난다.

무관심이라는 안락한 방어막을 걷어내면, 그 아래에는 선택하지 않은 책임들이, 외면한 기억들이, 회피한 감정들이 켜켜이 쌓여 있다.

삶의 바깥으로 밀려난 것과 다시 마주할 때, 우리는 비로소 '삶의 윤리'를 되찾기 시작한다. 버린다는 행위는 단절이 아니라 질문의 시작이 된다.

'나는 무엇을 버리고 있으며, 무엇을 지키고 있는가?'

이 단순하지만 예리한 물음은 오늘의 선택이 내일의 풍경을 만든다는 사실을 다시금 일깨워 준다. 우리가 진정으로 정리해야 할 것은 어쩌면 물건이 아니라 우리가 망각해온 삶의 태도인지도 모른다. 그리고 그 첫걸음은 언제나 아주 사소한 불편함 속에서 시작된다. 냉장고 문을 열었을 때 퍼지는 이상한 냄새처럼 작고 구체적인 현실로부터.

　우리는 그 불편함을 외면할 수도 있고, 직면할 수도 있다. 그러나 잊지 말아야 한다. 버려진 것들 속에는 여전히 우리의 삶이, 우리의 태도가, 우리의 기억이 고스란히 담겨 있다는 것을.

ESG

나는 무엇을 버리고 있는가?

언젠가 비가 오는 날이었다. 손에 들고 있던 젖은 우산 비닐 커버를 무심코 편의점 쓰레기통에 넣었다. 그 안에는 종이컵, 도시락 용기, 아이스크림 포장지, 택배 상자 조각들이 뒤섞여 있었다. 익숙한 풍경이었다. 하나같이 나에게는 분명 필요했던 것들이었고, 그 필요가 끝나자마자 너무도 손쉽게 버려진 것들이었다. 나는 그것들이 어떻게 여기까지 왔는지, 얼마나 짧은 시간을 나와 함께했는지를 전혀 기억하지 않았다.

 우리는 매일 다양한 것들을 버린다. 너무 많아서 셀 수도 없고, 너무 익숙해서 눈에도 잘 들어오지 않는다. 음식물, 플라스틱 용기, 일회용 컵과 포장지, 다 쓴 화장품, 낡은 옷, 고장 난 전자기기 등 이는 소비를 마친 흔적인 동시에 더 이상 책임지지 않겠다는 선언이기도 하다.

 환경부 통계 자료에 따르면, 우리나라에서 가장 많이 버려지는 폐기물은 플라스틱과 종이류다. 배달 음식의 일상화, 1인 가구의 증가, 편리함을 추구하는 생활 패턴은 그 양을 해마다 키우고 있다. 그러나 우리가 버리는 것은 눈에 보이는 것들만이 아니다. 어쩌면 더 본질적인 것들은 눈에 보이지 않는 차원에서 조용히 폐기되고 있을지도 모른다.

감정, 관계, 기억, 시간 등 이런 것들은 물질은 아니지만, 우리는 그것들을 마치 물건처럼 방치하거나 버리고 있다. 풀지 못한 오해, 말하지 못한 상처, 지워진 연락처, 잊기로 한 기억. 그것들은 어디로 사라졌을까. 정말 사라지긴 한 걸까.

버린다는 것, 혹은 버려진다는 것은 물리적 행위이기 이전에 정서적 태도이기도 하다. 외면하고, 무시하고, 미루고, 끊어내는 과정에서 우리는 '정리'라는 이름으로 수많은 감정을 쓰레기처럼 다룬다. 보이지 않는 것들은 더 빨리 사라지는 것 같지만 실은 가장 오래 남는다. 감정의 찌꺼기, 관계의 균열, 침묵으로 봉합된 기억 등 우리는 그것들을 치우지 않은 채 그냥 덮고, 밀어두고, 흘려보낸다.

나는 가끔 내가 버린 것들의 목록을 머릿속에 떠올려본다. 그것은 단지 폐기물 목록이 아니라 내가 무엇을 선택하고, 무엇을 우선시했는지를 보여주는 삶의 기록이다. 내가 자주 버리는 것, 쉽게 버리는 것, 버리기 싫어 망설이는 것에는 나라는 사람의 우선순위와 가치관이 그대로 드러난다.

한 번도 입지 않은 채 계절을 지나쳐버린 옷, 유행이 지나 더는 사용하지 않는 액세서리, 감정적으로는 끝났지만 어딘가 정리되지 않은 인간관계. 나는 그것들을 결국 버렸고, 때론 방치했고, 때론 버린다는 사실조차 잊었다. 그것들은 공간 속에서 사라진 것이 아니라 기억 속에서 지워진 것이다. 그러나 사라졌다고 믿는 순간에도 그 잔해는 무언가로 남아 내 안 어딘가에 머물고 있었는지도 모른다.

버리는 행위는 단순한 폐기가 아니다. 그것은 내가 무엇을 쓸모없다고 판단했는지, 어떤 것에 의미를 부여하지 않았는지를 보여주는 무언의 태도다. 소비란 결국 선택이고, 선택에는 배제와 버림이 함께 따라온다.

우리는 매일 어떤 것을 취하고, 그만큼 어떤 것을 버린다. 취하는 것보다 버리는 일이 더 쉽기 때문에 더 많은 것을 버리며 산다. 그리고 그 버림의 흔적은 반드시 우리 삶 어딘가에 남는다. 형태를 바꾸어 떠돌기도 하고, 어떤 틈에 조용히 스며들기도 하며, 때로는 다시 돌아와 우리 앞에 모습을 드러낸다.

지금 이 순간 내 방 안에도, 내 몸 안에도 내가 의식하지 못한 채 버려진 것들이 쌓여 있을지 모른다. 감정적 쓰레기, 시간의 잔해, 판단의 오류, 무관심의 결과 등등.

우리는 물리적 폐기물만 치우는 데 익숙하지만, 진짜 무게는 보이지 않는 차원에서 우리를 짓누르고 있는지도 모른다. 옷장을 열면 입지 않지만 버리기는 아까운 옷이 있고, 마음의 문을 열면 끝났다고 말하면서도 정리되지 않은 관계들이 여전히 자리를 차지하고 있다. 그 모든 '남겨진 것들'은 버린 것이 아니라 버릴 수 없었던 것들의 초상이다.

무엇을 버리는지를 질문하는 것은 결국 나 자신에게 묻는 일이다. 나는 무엇에 무관심하며, 무엇을 기억하고, 무엇을 잊으려 하는가. 무엇을 중요하게 여기며, 무엇을 그냥 지나쳐도 괜찮은 일로 판단하는가. 이런 질문 앞에 서는 순간, 버리는 행위는 더 이상 단순한 정리가 아니다. 그것은 삶을 반추하고 존재를 성찰하는 행위다. 버리는 것들 속에는 우리가 무엇을 두려워하고, 무엇을 감당하지 않으려 하며, 무엇을 회피하는지가 고스란히 담겨 있다.

가끔 생각한다. 나는 오늘 하루 동안 무엇을 버렸는가. 어떤 음식을 남기고, 어떤 감정을 넘기고, 어떤 사람을 지나쳤는가. 이 하루의 조각들 속에서 나도 무언가를 잊고, 지우고, 밀어낸 것은 아닐까? 그리고 언젠가 이 버림의 목록이 나를 정의하는 또 하나의 초상이 될지도 모른다. 그렇기에 우리는 묻고 또 물어야 한다.

"나는 지금 무엇을 버리고 있으며, 무엇을 지키고 있는가?"

ESG

버리는 방식에 대하여

친구 집에 모여 음식을 나눠 먹은 날이었다. 식사가 끝난 뒤 사용한 플라스틱 그릇과 종이컵 등을 하나의 비닐봉지에 쓸어 담았다. 분리배출이 맞는지 확인할 생각은 하지 않았다. "어차피 다 태우는 거 아니야?"라는 말이 먼저 입에서 나왔다. 편리한 선택이었다. 그날의 편리함이 다음 세대의 불편함이 될 것이라는 사실을 나는 알면서도 외면했다. 이러한 장면은 우리가 살아가는 도시 곳곳에서 매일 반복되고 있을 것이다.

  한국은 분리수거율이 높은 나라로 알려져 있지만, 실질적인 재활용률은 그리 높지 않다. 환경부 통계에 따르면, 재활용 처리율은 약 60% 수준이며, 그마저도 상당 부분은 해외로 수출되거나 소각하는 방식으로 처리하고 있다. 특히 플라스틱은 분류, 세척, 재질 확인이 어려워 실질적으로 재활용되는 비율은 매우 낮다. 우리가 깨끗이 헹궜다고 믿는 플라스틱 컵 하나가 결국 태워지거나 묻힌다는 사실은 재활용이라는 단어가 꼭 '순환'을 보장하지는 않는다는 현실을 말해준다.

우리는 버리는 행위를 너무 쉽게 생각하고 있다. 손에서 떨어지는 순간 책임에서 벗어났다고 믿는다. 그러나 그것은 착각이다. 버린다는 일은 하나의 행동이자 태도이며, 결국 책임과 연결된 행위다. 잘 버리는 법을 안다는 것은 단지 쓰레기 분리배출을 잘한다는 뜻이 아니다. 그것은 내가 무엇을 어떻게 소비했고, 그 결과 무엇을 남기게 되었는지를 인식하는 일이며, 사회와 생태계에 대한 태도를 반영하는 삶의 자세다.

분리배출은 선택이 아니라 기본이 되어야 한다. 그러나 우리의 일상에서는 여전히 무관심과 무지가 지배적이다. 마트에서 받은 일회용 포장재, 배달 음식을 담았던 용기, 택배를 뜯고 남은 비닐과 스티로폼 등 그것들을 각각 어디에 버려야 하는지 모른 채, 혹은 알면서도 귀찮다는 이유로 하나의 비닐봉지에 섞어 넣는 일이 흔하다.

'잘 버리는 법'을 교육받을 기회는 많지 않으며, 일상에서 그러한 실천을 점검하거나 환기해주는 구조도 드물다. 쓰레기통은 많지만 쓰레기를 둘러싼 윤리는 낯설다.

사실 우리는 쓰레기를 통해 문명과 윤리의 경계를 배운다. 거리를 깨끗하게 관리하는 사회는 단지 청소를 잘하는 사회가 아니다. 그것은 서로의 삶을 존중하고, 다음 사람을 배려하며, 책임을 공유하는 공동체다. 쓰레기를 아무렇게나 버리는 사회는 결국 관계와 책임도 아무렇게나 다루는 사회다. 작은 태도가 곧 큰 구조를 비추는 거울이 된다.

문제는 개인의 태도에만 있지 않다. 제도와 시스템도 여전히 한계를 안고 있다. 우리나라의 재활용 시스템은 분류 기준이 복잡하고, 지역마다 지침이 다르며, 그래서 시민들이 혼란을 겪는 일이 잦다. 재활용이 가능한 자원도 결국 인력과 비용, 시장 수요의 조건이 맞지 않으면 쓰레기가 되고 만다.

심지어 많은 폐기물은 해외로 수출된다. 우리가 무심코 버린 것들이 다른 나라의 환경과 노동 현실에 부담으로 전가되는 것이다. 쓰레기 문제는 단지 나와 우리 동네의 일이 아니라 지구 전체의 윤리와도 연결되어 있다.

우리는 매일 어떤 것을 소비하고, 그것을 어떻게 폐기할지를 선택한다. 그 작은 선택 하나하나가 모여 사회와 지구의 미래를 구성한다.

잘 버린다는 것은 결국 잘 살아간다는 말과도 다르지 않다. "내가 무엇을 남기고 떠날 것인가?"라는 질문은 곧 "어떻게 버릴 것인가?"라는 물음으로 되돌아온다.

ESG

쓰레기가 남긴 흔적

 시골길을 걷다가 하천 주변에서 버려진 냉장고와 낡은 소파를 본 적이 있다. 푸른 풀과 갈대 사이에 삐죽 튀어나온 하얀 플라스틱 문짝과 갈라진 쿠션은 자연 속에 너무도 이질적으로 자리하고 있었다. 바람은 강물의 냄새를 실어 나르고, 풀벌레 소리는 여느 때처럼 평화로웠지만, 그 풍경 속에 무심하게 버려진 냉장고와 소파는 마치 인간이 남기고 간 침범의 증거 같았다.

 그 장면은 이상하리만큼 정직했다. 인간은 흔적을 남기고, 책임지지 않으며, 자연의 품에 모든 것을 떠맡긴다. 더럽히고 외면하면서 떠나버린다.

 우리는 버리는 행위로부터 늘 도망친다. 쓰레기를 눈앞에서 치우면 모든 게 정리된 것처럼 느낀다. 쓰레기봉투를 묶어 배출하는 순간, 그것이 어디로 가는지는 생각하지 않는다. 그러나 사라졌다고 믿는 그 잔해는 여전히 세상 어딘가에 존재한다. 그리고 그것은 언젠가 어떤 형태로든 다시 돌아온다.

미세플라스틱은 그 대표적인 예다. 우리가 사용한 플라스틱이 강과 하천, 바다로 흘러 들어가 미세한 조각이 되고, 생물의 체내에 축적된 뒤 다시 우리의 식탁으로 돌아온다. 최근 연구에 따르면, 사람 한 명이 일주일 동안 섭취하는 미세플라스틱의 양은 신용카드 한 장에 해당한다고 한다. 우리가 만든 쓰레기는 이제 공기와 물, 음식 속에서 우리 삶의 일부가 되어가고 있다.

이제는 더 이상 쓰레기가 '버려진 것'이라 말할 수 없다. 그것은 제거되지 않은 채 이동하고 순환하며, 사회의 구조적 문제를 증폭시키고 있다. 특히 쓰레기는 사회적 불평등을 가장 적나라하게 드러내는 상징이 되었다. 가장 낮은 곳, 가장 외곽의 공간에 폐기물은 집중된다. 불법 폐기장, 고물상, 소각장, 재활용 선별장은 도시 외곽과 주거 취약 지역에 몰려 있다. 그 주변에 사는 사람들은 하루에도 수십 번 쓰레기 트럭의 매캐한 매연과 소음, 분진과 악취를 견뎌야 한다.

깨끗한 도시, 말끔한 거리 풍경은 어딘가 다른 지역의 희생과 분리를 기반으로 만들어진다. 우리는 쾌적함을 누리기 위해 다른 누군가의 불쾌함을 묵인하고 있는 셈이다.

쓰레기 수거 노동자들 역시 같은 문제의 연장선상에 있다. 그들은 매일 새벽 우리가 잊은 것들을 기억하며 하루를 시작한다. 묶여 있지 않은 쓰레기봉투, 잘못 분리된 음식물, 깨진 유리병 속에서 위험을 감수하며 일한다. 그들의 손이 닿지 않으면 우리가 만든 질서 또한 유지될 수 없다. 그러나 우리는 그들의 노동을 인식하지 못하고, 더욱이 존중하지도 않는다.

쓰레기는 그렇게 '버려진 사람들'과 맞닿아 있다. 인간이 외면하는 것을 가장 먼저 마주하는 이들이 가장 낮은 곳에서 침묵하고 있다는 사실은 불편하지만 외면할 수 없는 진실이다.

폐기물의 국제 이동 역시 이러한 불평등의 구조를 드러낸다. 선진국에서 버려진 폐기물의 상당량이 동남아시아, 아프리카 국가로 수출되고 있다. 그중 일부는 재활용되지도 못한 채 현지에서 쌓이거나 불법으로 소각된다. 2018년 중국이 폐플라스틱 수입을 금지한 이후 그 쓰레기의 행선지는 인도네시아, 말레이시아, 베트남 등으로 향했다.

한국도 예외가 아니다. 플라스틱 수출량은 해마다 증가했고, 수입국에서는 건강 피해와 환경 오염 문제로 갈등이 빚어지고 있다. 보이지 않는 방식으로 타인의 삶과 환경에 부담을 전가하고 있는 셈이다.

길가에 버려진 물건들을 떠올려본다. 깨진 TV, 녹슨 자전거, 헌 옷, 갈라진 소파, 고장 난 전자레인지. 그것들은 한때 누군가의 일상을 구성했던 도구였고, 그 사람의 시간과 취향, 삶의 한 조각이었을 것이다. 그러나 한순간에 '버릴 것'이 되면 그것이 가진 의미는 순식간에 사라진다. 우리는 너무 쉽게 애착을 거두고 너무 빠르게 잊는다.

어쩌면 쓰레기는 우리가 선택적으로 망각한 모든 것들의 총합일지 모른다. 그리고 그 망각의 그림자는 사회 공동체의 윤리를 갉아먹고 있다.

쓰레기는 정직하다. 우리는 너무 많은 것을 감추며 살아가지만, 쓰레기는 감추지 않는다. 그것은 말없이 증언한다. 이 사회가 무엇을 만들고, 무엇을 버리며, 무엇에 책임지지 않고 있는지를 드러낸다. 우리는 그것을 쳐다보지 않기 위해 바쁘게 움직이지만, 언젠가 멈춰 서야 할 순간이 온다. 그때 우리는 질문하게 될 것이다.

"나는 무엇을 남기고, 무엇을 떠넘겼으며, 지금 이 자리에 무엇이 남아 있는가?"

쓰레기를 읽는다는 것은 그것을 기억의 조각으로 다시 불러들이는 일이다. 하천 옆에 놓인 냉장고와 소파, 바다에 떠다니는 플라스틱과 빈 병, 골목길에 버려진 신발 한 짝. 그 안에 깃든 삶의 흔적을 외면하지 않을 때, 우리는 비로소 '버림'의 윤리를 다시 써 내려갈 수 있다.

ESG

덜 버리는 삶, 되찾는 감수성

지인의 소개로 서울의 한 '제로 웨이스트' 상점을 방문했다. '포장재 없는 가게'라는 말은 낯설지 않았지만, 막상 문을 열고 들어서는 순간 내 몸에 배어 있는 소비 습관과 정면으로 마주하는 느낌을 받았다.

그곳은 조용하고 단출했다. 상품 하나하나가 유리병과 천 주머니, 금속 용기에 담겨 있었고, 플라스틱 포장이나 종이 박스는 어디에서도 찾아볼 수 없었다. 비누 하나를 사기 위해 나는 미리 빈 용기를 챙겨 갔고, 계산대 앞에 선 순간에는 천 가방을 펼쳐야 했다. 계산대 위에는 이렇게 적혀 있었다.

"포장 없는 선택이 곧 감수성입니다."

그 문구를 보는 순간 익숙한 편리함이 사라지자 불편함이 찾아왔다. 계산은 오래 걸렸고, 제품을 고르는 데도 훨씬 많은 시간이 걸렸다. '이게 꼭 필요한가?'라는 질문이 상품을 고르는 내내 머릿속을 맴돌았다. 나는 늘 자동적으로 소비했지만, 이곳에서는 모든 행동에 질문이 따라붙었다. '이 물건은 어디서 왔을까, 나는 왜 이걸 사려는 걸까, 이 제품을 다 쓰고 나면 나는 무엇을 버리게 될까?' 그 질문들은 마치 소비라는 일상이 그동안 얼마나 무의식적으로 이루어졌는지를 들춰내는 듯했다.

그런데 이상하게도 그 불편함이 싫지 않았다. 오히려 낯설고 불편한 과정에서 잊고 지냈던 감각 하나를 되찾고 있는 느낌이었다. 무언가를 구매하는 순간의 책임감, 물건이 가진 무게, 내가 어떤 선택을 하고 있는지에 대한 인식. 그것들은 단순한 소비의 문제를 넘어 삶의 태도에 관한 질문이기도 했다.

아주 작은 실천이었지만, 그것은 '나는 어떤 세상에 살고 싶은가?'라는 물음으로 되돌아왔다. 우리는 우리가 만든 쓰레기의 무게를 직면했을 때에 비로소 새로운 언어로 미래를 상상하기 시작한다.

우리는 덜 소비하고, 덜 버리는 삶을 선택할 수 있다. 그것은 절약이나 금욕의 문제만이 아니다. 감수성의 회복이며, 윤리적 선택의 복원이다. 더 많이 가지는 대신 더 깊이 연결되는 삶, 더 빨리 소비하기보다는 더 오래 돌보고 아끼는 삶. 이러한 태도는 과거로의 회귀가 아니라 미래를 위한 전환이다.

우리는 더는 예전 방식으로 살아갈 수 없다는 사실을 안다. 끊임없는 소비와 폐기의 시대는 결국 더 이상 지탱할 수 없는 시스템임이 드러나고 있다.

제로 웨이스트는 단순한 환경 캠페인이 아니다. 그것은 삶의 구조 자체를 되묻는 제안이다. 우리가 사용하는 물건 하나하나가 다른 생명과 연결되어 있다는 사실을 자각할 때, 우리는 소비와 버림 사이의 경계선을 다시 그어야 한다. 순환과 재사용, 공동체 기반의 자원 윤리는 이제 생존을 위한 기술이자 관계를 회복하기 위한 언어다.

물건을 버리는 일은 곧 어떤 가치를 포기하는 것이고, 물건을 오래 쓰는 일은 어떤 가치를 지키는 것이다. 그 가치의 지도를 다시 그릴 수 있으면 쓰레기의 개념을 전혀 다르게 이해하게 된다.

우리는 그동안 쓰레기를 '눈앞에서 치워야 할 더러움'으로만 인식해 왔다. 이제는 그것을 삶의 중심으로 끌어와야 한다. 쓰레기를 읽는다는 것은 사회의 뒷면을 읽는 일이다. 더 이상 보이지 않는 곳으로 밀어 넣지 말고, 삶의 한복판에서 쓰레기를 이야기해야 한다. 버려진 것들은 단지 물질이 아니라 우리가 외면해온 가치의 파편이며, 무관심 속에서 만들어진 풍경이기도 하다.

'탈소비'라는 단어는 여전히 낯설게 들린다. 때로는 반시장적이고 비현실적인 것으로 오해되기도 한다. 그러나 실은 이 단어야말로 너무 오랫동안 당연시해온 체계를 가장 정직하게 흔드는 언어다. 더는 소비하지 않고는 살아갈 수 없다는 전제, 불편함은 피해야 한다는 믿음, 어차피 다 태운다는 자기 면책의 태도. 이러한 문화에 작게나마 균열을 내는 것, 그것이 바로 '덜 버리는 삶'의 시작이다.

우리가 줄여야 할 것은 단지 쓰레기의 양이 아니다. 줄여야 하는 것은 기억에서 지워지는 감정들, 일회용처럼 소모되는 관계들, 의미 없이 반복되는 선택들이다.

"무엇을 기억하고, 무엇을 떠올릴 것이며, 누구의 노동과 희생이 나의 일상에 깃들어 있는가?"

이런 질문 앞에 설 수 있어야 우리는 비로소 소비자가 아닌 '시민'으로 존재할 수 있다.

삶을 구성하는 방식은 언제나 새롭게 쓰일 수 있다. 또한 우리는 무한한 소비와 폐기의 루틴에서 벗어나 새로운 관계를 맺는 삶을 상상할 수 있다. 오래된 물건을 고치고 남는 것을 나누면 불편함 속에서 오히려 연결의 온기를 회복할 수 있다.

쓰레기와 함께 살아가는 삶이란 그것을 단지 제거해야 할 대상으로 보지 않고, 나의 흔적이 담긴 하나의 언어로 읽는 일이다. 그 물건이 어디서 왔고, 어떤 여정을 거쳐 여기까지 왔는지를 묻는 일. 그 물건을 만든 이, 포장한 이, 옮긴 이 그리고 결국 버릴 나 자신까지 이 모든 흐름을 읽어낼 수 있을 때, 우리는 비로소 '소비와 버림'이라는 순환의 전체를 꿰뚫는 감각을 가지게 된다.

쓰레기 없는 세상을 만드는 것은 불가능할지도 모른다. 그러나 쓰레기와 함께 살아가는 방식을 바꿀 수는 있다. 버림 이후를 상상하는 감수성, 그것은 우리에게 또 다른 세계의 가능성을 열어준다. 덜 버리는 삶은 단순한 절제의 삶이 아니다. 그것은 더 많이 기억하고, 더 깊이 연결되며, 더 넓게 책임지는 삶이다.

버려진 것들 속에 우리가 살고 있다면, 이제는 그것을 함께 읽어내야 한다.

"무엇이 쓰레기가 되고, 무엇이 기억되는가? 우리는 어떤 사회를 만들고 싶은가? 그리고 나는 그 사회를 위해 오늘 무엇을 덜 버릴 수 있을까?"

네덜란드 _ 자전거로 움직이는 녹색도시의 상징

네덜란드는 가장 자전거 친화적인 나라로 꼽힌다. 특히 위트레흐트, 흐로닝언, 암스테르담 같은 도시들은 자동차보다 자전거가 더 우선하는 교통 문화를 갖고 있으며, 이로 인해 탄소 배출 저감, 공기 질 개선, 삶의 질 향상 등 다양한 환경적 효과를 거두고 있다.

대표적인 사례인 흐로닝언은 전체 인구의 약 60%가 자전거로 출퇴근하거나 등하교한다. 도시 중심부는 차량 진입이 제한되고, 자전거 도로와 전용 신호 체계가 정교하게 설계되어 있어 자동차 없이도 도시 모든 곳으로 이동할 수 있는 구조를 자랑한다.

또한 위트레흐트는 세계 최대 규모의 자전거 주차장을 기차역에 설치했으며, 도시 전체의 교통 정책을 '자전거 우선'으로 재설계했다. 자전거 도로의 폭은 자동차 도로 못지않고, 신호등도 자전거 흐름을 우선 고려하여 설계되어 있다.

네덜란드는 단순히 자전거 도로를 설치하는 데 그치지 않고, 자전거 사용을 '기후 위기 대응 전략'으로 인식한다. 교통 부문에서의 탄소 배출을 줄이기 위해 도심 제한속도 하향, 자전거 교통 중심 도시계획, 지속 가능한 교통수단 보조금 지원 등 정책적 노력을 함께 병행하고 있다.

이러한 모델은 기후변화 대응뿐 아니라 도시의 교통 혼잡 완화, 시민 건강 증진, 소음 감소까지 긍정적인 영향을 미친다. 실제로 네덜란드의 자전거 인프라는 전 세계 도시들이 벤치마킹하는 녹색 교통정책의 상징으로 자리 잡고 있다.

"자동차의 도시에서 자전거의 도시로"

네덜란드의 전환은 지속 가능한 도시의 미래를 보여주는 살아 있는 실험이다.

CHAPTER 04

지구에 남긴 발자국
_ 여행은 가볍게

박종희

티엔에스(TOUR & SNS) 컨설팅 대표
소상공인시장진흥공단 경영컨설턴트

수원대학교 관광경영 석사, 대전대학교 융합컨설팅학과 박사과정에 있으며, 이론과 실무를 아우르는 전문가로 활동하고 있다. 한국ESG경영인증원 수석전문위원, 네이버 여행 인플루언서로 활동 중이다. 건국대학교 여행작가 교육과정 전문강사로 제주 여행 및 블로그 강의를 담당하고 있다. 그밖에 관광과 온라인 마케팅 분야에서 다양한 강의를 진행하고 있다.

ESG

여행이 지구에 남기는 발자국

관광 산업의 거대한 환경 발자국

비행기 창밖으로 펼쳐진 구름 위의 세상은 언제나 경이롭다. 하지만 그 아름다운 순간 뒤에는 우리가 미처 깨닫지 못한 무거운 발자국이 숨어 있다. 요즘 여행을 떠날 때마다 마음 한편이 무거워지는 사람들이 늘고 있다. 설레는 마음과 함께 따라오는 불편한 질문들. '떠나야 할까, 아니면 머물러야 할까?' 이는 더 이상 개인의 내면적 고민만이 아니라 기후변화 시대를 살아가는 우리 모두가 마주한 현실적인 딜레마다.

코로나19 이전인 2019년에 전 세계 약 14억 6,500만 명이 국경을 넘나들었으며, 2024년을 기준으로 관광 시장이 점진적으로 회복되고 있다. 상상해보라. 한국 인구의 28배가 넘는 사람들이 해마다 고향을 떠나 새로운 곳을 향해 움직이고 있다는 것을. 관광은 이제 전 세계 경제 규모의 상당 부분을 차지하는 거대한 산업으로 성장했다. 하지만 이 화려한 성장

뒤에는 우리가 미처 생각하지 못한 무거운 짐이 숨어 있다.

2024년 12월 국제학술지 네이처 커뮤니케이션즈에 발표된 호주 퀸즐랜드대학교 야옌 선 교수팀의 연구 결과는 충격적이었다. 관광 산업이 전 세계 온실가스 배출량에서 차지하는 비중이 8.8%에 달한다는 것이다. 이 숫자가 얼마나 큰지 감이 오지 않는다면, 독일이라는 나라 전체가 1년 동안 내뿜는 탄소량과 비슷하다고 생각하면 된다.

더 놀라운 것은 이 8.8% 중에서 항공 여행이 차지하는 비중이다. 전체 관광객 중 비행기를 타는 사람은 17%에 불과하다. 하지만 이 17%의 사람들이 관광 부문 직접 배출량의 52%를 만들어 낸다. 나머지 83%의 관광객들이 육지와 바다로 여행하면서 배출하는 탄소보다 하늘을 나는 17%가 훨씬 더 많은 탄소를 배출하고 있는 것이다.

이런 불균형은 여행의 거리와 교통수단의 효율성 차이에서 비롯된다. 같은 거리를 이동할 때 항공기는 기차나 버스보다 훨씬 많은 연료를 소비한다. 특히 장거리 국제 여행에서 이런 차이는 극명하게 드러난다.

한 번의 해외여행이 1년간 대중교통을 이용하며 절약한 탄소량을 단숨에 상쇄해버린다는 현실을 마주했을 때의 당황스러움을 많은 사람이 경험하고 있다. 여행을 사랑하는 사람일수록 이런 딜레마는 더욱 깊어진다.

기후변화의 가해자이자 피해자인 관광

여기서 아이러니가 시작된다. 관광 산업은 기후변화의 가장 큰 가해자 중 하나이면서 동시에 가장 큰 피해자이기도 하다는 점이다. 알프스의 스키장들을 생각해보자. 1970년대와 비교하면 눈이 내리는 날이 상당히 줄어들었다. 겨울 스포츠의 성지였던 곳들이 이제는 인공 눈에 의존해야 하는 상황이다. 일부 스키장은 아예 문을 닫아야 했다. 스위스의 경우에는 해발 1,500미터 이하 저지대 스키장의 70% 이상이 향후 50년 내에 운영 중단 위험에 처해 있다는 연구 결과가 나오기도 했다.

몰디브의 이야기는 더욱 극적이다. 이 작은 섬나라는 해수면 상승으로 앞으로 수십 년 내에 국토 상당 부분이 바닷물에 잠길 위험에 처해 있다. 몰디브 정부는 이미 국민들의 집단 이주를 위한 계획을 세우고 있다. 관광객들이 마지막 낙원을 보기 위해 몰려들면서 그 낙원은 더 빠르게 사라지고 있는 셈이다.

호주의 그레이트 배리어 리프도 마찬가지다. 2016년과 2017년 연속으로 발생한 대규모 백화현상으로 이 지역 관광 수입이 크게 줄어들었다. 과학자들은 현재의 기후변화 추세가 계속된다면 향후 수십 년 내에 전 세계 산호초 대부분이 백화현상으로 사라질 위험이 있다고 경고한다.

베니스의 상황도 심각하다. 과거에는 1년에 며칠 정도만 물에 잠겼던 이 도시가 이제는 연간 100일 이상 침수되고 있다. 2019년 11월에는 50년 만에 최고 수위를 기록하며 도시 면적의 85%가 물에 잠기기도 했다.

이런 현실들을 접할 때마다 드는 생각은 우리가 여행지들을 정말로 사랑한다면 그곳들을 지킬 방법을 찾아야 한다는 것이다.

성장하는 욕망과 변화의 가능성

문제는 여기서 그치지 않는다. 국제에너지기구(IEA)의 분석에 따르면, 관광 부문의 탄소 배출량은 앞으로도 계속 늘어날 전망이다. 이 수치를 파리협정의 목표와 비교해보면 심히 우렵스럽다. 지구 온도 상승을 1.5도 이내로 제한하려면 전 세계 탄소 배출량을 연간 7.6%씩 줄여야 한다. 하지만 관광 부문은 정반대 방향으로 움직이고 있다.

왜 이런 일이 벌어지는 걸까? 그 해답은 의외로 단순하다. 전 세계적으로 중산층이 빠르게 늘어나면서 여행할 수 있는 사람도 기하급수적으로 증가하고 있기 때문이다. 특히 중국과 인도를 비롯한 아시아 지역의 경제성장으로 인해 새롭게 여행을 시작하는 사람들이 매년 수천만 명씩 늘어나고 있다.

이들의 여행 욕구는 우리가 10~20년 전에 경험했던 것과 크게 다르지 않다. 더 멀리, 더 자주, 더 특별한 곳으로 가고 싶어한다. 그리고 그 꿈을 실현할 경제적 여건도 갖추고 있다. 결국 우리는 딜레마에 빠진다. 여행의 자유와 권리를 부정할 수는 없지만, 동시에 지구의 미래도 포기할 수 없다.

그러나 절망만 있는 것은 아니다. 전 세계 곳곳에서 변화의 조짐이 보이기 시작했다. 사람들이 여행 방식을 바꾸기 시작하고, 정부와 기업들도 새로운 정책을 내놓고 있다. 기술 발전도 희망적이다. 전기 항공기, 지속 가능한 항공 연료(SAF, Sustainable Aviation Fuel), 더 효율적인 교통수단들이 개발되고 있다.

무엇보다 중요한 것은 개인의 인식 변화다. 여행을 포기하는 것이 아니라 더 현명하게 여행하는 방법을 찾는 사람이 늘어나고 있다. 양보다 질을, 속도보다 깊이를 추구하는 새로운 여행 문화가 싹트고 있는 것이다.

코로나19 팬데믹은 역설적으로 이런 변화를 가속화했다. 강제로 멈춘 여행 속에서 사람들은 '정말 필요한 여행이 무엇인지, 의미 있는 여행이 무엇인지'에 대해 생각해볼 시간을 갖게 되었다. 그 결과 '가까운 곳을 깊이 있게 탐험하는 여행, 한 곳에 오래 머물면서 지역을 이해하는 여행'에 대한 관심이 크게 늘어났다.

  이 글은 그런 딜레마 앞에 선 이들을 위한 제안이다. 여행 자체를 포기하자는 것이 아니라 이제 여행은 지구와 함께 지속 가능한 새로운 패러다임을 찾아가는 여정이다. 우리가 사랑하는 여행을 계속하면서도 지구를 지킬 수 있는 방법이 분명히 있다.

ESG

변화의 바람이 불기 시작하다

스웨덴 플뤽스캄 현상과 정부·기업의 대응

2018년 스웨덴에서 흥미로운 현상이 일어났다. '플뤽스캄(Flygskam)'이라는 신조어가 생겨난 것이다. 이를 직역하면 '비행기 타는 것을 부끄러워하자'라는 의미다. 처음에는 환경운동가들 사이에서만 쓰이던 말이었는데, 그레타 툰베리(Greta Thunberg)라는 16세 소녀가 대서양을 요트로 건너면서 전 세계의 주목을 받았다.

그레타는 뉴욕에서 열리는 기후변화 정상회의에 참석하기 위해 비행기 대신 요트를 택했다. 15일간의 험난한 항해였다. 많은 사람이 그녀의 선택을 극단적이라고 비판했지만, 동시에 많은 이들이 자신의 여행 습관을 돌아보게 만들었다.

그리고 놀라운 일이 벌어졌다. 2019년 스웨덴의 항공 승객 수가 전년 대비 3% 감소한 것이다. 스웨덴 교통청 통계에 따르면, 이는 20년 만에 처음 기록한 감소율이었다. 대신 국내 기차 이용객은 8% 늘어나는 추세를 보였다. 세계자연기금(WWF)의 분석에 따르면, 스웨덴 국민의 23%가 비행기를 이용한 여행을 줄였다고 한다.

단순히 통계의 변화로 끝나지 않았다. 스웨덴 의회 의원들이 항공 여행 자제를 선언하고, 항공업계도 새로운 대응 방안을 모색하기 시작했다. 한 소녀의 작은 선택이 한 나라의 여행 문화를 바꿔놓은 것이다. 변화는 생각보다 빨리, 생각보다 극적으로 일어날 수 있다는 것을 보여준 사례였다.

플뤽스캄 현상이 확산되자 각국 정부와 기업들도 본격적으로 대응에 나섰다. 프랑스는 2020년부터 항공권에 환경세를 부과하기 시작했다. 이코노미 클래스 기준으로 단거리 국내선은 약 2.63유로, 장거리 국제선은 최대 63.07유로까지 차등 적용된다. 초기에는 항공업계의 반발이 있었지만, 프랑스 정부는 이 세금을 철도 인프라 확충과 친환경 교통 확대에 사용하겠다고 밝혔다.

네덜란드도 2021년부터 승객 1인당 7.45유로의 항공세를 도입했다. 더 나아가 프랑스는 제도적 측면에서도 강한 조치를 취했다. 기차로 2시간 30분 이내 이동이 가능한 구간의 국내선 항공편을 금지하는 법안을 통과시켜 2023년부터 시행하고 있다. 다만 국제 환승과 연결되는 항공편은 예외다.

기업들의 변화는 더욱 주목할 만했다. 유럽의 주요 기업들이 참여하는 '트래블 스마트(Travel Smart)' 캠페인은 기업의 항공 출장으로 인한 이산화탄소 배출을 2025년까지 2019년 대비 50% 이상 감축하는 것을 목표로 한다. 해당 사이트에서는 전 세계 기업들의 회사 출장 배출량을 줄이는 데 얼만큼 노력하고 있는지를 확인할 수 있다.

이런 정책들이 발표될 때마다 '과연 실현 가능할까?' 하는 의구심이 들었지만, 몇 년이 지나면서 이들이 단순한 선언에 그치지 않고 실제로 변화를 만들어 내고 있다는 것을 목격하게 되었다.

리제너러티브 투어리즘의 등장

이런 변화의 흐름 속에서 '리제너러티브 투어리즘(Regenerative Tourism)'이라는 새로운 개념이 등장했다. 기존의 지속 가능한 관광(Sustainable Tourism)이 '덜 해롭게' 여행하는 것이었다면, 리제너러티브 투어리즘은 '더 나아지게' 만드는 것이 목표다.

쉽게 말해서, 어떤 곳을 여행하고 떠날 때 그곳이 내가 도착했을 때보

구분	지속 가능한 관광 (Sustainable Tourism)	리제너러티브 관광 (Regenerative Tourism)
핵심 목표	부정적 영향을 최소화하고, 자원 고갈 방지	관광을 통해 지역과 자연에 긍정적인 변화와 회복 유도
접근 방식	환경 보전, 책임 있는 소비, 탄소 발자국 줄이기	생태계 복원, 지역 공동체 역량 강화, 생물 다양성 회복
관광자의 역할	피해를 주지 않는 손님 되기	회복을 돕는 참여자가 되어 지역과 상생하는 여행자로 전환
지역과의 관계	자원 이용을 최소화하고, 현 상태 유지	지역 문화, 생태, 경제에 순환적 가치를 더해 재생 촉진
대표 사례	쓰레기 줄이기 캠페인, 친환경 숙소 이용, 탄소 상쇄 프로그램 참여	지역 문화 복원 프로젝트, 전통 지식 기반 체험, 농업·생태 공동체 관광 프로그램
장기 효과	환경 및 자원에 대한 부정적 영향 감소	지역 사회의 탄력성 증가, 자립적 변화 촉진

다 더 좋은 상태가 되도록 하고. 환경을 덜 파괴하는 것을 넘어 적극적으로 환경을 복원하고 지역사회에 도움이 되는 여행을 하자는 것이다.

뉴질랜드가 대표적인 예다. 이 나라는 2019년부터 모든 외국인 관광객에게 국제 여행자 보호 및 관광세(IVL, International Visitor Conservation and Tourism Levy)를 부과하기 시작했다. 당초 35뉴질랜드달러였던 이 세금은 2024년 100뉴질랜드달러로 인상되었다. 이 돈은 자연보호구역 복원과 생태계 보전에 사용된다. 처음에는 관광객들의 불만이 있었지만, 이제는 오히려 이런 정책이 있는 나라를 선호하는 여행자가 늘어나고 있다.

부탄의 접근법은 더욱 독특하다. 이 작은 히말라야 왕국은 '국민총행복(Gross National Happiness)'이라는 개념을 바탕으로 1991년부터 세계 최초로 관광세를 도입했다. 현재는 하루 100달러의 지속가능발전기금(Sustainable Development Fee)을 부과하고 있다. 비싸게 느껴질 수 있지만, 이 돈에는 숙박, 식사, 가이드 서비스가 모두 포함되어 있다. 그리고 남은 돈은 교육과 환경보호에 쓰인다.

팔라우는 2017년부터 입국 시 모든 관광객이 환경보호 서약서에 서명하도록 하고 있다. '팔라우 서약(Palau Pledge)'이라 불리는 이 제도는 단순한 의식처럼 보이지만, 여행자들에게 자신이 방문하는 곳에 대한 책임감을 갖게 하는 효과가 있다고 한다.

새로운 여행 문화와 기술 혁신

이런 사례들을 접하면서 깨달은 것은 여행자들이 생각보다 환경을 생각하는 여행에 대해 긍정적이라는 점이다. 단지 그런 선택지가 많지 않았을 뿐이었다.

　코로나19 팬데믹은 역설적으로 여행에 대한 인식 변화를 가속화했다. 강제로 멈춘 여행 속에서 사람들은 '진짜 필요한 여행이 무엇인지, 의미 있는 여행이 무엇인지'에 대해 생각해볼 시간을 갖게 되었다. 팬데믹 이후 복수 여행(Revenge Travel)이라는 용어가 생겨나면서 사람들이 다시 여행을 시작했지만, 이전과는 다른 양상을 보이고 있다.

　가까운 곳을 깊이 있게 탐험하는 '마이크로 투어리즘(Micro Tourism)'이 인기를 얻고 있고, 한 곳에 오래 머물면서 지역을 깊이 있게 경험하는 '슬로우 트래블(Slow Travel)'을 선택하는 사람이 늘어나고 있다. 소셜 미디어에서도 인증샷을 위한 여행보다는 진정한 경험과 학습을 추구하는 여행이 더 주목받고 있다.

　변화의 바람은 기술 분야에서도 불고 있다. 전기 항공기 개발이 본격화되고 있다. 스웨덴의 하트 에어로스페이스는 19인승 전기 항공기 ES-19를 개발하여 2025년 상용화를 목표로 하고 있다. 노르웨이의 에비에이션은 9인승 전기 항공기 앨리스로 2022년 첫 시험 비행에 성공했다. 배터리 기술의 한계로 아직은 단거리 노선에 국한되지만, 기술 발전 속도를 보면 머지않아 중거리 노선에도 적용될 가능성이 높다.

　지속 가능한 항공 연료는 이미 상용화 단계에 들어섰다. 2024년 기준으로 전 세계 항공 연료 소비량의 약 0.1%를 SAF(지속 가능항 항공 연료)가 차지하고 있으며, 주요 항공사들이 적극적으로 도입을 확대하고 있다.

　탄소 배출 혁신은 하늘로도 확장되고 있다. 유럽의 항공기 제조업체 에어버스는 2020년 ZeroE 수소 항공기 프로젝트를 발표했으며, 2025년 3월 서밋에서 수소 연료전지 기반 개발 계획을 구체화했다. 연소 시 수증기만을 배출하는 이 혁신적 항공기는 친환경 항공의 새로운 이정표이자 항공 업계 탈탄소화의 상업적 전환점으로 평가받고 있으며, 당초 2035년으로 설정했던 상용화 목표를 2030년대 후반으로 조정했다.

육상 교통 분야에서는 전기차의 급속한 확산이 여행 산업의 탄소 발자국 감축에 핵심적인 역할을 하고 있다. 노르웨이는 전기차 100% 전환을 국가 정책으로 수립하여 2024년 기준 신규 자동차 판매량의 88.9%를 전기차가 점유했으며, 2025년 4월에는 97%까지 증가하여 2025년 전기차 100% 목표 달성이 거의 확실시되고 있다. 이러한 급진적 전환이 가능했던 배경에는 정부의 강력한 의지와 충분한 재정 지원이 있었으며, 역설적이게도 자국 내 자동차 제조업체가 없다는 점이 정책의 일관성 유지에 오히려 유리하게 작용했다.

디지털 기술도 여행의 형태를 바꾸고 있다. 가상현실(VR) 기술이 발전하면서 일부 여행 경험을 대체할 수 있게 되었고, 화상회의 기술의 발전으로 출장 여행의 필요성이 줄어들고 있다. 마이크로소프트는 팬데믹 기간 중 팀즈(Teams) 사용량이 2,700% 증가했다고 발표했으며, 이런 변화가 출장 문화에 영구적인 변화를 가져올 것으로 예상된다.

이런 변화들은 개별적으로는 작아 보일지 모르지만, 모두 합쳐지면 여행 산업 전체의 패러다임을 바꿀 수 있는 강력한 힘이 되고 있다. 변화의 바람은 이미 불기 시작했고, 이제는 그 바람을 어떻게 활용할 것인지가 중요한 과제가 되었다.

ESG

나의 탄소 발자국 돌아보기

개인 여행의 탄소 배출량과 교통수단의 선택

"작년에 나는 얼마나 많은 탄소를 하늘에 뿌렸을까?" 이 질문을 나 자신에게 던져본 적이 있는가? 대부분 사람은 자신의 연간 탄소 배출량을 정확히 알지 못한다. 막연히 많지는 않을 것이라고 생각하지만, 직접 계산해 보면 깜짝 놀라는 경우가 많다.

일반적인 직장인의 여행 패턴을 가정해서 계산해보자. 국내 여행으로는 부산에 KTX로 2번, 제주도에 비행기로 2번, 강릉에 자가용으로 1번 갔다고 하고, 해외여행은 일본에 1번, 동남아시아에 1번 다녀왔다고 가정하면 어떤 결과가 나올까?

계산해보면 충격적이다. 국내 여행만 따져봐도 상당한 양의 탄소를 배출한다. 서울~부산 KTX 왕복의 경우에는 1인당 약 30kg의 이산화탄소가 배출된다. 제주도 항공 왕복은 1인당 약 400kg, 서울~강릉 자가용 왕복은 약 150kg 정도다. 국내 여행만으로도 총 1,010kg의 탄소를 배출하게 된다.

해외여행의 탄소 배출량은 더욱 심각하다. 서울~도쿄 왕복 항공편은 1인당 약 1,200kg, 서울에서 동남아시아(방콕 기준) 왕복은 약 3,800kg의 이산화탄소를 배출한다. 해외여행만으로 5,000kg이 넘는 탄소를 배출하는 셈이다. 총합하면 6,010kg이다. 이는 우리나라 국민 1인당 연간 평균 온실가스 배출량 약 13.1톤(2021년 기준)의 거의 절반에 해당한다. 여행만으로 1년 탄소 배출량의 절반 가까이 쓰는 셈이다.

더 놀라운 것은 만약 해외여행을 포기하고 국내 여행만 했다면 여행으로 인한 탄소 배출량을 83% 가까이 줄일 수 있었다는 점이다. 해외여행 두 번이 전체 여행 탄소 배출량의 80% 이상을 차지하고 있었던 것이다.

그렇다면 어떤 교통수단을 선택하느냐에 따라 얼마나 차이가 날까? 똑같이 1,000km를 이동한다고 가정하고 승객 1인당 탄소 배출량을 계산해 보면, 도보나 자전거는 당연히 탄소 배출량이 0이다. 재생에너지로 운영되는 전기 기차도 매우 적어서 약 5kg 정도다. 일반 기차는 약 40kg, 고속버스는 약 70kg 정도다. 한국의 현재 전력 시스템으로 충전하는 전기차는 약 90kg으로 생각보다 높다. 내연기관 승용차는 약 180kg이고, 항공기는 기종과 노선에 따라 다르지만 대략 250~300kg 정도다.

흥미로운 점은 전기차의 탄소 배출량이 우리 생각만큼 낮지 않다는 것이다. 이는 우리나라의 전력 생산에서 석탄과 천연가스가 차지하는 비중이 여전히 높기 때문이다. 2024년 기준으로 한국의 재생에너지 발전 비중은 약 10%로 전 세계 평균 30.3%에 비해 현저히 낮은 수준에 머물고 있다. 반면 노르웨이처럼 재생에너지 비중이 98%에 달하는 나라에서는 전기차의 탄소 배출량이 기차 수준까지 낮아진다.

이런 수치들을 보면 교통수단 선택이 얼마나 중요한지 알 수 있다. 같은 거리를 이동하더라도 어떤 교통수단을 선택하느냐에 따라 탄소 배출량이 8배 이상 차이 날 수 있다.

항공 여행의 문제점과 탄소 상쇄의 한계

항공 여행이 특히 문제가 되는 이유는 단순히 탄소 배출량이 많아서만은 아니다. 비행기가 9~12km 고도에서 배출하는 온실가스는 지상에서 배출하는 것보다 기후에 훨씬 큰 영향을 미친다.

비행기가 하늘에 남기는 하얀 구름 띠를 본 적이 있을 것이다. 이를 '비행운(Contrail)'이라고 하는데, 이 구름들이 대기 중에서 열을 가두는 역할을 한다. 유럽환경청의 연구에 따르면, 이 비행운이 기후변화에 미치는 영향은 항공기가 직접 배출하는 이산화탄소와 비슷한 수준이라고 한다.

비행운까지 포함하면 항공업계의 실제 기후 영향이 직접적인 이산화탄소 배출량의 2~3배 정도에 달한다는 분석도 있다. 또한 공항 주변 지역의 소음은 야생동물의 서식지를 파괴하고 번식 패턴을 교란시킨다. 네덜란드 스키폴 공항 주변에서는 소음으로 인해 새들의 번식률이 30% 이상 감소했다는 연구 결과가 나오기도 했다.

그렇다면 많은 항공사들이 제공하는 '탄소 상쇄(Carbon Offset)' 프로그램은 어떨까? 이는 여행으로 배출한 탄소와 동등한 양의 탄소를 다른 곳에서 흡수하거나 감축하는 프로젝트에 투자하는 것이다. 처음에는 이런 프로그램들이 해결책처럼 느껴졌다. 비행기를 타면서도 환경에 대한 죄책감을 덜 수 있을 것 같았다.

하지만 이 프로젝트를 깊이 파보니 문제가 많았다.

첫째, '추가성(Additionality)' 문제다. 탄소 상쇄 프로젝트가 정말로 추가적인 탄소 감축을 만들어 내는가 하는 의문이다. 예를 들어 어차피 보호될 예정이었던 산림을 탄소 상쇄 프로젝트로 등록하는 경우가 있다.

둘째, 시간 지연 문제다. 나무를 심어도 실제 탄소 흡수까지는 수십 년이 걸린다. 하지만 항공기로 배출된 탄소는 즉시 대기 중에 축적된다.

셋째, 영구성 문제다. 우리가 심은 나무가 화재나 병충해, 벌목으로 사라질 수 있다. 실제로 2020년 호주에서 발생한 산불로 많은 탄소 상쇄 조림지가 소실되었다.

최근 연구들을 보면 더욱 우려스럽다. 2023년 영국의 가디언지와 독일 주간지 디 차이트가 공동으로 실시한 조사에 따르면, 시장에서 거래되는 열대우림 보호 탄소 상쇄 크레딧의 90% 이상이 실제로는 추가적인 탄소 감축 효과가 없는 것으로 나타났다.

탄소 상쇄는 완전한 해결책이 아니라 보완적 수단 정도로 이해하는 것이 현실적이다. 가장 좋은 방법은 애초에 탄소 배출을 줄이는 것이다.

개인 탄소 예산의 현실과 변화 방법

파리협정의 1.5도 목표를 달성하기 위해서는 개인의 탄소 배출량도 대폭 줄여야 한다. 기후과학자들이 제시하는 2030년 개인 탄소 예산은 연간 약 2.3톤 정도다. 현재 우리나라 국민 평균이 13.1톤이니까 83% 정도를 줄여야 하는 셈이다.

이런 목표치를 여행에 적용해보면 상당히 제약적이다. 서울에서 부산까지 KTX로는 77번 정도 왕복할 수 있지만, 제주도까지 비행기로는 6번 정도만 가능하다. 서울에서 도쿄까지 한 번 왕복하면 1년 탄소 예산의 절반을 소모하게 된다. 이는 현재의 여행 패턴이 얼마나 지속 불가능한지를 극명하게 보여준다. 해외여행 한 번이면 다른 모든 영역에서의 탄소 절약 노력을 상쇄해버릴 수 있는 수준이기 때문이다.

처음에는 이 현실이 너무 절망적으로 느껴질 것이다. 하지만 이것을 받아들이면서부터 진정한 변화가 시작될 수 있다는 것을 깨닫게 된다. 문제의 크기를 정확히 알아야 해결책도 찾을 수 있기 때문이다.

개인의 탄소 발자국을 돌아보는 것은 단순히 죄책감을 느끼기 위한 것이 아니다. 현재 상황을 정확히 파악하고, 어디서부터 변화를 시작할지 우선순위를 정하기 위한 것이다.

항공 여행이 압도적으로 큰 비중을 차지한다는 것을 알았다면, 항공 여행의 빈도를 줄이거나 대안을 찾는 것이 가장 효과적인 방법이다. 예를 들어 매년 해외여행을 가던 것을 2~3년에 한 번으로 줄이되, 한 번 갈 때 2~3주 동안 머무르는 방식으로 바꿀 수 있다.

국내 여행에서도 교통수단을 바꾸는 것만으로도 상당한 차이를 만들 수 있다. 제주도에 갈 때 렌터카 대신 전기차를 이용하거나 대중교통을 적극 활용하는 것도 방법이다.

중요한 점은 완벽하지 않아도 시작해야 한다는 것이다. 모든 여행을 포기할 필요는 없다. 대신 더 신중하게 계획하고, 더 의미 있는 여행을 선택하면 된다. 자주 가는 대신 한 번 갈 때 오래 머물고, 멀리 가는 대신 가까운 곳을 깊이 탐험하는 것도 하나의 방법이다.

나의 탄소 발자국을 돌아보는 과정은 여행에 대한 새로운 관점을 갖게 해준다. 여행의 진정한 가치가 거리나 횟수가 아니라 경험의 깊이와 의미에 있다는 것을 깨닫게 된다. 그리고 그런 깨달음이 더 지속 가능하고 만족스러운 여행으로 이어질 것이다.

여행 탄소 발자국 계산 사이트

* ICAO Carbon Emissions Calculator: 유엔 국제민간항공기구에서 제공하는 항공권 기준 탄소량 계산기
* MyClimate: 스위스 기반의 탄소 발자국 계산기로 항공·숙박·자동차 등 다중 계산 가능
* Carbonfootprint.com: 영국 기반의 종합 탄소 발자국 계산기

ESG

제주도와 세계의 녹색 여행 실험

제주도의 에너지 전환 실험과 현실

제주도 남쪽 끝, 면적이 겨우 0.84㎢인 작은 섬이 있다. 가파도다. 이 작은 섬이 한국의 에너지 전환 실험의 출발점이 되었다는 사실을 아는 사람은 많지 않다. 2013년 가파도에 50kW 태양광발전 시설과 280kWh 에너지저장장치(ESS, Energy Storage System)가 설치되었다. 이 작은 시설로 섬 전체 전력 소비의 상당 부분을 재생에너지로 충당하기 시작했다. 한국 최초의 에너지 자립섬 모델이 탄생한 순간이었다.

가파도의 성공에 고무된 제주도는 2012년부터 'CFI 2030(Carbon Free Island 2030)'이라는 야심찬 프로젝트를 시작했다. 2030년까지 제주도 전체를 재생에너지 100% 자급자족 섬으로 만들겠다는 목표였다.

12년이 지난 지금, 제주도의 재생에너지 발전 비중은 2024년 기준 약 19.96%에 달한다. 전국 평균 10%의 두 배에 달하는 수치다. 제주도 전체에 설치된 신재생에너지 시설은 1,600개소가 넘고, 총 설비용량은 1,700MW를 넘어섰다. 이는 제주도 최대 전력 수요의 2배에 달하는 규모다.

숫자만 봐도 대단한 성과다. 하지만 현장에서는 예상치 못한 문제들이 발생하고 있었다. 가장 큰 문제는 '출력제어'다. 바람이 많이 불고 해가 강하게 내리쬐는 날에는 재생에너지 발전량이 전력 수요를 초과하는 상황이 생긴다. 그러면 전력 시스템의 안정성을 위해 풍력발전기와 태양광 패널의 가동을 중단해야 한다. 실제로 하루에 수십 번씩 재생에너지 발전을 중단해야 하는 날들이 생기고 있다.

2023년 한국전력공사 제주본부 자료에 따르면 출력제어가 총 189회 발생했다. 이는 상당한 경제적 손실을 의미한다. 좋은 의도로 시작한 일이지만, 현실은 생각보다 복잡했다.

그럼에도 제주도는 의미 있는 성과도 이뤄냈다. 2025년 4월 14일 오전 11시부터 오후 3시까지 4시간 동안 전국에서 처음으로 도내 전력 수요를 100% 재생에너지로 충당하는 '일시적 RE100'을 달성했다.

제주도의 에너지 전환 노력과 동시에 일어난 또 다른 변화가 있다. 관광객 수의 변화다. 2010년대 중반 연간 1,500만 명을 넘나들던 관광객 수는 사드 배치와 코로나19를 거치며 기복을 겪었다. 2024년 제주도 관광협회 발표에 따르면 약 1,378만 명을 기록했는데, 특히 외국인 관광객의 회복세가 두드러졌다.

관광객이 늘어나면 전력 수요도 늘어난다. 호텔, 펜션, 렌터카, 음식점 등 관광 인프라가 소비하는 전력량이 급증하는 것이다. 아무리 재생에너지 발전량을 늘려도 수요 증가가 그것을 따라잡거나 오히려 앞서가는 상황이 벌어진 것이다.

더 복잡한 문제는 관광객들의 에너지 사용 패턴이다. 제주 관광의 특성상 렌터카 이용이 많은데, 2024년 기준으로 제주도 등록 차량 중 전기차 비율은 약 20%에 그친다. 특히 렌터카 업계에서는 전기차 도입이 더디게 진행되고 있어 관광객들의 전기차 이용률은 더욱 낮다.

제주도는 인구 대비 전기차 보급률에서는 전국 최고 수준을 자랑한다. 충전 인프라도 잘 갖춰져 있다. 하지만 이런 인프라를 정작 가장 많이 이용해야 할 관광객들은 여전히 내연기관차를 선택하고 있는 셈이다.

세계 각국의 성공 사례들

덴마크 유틀란트 반도 동쪽에 사음세라는 작은 섬이 있다. 인구 3,700명 남짓한 이 섬이 전 세계 에너지 전문가들의 순례지가 된 이유는 무엇일까? 1997년 사음세 섬은 덴마크 정부의 재생에너지 프로젝트에 선정되었다. 목표는 간단했다. 10년 안에 100% 재생에너지 자급자족을 달성하는 것. 많은 사람이 불가능하다고 생각했지만, 2007년 사음세 섬은 실제로 그 목표를 달성했다. 지금은 생산량이 소비량을 초과해서 육지로 전력을 수출하고 있다.

핵심은 주민 참여였다. 정부나 대기업이 일방적으로 추진한 것이 아니라 주민들이 직접 투자자가 되어 수익을 공유하는 구조를 만든 것이다. 풍력발전기 11기 건설에 필요한 자금을 주민들이 공동으로 투자하고, 발전으로 얻은 수익도 함께 나눴다. 현재 섬 주민들은 연간 약 200만 덴마크크로네(약 3억 6천만 원)의 수익을 나누고 있다.

사음세 섬의 성공은 기술의 승리가 아니라 공동체의 승리였다. 에너지 전환이 단순히 기술적 문제가 아니라 사회적 합의와 참여의 문제라는 것을 보여준 사례다.

지구 반대편 중미의 작은 나라 코스타리카는 생태 관광의 성공 모델로 불린다. 하지만 처음부터 그랬던 것은 아니다. 1970년대까지만 해도 이 나라는 삼림 파괴가 심각했다. 국토의 75%를 덮고 있던 산림이 25%까지 줄어들었다.

전환점은 1997년에 찾아왔다. 정부가 세계 최초로 산림의 환경 서비스에 대해 토지 소유자에게 경제적 보상을 제공하는 '지불환경서비스제(PES, Payment for Environmental Services)'를 시작했다. 산림이 제공하는 탄소 저장, 수자원 보호, 생물 다양성 보전, 자연 경관 제공 등의 서비스에 대해 헥타르당 연간 640달러를 지급하는 것이다. 산림을 베어내서 농지나 목장으로 만드는 것보다 그대로 보존하는 것이 경제적으로 더 유리하게 만든 셈이다.

결과는 놀라웠다. 현재 코스타리카의 산림 면적은 국토의 52%까지 회복되었다. 관광 수입도 국가 경제의 핵심 축이 되어 국내총생산(GDP)의 6.3%를 차지하고 있다.

노르웨이는 전기차 분야에서 세계를 선도하고 있다. 2024년 기준으로 신규 자동차 판매에서 전기차가 차지하는 비중이 88.9%에서 2025년 4월에는 97%까지 증가하여 2025년 전기차 100% 목표 달성이 거의 확실시되고 있다. 이는 전 세계에서 가장 높은 수준이다.

노르웨이의 전기차 정책 성공 비결은 강력한 인센티브에 있다. 전기차는 구매세, 부가가치세, 도로세를 모두 면제해준다. 유료 도로 통행료도 면제하고, 시내 중심가 주차료도 무료다. 전기차 전용 차선도 운영한다.

결과적으로 노르웨이에서는 전기차를 사는 것이 내연기관차를 사는 것보다 경제적으로 유리한 상황이 만들어졌다. 환경을 보호하는 것이 도덕적 의무일 뿐만 아니라 경제적으로도 합리적인 선택이 되도록 시스템을 설계한 것이다.

성공 요인과 교훈

이들 지역의 사례에서 몇 가지 공통점을 발견할 수 있다.

첫째, 강력한 정부의 리더십과 장기적 비전이 있었다. 덴마크는 1970년대 석유파동 이후 40여 년간 일관되게 재생에너지 정책을 추진했고, 코스타리카는 환경보호를 국가 발전 전략의 핵심으로 삼았다. 노르웨이는 석유 수출국임에도 불구하고 과감한 전기차 정책을 펼쳤다.

둘째, 시민사회의 참여와 합의를 이끌어내는 과정이 있었다. 사음세 섬의 주민 참여형 에너지 전환, 코스타리카의 지역사회 기반 생태 관광이 대표적이다. 단순히 정부가 일방적으로 추진한 정책이 아니라 지역 주민들이 주체가 되어 참여한 변화였다.

셋째, 경제적 인센티브를 통해 친환경 선택이 개인에게도 유리하도록 만들었다. 노르웨이의 전기차 정책, 코스타리카의 지불환경서비스제가 그 예다. 환경을 보호하는 것이 도덕적 의무일 뿐만 아니라 경제적으로도 합리적인 선택이 되도록 시스템을 설계한 것이다.

넷째, 이들이 모두 실험을 두려워하지 않았다는 점이다. 완벽한 계획을 세우고 시작한 것이 아니라 시행착오를 겪으면서 점진적으로 발전시켜 나갔다. 사음세 섬도 처음에는 주민들의 반대가 있었고, 코스타리카도 초기에는 제도 운영에 어려움을 겪었다.

마지막으로, 이들의 성공은 단순히 기술적 혁신만으로 이루어진 것이 아니라는 점이다. 사회적 합의, 제도적 뒷받침, 경제적 인센티브 그리고 무엇보다 장기적 관점에서의 일관된 정책 추진이 결합되어 만들어진 결과였다.

제주도의 실험은 여전히 진행 중이다. 완벽하지는 않지만 전 세계가 주목하는 살아 있는 실험실이 되고 있다. 다른 지역이나 국가들이 에너지 전환과 지속 가능한 관광을 추진할 때 참고할 수 있는 귀중한 데이터와 경험을 제공하고 있는 것이다.

이들의 경험이 보여주는 것은 지속 가능한 여행과 에너지 전환이 결코 불가능한 일이 아니라는 점이다. 다만 기술적 해결책만으로는 부족하고, 사회적 합의와 정치적 의지, 경제적 유인책이 함께 작용해야 한다는 것이다. 무엇보다 지역 주민과 여행자 모두가 주체적으로 참여할 때 진정한 변화가 가능하다는 교훈을 준다.

ESG

오늘부터 시작하는 지속 가능한 여행

지속 가능한 여행의 구체적 실천 방법

아침에 눈을 뜨면서 '오늘은 어디로 갈까?' 하고 생각하는 순간부터 여행은 시작된다. 그리고 그 순간부터 우리는 수많은 선택을 하게 된다. '어떤 교통수단을 탈 것인가, 어디에서 잘 것인가, 무엇을 먹을 것인가?' 각각의 선택이 지구에 미치는 영향은 다르다.

교통수단, 가장 중요한 선택

교통수단 선택은 여행의 환경 영향을 결정하는 가장 중요한 요소다. 500km 이하의 가까운 거리라면 기차가 최선이다. 서울에서 부산까지는 KTX로 2시간 50분이면 도착한다. 공항 체크인 시간을 고려하면 항공기와 큰 차이가 없으면서도 탄소 배출량은 1/8 수준이다.

중거리인 500km에서 1,500km 사이에서도 여전히 기차가 최선이다.

시간이 오래 걸리긴 하지만, 창밖 풍경을 감상하고, 책을 읽고, 여행 계획을 세우는 시간이 오히려 여행의 묘미가 될 수 있다.

2,000km를 넘는 장거리라면 현실적으로 항공기를 선택할 수밖에 없다. 하지만 이때도 선택의 여지가 있다. 직항을 선택하고 이코노미 클래스를 선택하는 것만으로도 탄소 배출량을 상당히 줄일 수 있다. 경유 항공편은 직항 대비 20~30% 더 많은 탄소를 배출한다.

숙박, 지역과 환경을 생각하는 선택

Green Key, LEED, EarthCheck, G-SEED 같은 친환경 인증을 받은 숙박 시설을 우선 고려한다. 더 중요한 것은 지역 소유 숙박업체를 지원하는 것이다. 글로벌 체인 호텔보다는 현지인이 운영하는 숙소를 선택하면 여행 비용이 지역 경제에 직접 기여한다.

장기 체류도 고려해볼 만하다. 1박 2일보다는 3박 4일, 1주일 이상 머무르면 1박당 환경 부담을 분산시킬 수 있다. 같은 곳에 오래 머물수록 그곳을 더 깊이 이해할 수 있다는 보너스도 있다.

식사, 지역의 맛과 지구의 건강을 동시에

현지 제철 식재료를 사용하는 음식점을 선택하면 푸드 마일리지를 줄일 수 있다. 푸드 마일리지란 농산물 등 식자재가 생산된 곳에서부터 소비자의 식탁에 오르기까지 이동한 거리를 뜻한다. 거리가 멀수록 운송 과정에서 더 많은 탄소가 배출된다.

육류 소비를 조금 줄이는 것만으로도 상당한 차이를 만들 수 있다. 유엔식량농업기구(FAO)에 따르면 소고기 1kg을 생산하는 데는 26.5kg의 이산화탄소가 배출된다. 돼지고기는 7.6kg, 닭고기는 4.6kg으로 상당한 차이가 있다.

일회용품 사용을 최소화하는 것도 중요하다. 개인 컵이나 물병을 가져가고, 일회용 플라스틱 식기 대신 재사용 가능한 것들을 선택하는 습관을 기르자.

구체적으로 실천할 수 있는 방법

첫째, 연간 여행 계획을 세울 때 환경 영향을 고려하자. 기후과학자들이 제시하는 개인 탄소 배출 감축 목표를 염두에 두고 여행 계획을 세우면 자연스럽게 선택이 달라진다. 해외여행은 2~3년에 한 번, 그 대신 2주 이상의 장기 여행으로 계획하는 것이다. 자주 가지 않는 대신 한 번 갈 때 제대로 가는 것이다.

둘째, 로컬 트래블을 발굴한다. 거주지 주변 300km 이내에도 아직 가보지 못한 숨겨진 명소가 많을 것이다. 서울에 산다면 강화도, 가평, 영월, 안동, 경주 등이 모두 당일치기나 1박 2일로 갈 수 있는 거리다.

셋째, 계절 여행을 실천한다. 계절마다 한 번씩 깊이 있는 국내 여행을 하는 것이다. 봄에는 꽃, 여름에는 바다, 가을에는 단풍, 겨울에는 설경 등 같은 곳이라도 계절에 따라 완전히 다른 모습을 보여준다.

넷째, 여행 일기를 쓴다. 경험을 기록하고 되돌아보는 과정에서 여행의 의미가 더 깊어진다. 환경 관련 내용도 포함시킨다. 오늘 이용한 교통수단, 일회용품 사용량, 현지 음식 체험, 지역 경제 기여 방법 등을 기록하는 것이다.

다섯째, 여행용품을 점검하고 업그레이드한다. 일회용품을 줄이고 재사용 가능한 것들로 바꿔보자. 개인 물병, 접이식 컵, 재사용 쇼핑백, 대나무 칫솔, 고체 샴푸 등이 있다.

슬로우 트래블과 디지털 기술의 활용

슬로우 트래블은 단순히 느리게 여행하는 것이 아니다. 한 지역에 최소 1주일 이상 체류하면서 그곳의 일상을 경험하고, 관광명소를 쫓아다니기보다는 지역 커뮤니티와 깊이 있는 교류를 나누는 것이다.

슬로우 트래블의 핵심은 '머무름'이다. 계속 이동하는 대신 한 곳에 정착해서 그 지역의 리듬에 맞춰 생활해보는 것이다. 아침에는 동네 시장에서 장을 보고, 오후에는 공원에서 책을 읽고, 저녁에는 현지인들이 즐겨 찾는 작은 식당에서 저녁을 먹는 것이다.

대중교통과 도보를 활용한 이동도 슬로우 트래블의 핵심이다. 렌터카 대신 버스나 기차를 이용하면 현지인들과 자연스럽게 섞일 수 있으며, 걸어서 이동하면 예상치 못한 발견을 할 수 있다. 관광명소보다 일상적 공간을 탐험하는 것도 슬로우 트래블의 묘미다. 동네 시장, 작은 카페, 공원 같은 곳에서 그 지역의 진짜 모습을 발견할 수 있다.

코로나19 이후 원격근무가 일반화되면서 '워케이션(Workation)'이라는 새로운 여행 형태가 등장했다. 일(Work)과 휴가(Vacation)를 결합한 워케이션은 한 곳에 한 달 이상 머물면서 평일에는 일하고 주말에는 여행하는 패턴이다. 이런 방식의 여행은 환경 효과가 크다. 한 번의 이동으로 장기간 머물기 때문에 교통수단으로 인한 탄소 배출량을 크게 줄일 수 있다.

또한 디지털 기술을 잘 활용하면 더 지속 가능한 여행이 가능하다. 출발 전에 가상현실(VR)로 목적지를 미리 체험해보면 실제 방문 시 더 효율적으로 시간을 보낼 수 있다. 어떤 곳이 정말 가볼 만한지, 어떤 곳은 VR로도 충분한지 미리 판단할 수 있다는 장점이 있다.

여행 중에는 탄소 발자국을 실시간으로 모니터링할 수 있는 앱들을 활용해보자. 자신이 얼마나 많은 탄소를 배출하고 있는지 실시간으로 확인하면서 선택을 조정할 수 있도록 도와준다.

온라인 플랫폼을 통해 현지인과 경험을 공유하는 것도 좋다. 에어비앤비 체험이나 현지 투어 가이드 서비스 등을 통해 더 지역적이고 진정성 있는 여행을 할 수 있다.

종이 가이드북 대신 디지털 가이드북을 사용하는 것도 작은 변화지만 의미가 있다. 무엇보다 스마트폰의 지도 앱을 잘 활용하면 대중교통을 이용한 이동이 훨씬 쉬워진다.

개인에서 커뮤니티로의 확산과 새로운 패러다임

하지만 개인의 노력만으로는 한계가 있다. 친환경 여행 커뮤니티에 참여해보자. 비슷한 관심사를 가진 사람들과 경험을 나누고 새로운 정보를 얻을 수 있다. '환경을 생각하는 여행 모임', '지속 가능한 여행 커뮤니티' 같은 온라인 그룹들이 활동하고 있다.

소셜 미디어를 통해 지속 가능한 여행 경험을 공유하는 것도 중요하다. 내가 실천한 작은 변화들을 다른 사람들과 나누면서 확산 효과를 만들 수 있다. #슬로우트래블, #친환경여행, #로컬트래블 같은 해시태그를 사용해서 같은 관심사를 가진 사람들과 네트워크를 만들어보자.

지역의 친환경 여행 프로그램에 참여하는 것도 의미가 있다. 제주도의 올레길, 지리산의 둘레길, 고창의 운곡습지 생태관광 프로그램, 진천의 미르숲이나 치유의 숲 같은 프로그램들이 있다.

여행업계의 친환경 정책을 적극적으로 지지하자. 친환경 항공사를 선택할 때는 지속 가능한 항공 연료를 적극 도입하고 있는 항공사를 찾아보자. 대한항공, 아시아나항공 등이 SAF 도입을 확대하고 있다. 친환경 호텔을 선택할 때는 제로 웨이스트 호텔이나 Green Key 인증을 받은 숙소를 우선 고려하자. 제로 웨이스트 호텔은 일회용품 사용을 최소화하고 재활용과 재사용을 극대화하는 호텔이다.

새로운 여행의 시대를 향해

거창한 계획을 세우지 않아도 된다. 지금부터 시작할 수 있는 작은 변화들이 있다. 여행 계획을 세울 때 탄소 발자국 계산기를 사용해보자. 여러 옵션을 비교하면서 더 친환경적인 선택을 하는 것이다.

여행에 대한 관점을 바꿔보자. 얼마나 많은 곳을 가봤는가보다는 '얼마나 깊이 경험했는가'에 초점을 맞추는 것이다. 인스타그램에 올릴 사진을 얼마나 많이 찍었는가보다는 '그 지역의 문화와 사람들을 얼마나 이해했는가'에 가치를 둔다.

미래의 여행은 기술 발전과 인식 변화가 함께 만들어 낸 결과일 것이다. 2024년 전 세계 청정에너지(재생에너지+원자력) 발전 비중이 40.9%를 넘어서며 에너지 전환이 가속화되고 있다. 전기 항공기, 수소 연료, 탄소 포집 같은 기술적 혁신들이 항공 여행의 환경 영향을 줄여줄 것이다. 하지만 그런 기술들이 상용화되기까지는 시간이 필요하다.

그동안 우리가 할 수 있는 것은 여행 방식을 바꾸는 것이다. 더 적게, 더 가까이, 더 오래 머무르는 여행 패턴으로의 전환 말이다.

미래의 여행은 더욱 커뮤니티 중심적이 될 것이다. 개인이 혼자 계획하고 혼자 떠나는 여행보다는 비슷한 관심사를 가진 사람들과 함께 계획하고 함께 떠나는 여행이 늘어날 것이다.

지역 중심의 여행도 늘어날 것이다. 멀리 가는 관광보다는 가까운 지역의 깊이 있는 탐방, 지역민과의 진정한 교류, 지역 경제에 기여하는 여행이 더 가치 있는 것으로 인식될 것이다.

결국 새로운 여행의 시대는 여행 자체의 의미를 재정의하는 것에서 시작된다. 여행이 단순히 일상 탈출이나 경험 소비가 아니라 '지구 시민으로서의 책임감 있는 행동'이자 '지역사회와의 진정한 교류'가 되는 것이다.

기후변화 시대에 여행은 더 이상 단순한 휴가가 아니다. 우리의 모든 이동이 지구의 미래와 연결되어 있다. 하지만 이것이 여행의 즐거움을 포기해야 한다는 의미는 아니다. 오히려 더 신중하고, 더 의미 있고, 더 지속 가능한 여행을 통해 진정한 여행의 가치를 발견할 수 있다.

멀리 가지 않아도 새로운 세계는 열린다. 자주 가지 않아도 깊이 있는 경험은 가능하다. 가벼운 발걸음으로도 충분히 의미 있는 여정을 만들 수 있다. 중요한 것은 목적지가 아니라 여행하는 마음가짐이고, 거리가 아니라 깊이다.

이런 작은 변화들이 모여서 큰 변화를 만들어 낸다. 그리고 그 변화는 결국 우리 모두가 사랑하는 이 지구를 더 오래, 더 아름답게 유지하는 데 기여할 것이다. 변화는 이미 시작되었다. 이제 그 변화에 동참할 시간이다.

물만 배출하는 차량 _ 넥쏘의 기적

현대자동차의 넥쏘(NEXO)는 내연기관차의 대안으로 주목받는 수소전기차(FCEV)로, 단순한 친환경차를 넘어 지속 가능한 미래 모빌리티의 상징으로 자리 잡고 있다.

가장 큰 환경적 특징은 주행 시 배출가스가 전혀 없고, 오히려 깨끗한 물만 배출한다는 점이다. 이는 수소와 산소의 화학 반응으로 전기를 만들고, 그 부산물로 물만 생성되기 때문이다. 덕분에 넥쏘는 '달리는 공기청정기'라는 별칭을 얻었고, 실제로 차량에 장착된 공기정화 필터는 주행 중 초미세먼지를 99.9%까지 걸러내는 것으로 알려져 있다.

넥쏘는 충전 효율성과 장거리 주행 능력에서도 기존 친환경차와 차별된다. 수소 충전에 걸리는 시간은 약 5분 내외로 매우 짧으며, 한 번 충전으로 최대 600km 이상을 주행할 수 있는 고효율성을 갖췄다. 이는 장거리 운전이 많은 사용자에게 실질적인 전기차 대안을 제시하며, 전기차가 가진 '충전 스트레스'를 해소하는 중요한 장점이 된다.

현대차는 넥쏘의 친환경 가치를 단지 운행에 국한하지 않고, 생산 및 공급 과정 전체에 ESG 전략을 반영하고 있다. 수소연료전지 시스템 자체를 국내에서 직접 개발·생산하며, 2045년까지 전 사업장의 에너지를 100% 재생가능에너지로 전환(RE100)하겠다는 목표도 함께 추진 중이다. 이는 차량 한 대의 성능을 넘어 기업의 전체 운영에서 탄소중립을 실현하려는 노력을 보여주는 사례라 할 수 있다.

이처럼 넥쏘는 단순히 환경을 오염시키지 않는 자동차가 아니라 환경을 회복시키고, 지속 가능한 미래를 설계하는 교통수단으로 평가받는다. 자동차 한 대를 넘어선 시스템적 변화의 상징, 그것이 바로 현대자동차 넥쏘의 진정한 가치이다.

CHAPTER 05

환경
_ 팔아야 할 대상이 아닌 지켜야 할 가치

유민형

한국ESG경영인증원 원장 / 비영리단체 한국창의인재육성개발단 단장
오렌지문화창작소 대표

한밭대학교 창업학과 석사, 대전대학교 경영학과(마케팅 전공) 박사. 소상공인시장진흥공단의 경영·폐업 컨설턴트 및 희망리턴패키지 PM으로서 소상공인의 경영 개선, 위기 극복, 재창업 등을 지원하고 있다. 주요 강의 분야는 셀프리더십, 자녀대화법, 조직 커뮤니케이션, 고객응대(CS), ESG 등이며, 이론과 실무를 결합한 강의와 컨설팅을 통해 공공기관, 기업 등 다양한 분야에서 높은 만족도를 얻고 있다. 특히 ESG 분야에서는 인증 교육과 지속가능경영보고서 작성부터 실행 전략 수립까지 전문성을 바탕으로 지속 가능한 경영 실천을 돕는 전문가로 활동하고 있다.

ESG

친환경이 유행이 된 시대

지금 우리는 그 어느 때보다도 '친환경'이라는 단어를 자주 접하는 시대에 살고 있다. 카페에 텀블러를 들고 다니는 사람들, 대형 마트에서 장바구니를 사용하는 장면, 제로 웨이스트(Zero Waste)를 내건 라이프스타일 브랜드 등 언젠가부터 '환경을 생각하는 소비'는 하나의 트렌드가 되었고, 더 나아가 정체성을 나타내는 방식이 되었다. 하지만 우리는 진지하게 질문해볼 필요가 있다.

'과연 이 유행은 진짜 환경을 위한 것인가 아니면 또 하나의 소비 유행일 뿐인가?'

몇 해 전부터 시작된 '플라스틱 줄이기' 캠페인은 에코백, 텀블러, 빨대 대체품과 같은 친환경 아이템들을 급속도로 대중화시켰다. 친환경을 실천하기 위해 소비를 하는 것, 즉 환경을 위한다는 명분으로 또 다른 소비를 부추기는 구조가 되어버렸다. 텀블러를 한 개 사는 것은 좋지만, 브랜드별로 텀블러를 수집하는 것이 정말 환경에 이로운 일인지 되돌아봐야 한다. 플라스틱 빨대를 대신하겠다는 금속 빨대가 다섯 종류나 집에 있다면 그것은 과연 필요한 소비인지 자문해야 한다.

이러한 현상을 전문가들은 '그린워싱(Greenwashing)'이라고 부른다. 표면적으로는 친환경인 척하지만 실제로는 환경적 실효성이 낮거나 오히려 역효과를 내는 행위이다. 기업 입장에서 보면 환경을 팔아 브랜드 이미지를 쌓고 마케팅의 도구로 삼는 것이다. 소비자는 그런 흐름 속에서 '나는 환경을 생각하는 사람'이라는 자부심을 소비를 통해 얻는다. 진정성 없는 유행은 결국 환경을 팔아 소비의 욕망을 충족시키는 구조로 전락한다.

<친환경 제품, 얼마큼 사용해야 환경에 도움이 되나?>

유리 텀블러	플라스틱 텀블러	세라믹 텀블러	에코백
최소 15회 사용	최소 17회 사용	최소 39회 사용	비닐봉지보다 131회 이상 사용

물론 모든 유행이 나쁜 것은 아니다. 그 시작이 유행이라 할지라도 많은 사람이 환경 문제에 관심을 갖고 실천을 시작하게 되는 계기가 될 수 있다면 분명 의미 있는 변화이다. 문제는 그 유행이 일회성 소비로 끝나지 않고, 우리 삶의 방식과 선택 기준을 바꾸는 지속 가능한 흐름으로 이

어지느냐는 점이다.

진짜 친환경은 덜 소비하는 것, 있는 것을 오래 쓰는 것, 쓰레기를 덜 만드는 것에서 시작된다. 이 단순하고도 기본적인 원칙은 때로는 트렌디하지 않고, SNS에 자랑할 거리도 되지 않지만 그 속에 진짜 가치가 있다.

이제는 소비가 아닌 행동과 실천의 관점에서 친환경을 바라볼 필요가 있다. 지금까지의 친환경 유행이 보여주기 위한 소비였다면, 이제부터는 보이지 않는 가치를 위한 선택으로 나아가야 한다. 덜 사고, 더 아끼고, 오래 쓰는 것이 오히려 '멋'이 되는 문화가 만들어져야 한다. 그럴 때 비로소 우리는 '환경을 위한 삶'을 유행이 아니라 일상으로 만들 수 있다.

환경은 상품이 아니다

우리는 너무 오랫동안 환경을 하나의 판매 전략으로 이용해왔다. 친환경 포장, 생분해성 용기, 무첨가 화장품 등은 소비자의 신뢰를 얻기 위한 마케팅 수단으로 반복되었다. 그러나 환경은 그렇게 단순히 팔 수 있는 것이 아니다. 그것은 우리가 살아가는 터전이며, 미래 세대에게 물려주어야 할 삶의 기반이다.

많은 브랜드가 친환경이라는 단어를 내세워 제품을 차별화하고, 소비자에게 긍정적인 인상을 주기 위해 환경을 상품화한다. 그러나 진정한 환경보호는 단지 제품의 포장에 녹색을 입히거나 슬로건을 외치는 것에서 끝나지 않는다. 그것은 기업의 철학 속에 내재되어야 하며, 전 과정에 걸쳐 실천되어야 한다. 예를 들어 친환경을 표방하는 화장품 브랜드가 실제로 유통 과정에서 대량의 포장 폐기물을 발생시킨다면, 이는 단지 환경을 팔기 위한 전략일 뿐 진정한 친환경 경영이라고 보기 어렵다.

환경은 기업의 이미지 제고를 위한 도구가 아니라 지켜야 할 가치 그 자체이다. 제품을 통한 실천은 시작일 뿐이며, 경영 전반에 걸쳐 자원 사용, 에너지 효율, 공급망 관리, 폐기물 처리 등에서의 책임 있는 결정이 함께 이루어져야 한다. 이는 단기적인 마케팅 효과를 뛰어넘어 기업이 사회적 책임을 실현하는 방식이어야 한다.

'환경을 팔지 말고 가치를 팔아라'라는 문장은 단지 자극적인 광고 문구가 아니다. 그것은 오늘날 기업과 소비자가 함께 고민해야 할 생존의 철학이다. 환경은 마케팅의 수단이 아니라 우리가 함께 지키고 공존해야 할 기반이며, 상품이 아닌 책임의 대상이다. 기업이 진정으로 환경을 존중하고 실천하는 문화를 갖출 때 비로소 소비자 역시 그 진정성을 인식하고 지지하게 된다.

결국 지속 가능한 성장은 환경이라는 가치를 지키는 데에서 비롯되며, 그것은 단순히 소비를 유도하는 수단이 아닌 공동체를 위한 철학에서 출발해야 한다.

그린워싱이 아닌 그린밸류로

최근 많은 기업이 친환경을 앞세운 마케팅 전략을 펼치고 있다. 하지만 겉보기만 친환경일 뿐, 실제로는 지속 가능성과 무관하거나 오히려 환경을 해치는 방식으로 제품을 생산하는 경우가 적지 않다. 이러한 허위 혹은 과장된 친환경 마케팅을 그린워싱이라 부르며, 소비자들의 신뢰를 해치는 대표적 사례로 지목되고 있다.

현대 소비자는 과거보다 훨씬 더 까다롭고 똑똑하다. 단순히 제품 포장지에 에코, 그린, 친환경 등의 문구가 적혀 있다고 해서 믿지 않는다. 그들은 브랜드의 철학과 실제 행동을 통해 그 진정성을 판단한다. 환경을 보호하는 제품을 만든다는 명분이 실제로 어떤 방식으로 실현되고 있는지를 관찰하고, 그 이면의 과정을 알고자 한다.

예를 들어 플라스틱을 줄였다는 홍보 문구가 실제로는 일회용 포장을 교묘히 바꾼 것에 불과하다면 소비자는 곧 그 브랜드를 외면한다. 반면 재활용 체계를 도입하고, 생산 공정을 개선하며, 윤리적 공급망을 실천하는 브랜드는 높은 신뢰를 얻게 된다. 다시 말해 그린워싱의 시대는 저물고 '그린밸류(Green Value)'의 시대가 도래한 것이다.

그린밸류는 단순한 친환경 제품을 의미하지 않는다. 그것은 기업이 환경에 대해 가지는 태도이며, 이를 바탕으로 한 일관된 실천이다. 소비자는 점점 더 철학이 분명한 브랜드를 선호하고, 제품보다는 그 브랜드가 사회에 던지는 메시지에 주목한다. 기업이 어떤 사회적·환경적 책임을 다하고 있는지, 어떤 윤리를 가지고 운영되는지를 기준으로 판단한다.

이제 기업이 진정성 있는 친환경 실천을 보여주지 않는다면, 단기적인 주목은 받을 수 있어도 장기적으로는 외면당할 수밖에 없다. 환경을 장식처럼 활용할 것이 아니라 삶의 중심 가치로 삼는 태도가 필요하다. 그린워싱이 아니라 그린밸류로 가야 하는 이유는 윤리적 판단 때문만이 아니라 그것이 지속 가능한 경쟁력이기 때문이다.

철학이 브랜드를 만든다

오늘날 기업이 팔아야 할 것은 제품의 기능이나 가격만이 아니다. 소비자는 단순한 효용을 넘어 제품이 어떤 철학과 이유를 담고 있는지를 궁금해

한다. "왜 이 제품을 만들었는가, 이 제품이 사회에 어떤 긍정적인 영향을 미칠 수 있는가?"라는 질문에 대해 명확하고 진정성 있는 답을 제시할 수 있어야 한다.

이러한 질문은 기업의 존재 이유와 연결된다. 즉 가치를 중심에 둔 경영은 기업이 왜 존재하는지를 끊임없이 묻는 과정이며, 그 물음에 충실한 기업일수록 외부 환경 변화나 위기 속에서도 흔들리지 않는 정체성을 유지한다. 위기에 강한 브랜드는 바로 이 '왜'라는 질문에 확고한 철학으로 응답할 수 있다.

소비자들은 점점 브랜드의 깊은 층위에 주목하고 있다. 단기적인 가격 할인이나 기능적 이점보다 브랜드가 추구하는 가치를 중심으로 신뢰를 쌓고 장기적인 관계를 유지하려 한다. 이러한 소비 행태는 결국 브랜드의 지속가능성과도 맞닿아 있다. 신뢰는 하루아침에 만들어지지 않는다. 그것은 철학을 바탕으로 지속적인 실천과 일관성을 통해 형성된다.

가치 중심의 브랜드는 단기 매출에 급급해 하지 않는다. 일관된 메시지와 행동으로 소비자와 진정한 관계를 맺으며, 그 과정에서 자연스럽게 충성 고객을 확보한다. 진정성을 기반으로 한 경영 철학은 일시적인 유행이나 경쟁을 넘어 브랜드의 방향성을 결정짓는 나침반이 된다.

결국 철학이 브랜드를 만들고, 그 브랜드는 다시 사회와 소비자의 삶에 영향을 미친다. 소비자는 철학이 담긴 브랜드에 매력을 느끼고, 그 브랜드를 통해 자신의 가치관을 표현한다. 우리가 팔고 있는 것은 단순한 상품이 아니라 삶의 태도와 철학이다.

파는 것이 아닌 함께 살아가는 것

환경은 이제 사고파는 대상이 되어서는 안 된다. 공기, 물, 산림 등과 같은 자연은 어느 한 개인이나 기업의 소유가 아닌 우리 모두의 공동 자산이자 미래 세대의 권리다. 기업이 이 자연을 활용해 제품을 만들고 이윤을 얻는다면, 그 이익은 사회 전체와 나누는 방식으로 환원되어야 한다.

진정한 의미의 가치를 파는 기업은 단순한 친환경 상품을 넘어 자연과의 공존을 실천하는 태도를 보여준다. 예를 들어 지역사회의 생태계 보존에 기여하거나 생산 공정에서의 탄소 배출을 줄이고 재생 가능한 에너지를 사용하는 기업은 단지 상품을 판매하는 것이 아니라 공동의 삶을 위한 '동행자'가 된다.

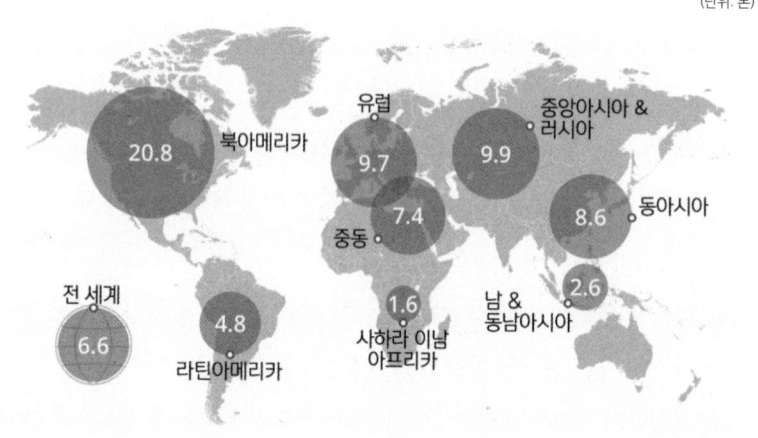

이러한 철학은 표면적인 사회공헌 활동과는 다르다. 기업 운영 전반에 걸쳐 지속적으로 반영되어야 하며, 일회성이 아닌 구조적인 책임으로 자리 잡아야 한다. 진정성 있는 ESG 경영은 그 자체가 전략이 아닌 철학이며, 선택이 아닌 필수다.

지속 가능한 지구를 만들기 위한 실천은 모든 기업의 시대적 책무다. 소비자는 더 이상 단순한 가격 비교자가 아니다. 그들은 기업의 윤리, 환경에 대한 태도, 사회적 책임 이행 여부까지 보고 판단한다. 기업이 환경과 함께 살아가는 존재임을 입증할 수 있을 때 비로소 시장에서의 지속가능성도 확보된다.

결국 우리가 추구해야 할 방향은 환경을 이용해 이윤을 얻는 구조가 아니라 환경과 조화롭게 살아가며 가치를 창출하는 구조다. 진정한 ESG 경영은 팔기 위한 환경이 아니라 '함께 살아가는 환경'을 전제로 한다. 그리고 바로 그 철학에서 지속 가능한 미래가 시작된다.

작은 기업도 가치를 실현할 수 있다

가치를 실현하는 주체가 반드시 대기업일 필요는 없다. 오히려 지역의 작은 식당, 리필 매장, 수공예 브랜드와 같은 소규모 기업이야말로 가치 기반 소비의 중심에 서 있다. 이들의 규모는 작지만 소비자와의 물리적·심리적 거리가 가깝고, 진정성을 직접 전달할 수 있는 유리한 위치에 있다. 브랜드가 전달하는 가치가 소비자의 일상과 밀접할수록 그 실천은 더 강력한 영향을 미친다.

예를 들어 지역 농산물을 활용하는 작은 식당은 지역 경제를 살리는 동시에 탄소 발자국을 줄이는 효과를 가진다. 남는 음식을 줄이기 위한 사전 주문 시스템, 재사용 가능한 식기 사용, 생분해성 포장재 채택 등은 거창하지 않지만 명확한 가치를 담고 있다. 또한 리필 화장품 매장은 플라스틱 쓰레기 문제에 대한 대안을 제시하고, 수공예 브랜드는 대량 생산 대신 장인정신과 개성을 전면에 내세우며 공정한 소비를 가능하게 한다.

소규모 브랜드는 이러한 일상 속 실천을 통해 소비자와 보다 긴밀한 관계를 형성할 수 있다. 특히 SNS와 같은 디지털 채널을 통해 브랜드의 철학을 직접 전달하고, 고객과의 쌍방향 소통을 이어가는 데 있어 규모의 제약은 오히려 진정성을 부각하는 요소가 된다. 작은 기업은 자신이 추구하는 가치를 하나의 삶의 방식으로 제안할 수 있고, 소비자는 이러한 가치 소비를 통해 '더 나은 선택을 했다는 자부심'을 갖게 된다.

소비자는 저렴한 가격이나 유명세보다는 '작지만 확실한 실천'에 감동하고 반응한다. 이들은 자신의 소비가 어떤 긍정적 변화를 만들어내는지를 알고 싶어 하며, 이를 통해 브랜드와 가치를 공유한다. 결국 작은 기업도 충분히, 아니 오히려 더 효과적으로 가치를 실현할 수 있다. 가치는 규모보다 철학과 진정성에서 나온다는 사실이 바로 그 이유다.

가치를 판다는 것은 선택받는다는 것

가치를 파는 기업은 결국 소비자에게 '선택받는' 기업이다. 단순히 제품이 잘 팔리는 것이 아니라 소비자가 그 기업의 존재 이유와 철학에 공감하며 함께 걸어가겠다는 의미다. 이러한 선택은 더 이상 가격, 품질, 디자인만으로 이루어지지 않는다. 소비자는 이제 기업의 경영철학, 환경에 대한 태도, 노동자에 대한 처우 그리고 공급망의 윤리적 투명성까지 고려한다.

기업이 "환경을 보호하겠습니다"라고 말할 때, 소비자는 그 약속이 어떤 방식으로 지켜지고 있는지를 꼼꼼히 살핀다. 임직원의 권리를 존중하는지, 지역사회와 상생하고 있는지, 탄소중립을 위한 구체적인 실천이 있는지까지 묻는다. 즉 소비는 곧 사회적 메시지를 지지하는 행동으로 전환되고 있는 것이다.

진정한 브랜드는 소비자에게 선택받는 것을 넘어 삶의 동반자로 인식된다. 그 브랜드의 철학에 공감한 소비자는 충성도 높은 고객으로 자리 잡으며, 그들의 지지는 다시 다른 소비자에게 신뢰를 전파하는 연결고리가 된다. 이는 마케팅으로 얻는 단기적 효과와는 비교할 수 없는 장기적 신뢰를 형성한다.

이제 기업이 팔아야 할 것은 제품의 기능이나 외형이 아니다. 바로 소비자의 내면에 닿는 철학과 진정성 있는 가치다. 그런 브랜드는 선택받고 사랑받으며 함께 성장할 수 있다. 결국 가치를 판다는 것은 공동의 미래를 함께하는 파트너로서의 자격을 인정받는 일이다.

환경을 활용하지 말고 '동행'하라

오늘날 우리는 중요한 전환점에 서 있다. 환경을 단지 기업 마케팅의 도구로 사용할 것인지, 아니면 우리가 함께 지켜야 할 소중한 가치로 존중할 것인지 선택해야 한다. 그동안 수많은 기업이 친환경이라는 이름 아래 제품을 포장하고 유행처럼 환경을 팔아왔다. 하지만 이젠 소비자들도 그런 겉치레를 쉽게 꿰뚫는다. 환경은 더 이상 광고 문구로 소비될 대상이 아니다.

진정한 ESG는 환경을 일회성 슬로건이나 마케팅 수단이 아닌 기업 운영의 중심 철학과 가치로 삼는 데에서 시작된다. 환경과 함께한다는 것은 단순히 생태계를 보호하는 수준을 넘어 기업의 모든 경영 판단과 실행 과정에서 지속가능성과 책임감을 최우선 순위로 고려하겠다는 선언이다. 자원의 선순환을 고려한 제품 설계, 에너지 효율을 높인 공정 도입 그리고 지역사회 생태계와의 조화를 위한 적극적 협력은 선택이 아닌 반드시 이

행해야 할 책임이다.

　기업은 이제 환경을 생각하는 척만 해서는 안 된다. 환경과 함께 살아가려는 태도를 보여주고, 그 실천을 꾸준히 이어 가야 한다. 소비자도 가벼운 마케팅 메시지에 머물지 않고, 기업의 실제 행보를 살피고 응답한다. 결국 살아남는 브랜드는 친환경이라는 포장을 벗고 환경과 함께 성장하고자 하는 철학을 가진 브랜드다.

　환경은 파는 대상이 아니라 지켜야 할 가치다. 기업과 소비자가 환경을 삶의 동반자로 여기고 함께 실천할 때, 비로소 '지속 가능한 미래'라는 공동의 약속이 실현된다.

ESG

우리가 팔고 있는 것은 무엇인가?

　우리는 지금 어떤 시대에 살고 있을까? 겉으로 보기엔 수많은 물건이 넘쳐나는 시대, 소비가 곧 정체성을 의미하는 시대 같다. 그러나 그 이면을 들여다보면 소비자는 더 이상 단순히 물건만을 사지 않는다. 사람들은 이제 브랜드의 철학과 가치를 함께 사고 있다.

　카페에서 커피를 마시는 소비자는 단지 음료를 마시는 것이 아니라 그 공간이 주는 분위기, 브랜드가 전달하는 메시지 그리고 나의 일상을 대변하는 정체성을 함께 구매한다. 무인양품, 이케아, 파타고니아, 애플, 테슬라 등 수많은 브랜드가 성공할 수 있었던 이유는 바로 그들이 무엇을 만들었는가보다 '왜 만들었는가'를 분명하게 소비자에게 전달했기 때문이다.

　오늘날의 소비자는 착한 소비자가 아니다. '깨어 있는 소비자'이다. 그들은 이제 정보 접근 능력이 뛰어나고, 브랜드가 말하는 것과 실제로 행동하는 것을 분리해서 판단할 수 있는 분별력을 가지고 있다. 기업이 아무리 멋진 광고를 하더라도 실제 공급망에서 아동 노동을 사용하고 있거나 환경 파괴적인 방식으로 제품을 생산하고 있다면, 이는 곧 소비자에게 알려지고 외면받게 된다.

그렇다면 기업이 팔고 있는 것은 과연 무엇일까? 단순한 제품과 서비스가 아니다. '신뢰'를 팔고 있고, '지속가능성'을 팔고 있으며, 나아가 '우리의 철학'을 팔고 있는 것이다. 이것이 브랜드의 진짜 자산이다.

보이지 않는 가치를 파는 기업들

우리는 종종 제품을 통해 가시적인 기능이나 혜택만을 바라보지만, 진정한 브랜드는 그 이면에 보이지 않는 가치를 담고 있다. 이 가치는 소비뿐만 아니라 삶의 방식과 철학에까지 영향을 미친다. 실제로 이러한 가치를 명확히 전달한 기업들은 시장에서 확고한 자리를 차지하고 있다.

대표적인 예가 아웃도어 브랜드 파타고니아다. 이 기업은 "이 재킷을 사지 마세요(Don't buy this jacket)"라는 파격적인 광고를 통해 과소비를 경계하고, 소비자에게 필요하지 않다면 구매하지 말라는 역설적인 메시지를 던졌다. 이 캠페인은 오히려 브랜드의 진정성과 철학을 소비자에게 강하게 각인시켰고, 충성도 높은 고객층을 형성하는 계기가 되었다. 파타고니아는 단순히 옷을 파는 것이 아니라 환경과 공존하는 삶의 방식, 즉 '라이프스타일'을 제안한 것이다.

애플 역시 제품을 넘어서 '사람들의 삶을 변화시키는 도구'로써 브랜드를 포지셔닝해왔다. 단순히 기술력을 강조하는 것이 아니라 창의성, 자율성, 연결성 등 인간의 본질적 가치를 강조하며 고객과 감정적으로 연결되어 왔다. 소비자는 애플 제품을 통해 자신이 추구하는 가치를 표현하고,

이를 통해 삶의 태도를 드러낸다.

테슬라는 전기차라는 제품을 넘어 '지속 가능한 미래'라는 거대한 비전을 이끄는 브랜드로 자리 잡았다. 단순히 내연기관차의 대체재로서 전기차를 만든 것이 아니라 친환경 에너지로의 전환을 실현하는 실천적 상징으로 소비자와 만나고 있다. 이처럼 테슬라는 기술 혁신 그 자체보다는 미래에 대한 방향성과 철학을 강조하면서 세계 시장에서 강력한 영향력을 발휘하고 있다.

이 세 브랜드의 공통점은 '보이지 않는 가치'를 제품 속에 담아냈다는 것이다. 단순히 눈에 보이는 기능이나 가격 경쟁력을 앞세운 것이 아니라 소비자에게 그 이상의 의미와 철학을 전달한 것이다. 이러한 가치는 브랜드의 지속가능성과 고객의 충성도를 높이는 가장 강력한 자산으로 작용한다.

오늘날 소비자는 단지 좋은 제품을 사는 것이 아니라 자신의 신념과 삶의 방향성을 실현할 수 있는 브랜드를 선택한다. 그런 브랜드는 제품만을 파는 것이 아니라 기업이 가지고 있는 철학과 비전을 소비자와 공유한다. 다시 말해 기업이 팔고 있는 것은 상품이 아니라 그 안에 담긴 신념과 미래다.

작은 기업도 가치를 팔 수 있다

브랜드가 가치를 전달하는 힘은 결코 기업의 규모에만 의존하지 않는다. 오히려 규모가 작을수록 고객과의 관계는 더 직접적이고, 브랜드가 추구하는 철학과 신념을 오롯이 전달할 수 있는 기회가 많다. 작은 기업은 대기업처럼 대규모 마케팅이나 화려한 광고에 의존하지 않아도 일관된 행동과 실천으로 신뢰를 쌓을 수 있다.

앞서 이야기했듯이 지역 농산물만을 사용하는 식당은 로컬 푸드 선택과 푸드 마일리지 절감이라는 철학을 바탕으로 지역 경제에 기여하고, 동시에 탄소 배출을 줄이는 데 일조한다. 이러한 식당은 단순한 음식점이 아니라 공동체와 환경을 함께 생각하는 공간이 된다. 또한 플라스틱 사용을 최소화하거나 리필 시스템을 도입한 화장품 브랜드는 '제로 웨이스트'라는 가치를 실천하며, 소비자에게 지속 가능한 소비를 실현하게 한다. 이들은 환경 문제를 단순히 마케팅 도구로 사용하지 않고 실제 실천으로 보여준다.

또 다른 사례로 유기농 재료만을 사용하는 반려동물 사료 브랜드는 단순히 건강한 제품을 제공하는 데서 그치지 않고, 생명 존중이라는 가치를 실천한다. 반려동물을 가족처럼 여기는 소비자에게 이는 매우 깊은 감정적 울림을 준다. 특히 이러한 브랜드는 고객과의 소통 과정에서 철학을 숨기지 않고, 투명한 운영과 공감 가는 이야기를 통해 소비자의 신뢰를 얻는다.

이처럼 소규모 기업은 대형 플랫폼에 비해 자본력은 부족하지만, 오히려 그 부족함이 브랜드의 인간적인 면모와 진정성을 부각시키는 요소가 된다. 고객은 '이 브랜드를 응원한다'라는 마음으로 소비하며, 이는 자발적인 입소문, 자주 찾는 재방문, 지인 추천 등으로 이어진다.

소비자와 브랜드 간의 신뢰는 일회성 가격 할인이나 마케팅 이벤트로는 결코 만들 수 없다. 꾸준하고 일관된 가치 실천, 소박하지만 분명한 철학 그리고 소비자와의 진솔한 소통이 쌓일 때 진정한 관계가 형성된다. 결국 작은 기업도 충분히 강력한 브랜드가 될 수 있다. 중요한 것은 얼마나 크게 보이느냐가 아니라 얼마나 깊은 가치를 실천하고 있느냐이다.

가치를 파는 브랜드가 오래 간다

시장에서 오랫동안 사랑받는 브랜드는 제품의 기능이나 가격 경쟁력만으로는 살아남기 어렵다. 지속적인 사랑을 받는 브랜드에는 소비자가 공감할 수 있는 철학과 가치가 담겨 있으며, 이 가치는 일관된 실천을 통해 신뢰로 이어진다.

대표적인 예로 영국의 화장품 브랜드 러쉬(LUSH)를 들 수 있다. 러쉬는 1995년 창립 이후 '신선한 수제 화장품'이라는 정체성과 함께 강력한 윤리적 가치를 앞세워 성장해왔다. 제품에는 화학 성분을 최소화하고, 과일과 채소 같은 신선한 자연 재료를 사용하는 것을 원칙으로 한다. 또한 동물실험 반대(No Animal Testing) 캠페인을 수십 년째 지속하고 있으며, 이를 브랜드의 핵심 철학으로 삼아 소비자와의 신뢰를 다져왔다.

러쉬는 환경 문제에도 적극적으로 대응한다. 플라스틱 사용을 줄이기 위해 고체 샴푸 바나 포장 없는 제품(naked product)을 도입했고, 포장재는 100% 재활용이 가능하거나 생분해되는 소재로 대체하고 있다. 심지어 소비자가 공병을 매장에 반환하면 할인 혜택을 제공하는 '리턴 포트 프로그램'도 운영 중이다. 이러한 정책은 제품의 생산부터 소비, 폐기까지 전 과정에 걸쳐 환경적 책임을 실천하는 모습으로 이어지고 있다.

이처럼 러쉬는 제품을 통해 미용 효과만을 전달하는 것이 아니라 소비자의 윤리적 선택을 가능하게 한다. 소비자는 러쉬를 통해 자신이 환경과 생명, 인권에 대한 책임 있는 소비를 실천하고 있다는 자부심을 갖게 된다. 결과적으로 러쉬는 가격이나 기능보다 철학과 신념에 반응하는 충성 고객층을 구축했으며, 이는 브랜드의 지속 가능성과 차별화를 이끄는 핵심 동력이 되고 있다.

또 다른 사례로 세계적인 커피 브랜드 스타벅스(Starbucks)가 있다. 스타벅스는 커피 판매뿐만 아니라 '제3의 공간(Third Place)'이라는 브랜드 철학을 실천해왔다. 이는 가정과 직장 외에 사람들이 편안하게 머물며 관계를 맺고, 자신을 표현할 수 있는 공간을 제공하겠다는 가치다. 스타벅스는 매장 내 인테리어, 바리스타 서비스 교육, 지역사회와의 연계 프로그램 등을 통해 이 철학을 일관되게 전달하면서 단순히 음료를 마시는 장소를 넘어 브랜드 경험을 제공하고 있다. 소비자는 이곳에서 커피 이상의 가치를 경험하고, 일상의 일부로 받아들이며 신뢰를 쌓는다.

브랜드는 본질적으로 거울과 같다. 소비자는 브랜드를 통해 자신의 가

치를 반영하고, 브랜드는 소비자의 반응을 통해 더욱 진화한다. 이 상호작용 속에서 형성되는 관계는 단기 매출로는 결코 만들어 낼 수 없는 강력한 유대다. 가치에 공감한 소비자는 자발적으로 브랜드의 지지자가 되며, SNS 공유와 입소문, 재방문 등의 행동으로 그 가치를 확산시킨다.

더 나아가 이러한 브랜드는 업계를 넘어 사회 전반에도 영향을 미친다. 테슬라가 전기차 산업을 혁신했듯, 가치 중심의 브랜드는 하나의 시장을 넘어 '의식 있는 소비'라는 새로운 흐름을 만든다. 이렇게 가치를 실천하는 브랜드는 결국 지속 가능한 기업, 사회를 변화시키는 주체가 된다.

"우리가 팔고 있는 것은 무엇인가?"

이 질문에 대해 명확한 철학과 실천으로 답할 수 있는 브랜드만이 혼란과 변화의 시대에도 흔들림 없이 오래갈 수 있다. 단순한 제품이 아닌 철학을 파는 기업은 결국 시장을 바꾸고, 사람들의 삶을 변화시키며, 더 나아가 세상을 바꾸는 씨앗이 된다.

ESG

가치를 파는 기업, 소비를 바꾸는 사람

오늘날의 소비자는 단순한 구매자를 넘어 정보의 소비자이자 가치를 선택하는 판단자이다. 브랜드가 무엇을 외치는지보다 어떤 행동을 하고 있는지를 더 중요하게 여긴다. 기업의 친환경 메시지가 진정한 실천과 맞닿아 있는지, 윤리적 기준과 사회적 책임을 실제로 이행하고 있는지를 꼼꼼히 살펴본다.

디지털 정보가 넘쳐나는 시대, 소비자는 이제 브랜드의 과거 이력과 사회적 이슈에 대한 대응까지 쉽게 확인할 수 있다. SNS와 리뷰, 인터넷 뉴스 등을 통해 기업의 철학과 실천을 비교하며, 단순한 홍보 문구에 흔들리지 않는다. 오히려 허울뿐인 메시지에는 민감하게 반응하며 불매 운동이나 항의 등 적극적인 행동으로 이어지기도 한다.

이러한 소비자의 변화는 기업에 깊은 영향을 준다. 과거에는 이미지 중심의 마케팅으로 소비자의 선택을 유도할 수 있었지만, 지금은 브랜드의 철학과 행동이 소비의 기준이 된다. 제품의 성능이나 가격뿐만 아니라 그

제품이 만들어지는 과정, 기업이 지향하는 가치, 사회적 책임 이행 여부가 모두 구매 결정에 영향을 미친다.

결국 소비는 단순한 물건 선택이 아니라 자신이 지지하는 가치에 대한 의사 표현이다. 소비자가 어떤 브랜드를 선택하느냐는 곧 어떤 세상을 지지하고 싶은가에 대한 답변이기도 하다. 이러한 변화 속에서 살아남는 기업은 단기적인 이익보다 장기적인 신뢰와 철학을 우선시한다. 소비자는 그 신뢰에 반응하고, 함께 지속 가능한 미래를 만들어 가는 파트너가 된다.

가치를 팔아 성장한 기업들

미국의 아이웨어 브랜드 워비 파커(Warby Parker)는 가치 중심의 경영으로 주목받고 있다. 온라인 기반의 안경 판매 모델로 시작한 이 브랜드는 "Buy a Pair, Give a Pair" 캠페인을 통해 안경을 한 개 구매할 때마다 한 개를 시력이 필요한 이들에게 기부한다. 이 철학은 단순한 구매를 '선한 영향력'으로 전환시키며 소비자에게 의미 있는 경험을 제공한다. 그 결과 워비 파커는 브랜드에 대한 강한 애착을 가진 고객층을 형성하고 있으며, 성장의 동력을 '가치의 공유'에서 찾고 있다.

일본의 무인양품(MUJI)은 불필요한 포장을 줄이고, 브랜드 로고조차 최소화한 단순하고 실용적인 디자인으로 '필요한 만큼만 소비하자'라는 철학을 전달한다. 그 결과 무인양품은 생활용품 브랜드를 넘어 '미니멀한 삶의 태도'를 지지하는 브랜드로 소비자에게 인식되고 있다.

한국의 사회적기업 트리플래닛도 주목할 만하다. 이 기업은 '나무를 심는 화분'을 통해 환경 회복에 동참할 수 있도록 설계된 독특한 비즈니스 모델을 운영한다. 소비자가 화분을 구매하면 그 수익으로 실제 나무 심기 프로젝트가 진행되며, 소비자는 단순한 제품 구매를 넘어 환경을 위한 행동에 함께하고 있다는 만족감을 느낀다. 이러한 참여형 가치 전달은 소비자에게 특별한 경험을 제공하고, 브랜드에 대한 감정적 유대감을 높이는 효과를 가져온다.

이처럼 가치를 중심에 둔 기업들은 제품 판매에만 머무르지 않는다. 이들은 소비자에게 윤리적이고 지속 가능한 선택지를 제시하면서 새로운 소비 기준을 만들어 가고 있다. 브랜드는 제품을 통해 철학을 전하고, 소비자는 그 철학에 공감함으로써 브랜드를 지지하게 된다. 그 결과 가치를 실현하는 브랜드는 단기적인 매출보다 장기적인 관계와 신뢰를 기반으로 성장하고 있으며, 지속 가능한 시장 생태계를 형성해 나가고 있다.

작은 소비의 힘, 일상의 변화

'그린슈머(Greensumer)'라는 용어는 환경과 소비를 동시에 고려하는 소비자를 의미한다. 이들은 플라스틱 포장 대신 리필 제품을 선택하고, 제로 웨이스트를 지향하는 브랜드를 선호하며, 동물실험을 하지 않는 화장품을 고집한다. 이런 소비 행위는 작아 보일 수 있지만, 기업에는 큰 시그널이 된다.

예를 들어 유럽에서는 소비자 요구에 따라 대형 슈퍼마켓 체인이 비닐봉지 사용을 전면 중단하고 있으며, 독일의 드럭스토어 DM은 모든 PB 제품에 친환경 포장과 비건 인증을 도입했다. 국내에서도 한 소비자의 제안으로 시작된 커피전문점의 텀블러 할인 정책이 전국으로 확산한 사례가 있다. 이처럼 소비자 한 명의 목소리가 기업의 정책을 바꾸고 새로운 기준을 만든다.

한 개인의 선택은 작은 변화처럼 보이지만, 수많은 사람의 반복된 선택은 기업 전략을 바꾸고, 제품군을 변화시키며, 정책마저도 수정하게 만든다. 실제로 많은 글로벌 브랜드가 소비자 요청에 따라 지속 가능한 공급망을 구축하거나 공정무역 인증을 받은 제품을 확대하고 있다.

소비자는 더 이상 수동적인 존재가 아니라 시장의 방향을 움직이는 능동적인 주체이다. 작은 소비의 힘은 일상을 바꾸고 세상을 변화시킨다.

소비자는 브랜드를 움직이는 조력자

오늘날 소비자는 단순한 수동적인 존재가 아니다. 브랜드와 함께 지속 가능한 미래를 계획하는 공동 설계자이자 조력자이다. 소비자의 피드백은 기업에 개선 방향을 제시하고, 소비자의 기대는 기업의 철학을 정비하게 만든다.

대표적인 사례로 미국의 신발 브랜드 톰스(TOMS)를 들 수 있다. 이 브랜드는 "One for One"이라는 철학을 바탕으로 신발 한 켤레를 팔 때마다 또 한 켤레를 도움이 필요한 이웃에게 기부한다. 소비자는 이 단순한 모델을 통해 구매 행위 자체가 사회적 기여가 된다는 점에서 강한 만족감을 느낀다. 톰스는 이후 안경 판매를 통해 시각 장애인을 지원하고, 커피 판매를 통해 식수 정화 사업을 지원하는 등 기부 활동을 확장해왔다. 특히 소비자의 피드백을 반영해 파트너 기관의 신뢰성과 기부 효과를 검증하는 시스템을 도입하는 등 소비자와 함께 브랜드의 방향성을 설계해 나가고 있다.

IKEA는 소비자 제안을 반영해 지속가능성을 강화한 리사이클 가구 라인을 확대하였고, 애플은 중고 아이폰을 회수하여 재사용하는 프로그램을 도입함으로써 환경보호에 동참하고자 하는 소비자의 기대에 부응하였다. 유니클로는 고객의 피드백을 바탕으로 옷 수거 캠페인을 지속적으로 확장하고 있으며, H&M은 소비자에게 투명한 지속가능성 리포트를 공개하여 신뢰성을 강화하고 있다.

이러한 흐름 속에서 기업은 더 이상 팔기 위해 말하는 존재가 아니라 경청하고 소통하는 존재로 변화해야 한다. 소비자는 '사지 않는 선택, 거부하는 권리'를 통해 스스로 세상을 바꾸는 주체가 된다. 이는 철학적 동참의 선언이며, 브랜드와 사회가 함께 성장하는 출발점이다.

가치를 파는 브랜드는 소비자의 삶을 바꾼다

진정한 가치를 파는 브랜드는 단순한 제품 제공을 넘어 소비자의 일상과 사고방식에 깊은 영향을 미친다. 예를 들어 공정무역 커피 브랜드인 카페 페어 트레이드(Café Fair Trade)는 단지 커피 맛이 아닌 생산자에 대한 공정한 대우와 노동 환경을 소비자가 함께 선택하게 한다. 소비자는 이 브랜드를 통해 하루 한 잔의 커피를 마시는 것이 더 나은 세상을 만드는 행동이 될 수 있다는 사실을 인식하게 된다.

이러한 브랜드는 윤리적 소비뿐만 아니라 삶의 태도와 기준까지 바꾸는 데 기여한다. 소비자는 셔츠 하나를 고를 때도 유기농 면 사용, 지속 가능한 생산 공정을 확인하고, 화장품을 살 때도 비건 인증과 동물실험 여부를 고려하는 것이 일상이 된다. 브랜드가 실천하는 철학은 소비자의 실천으로 이어지고, 이는 다시 주변 사람들에게 영향을 주며 사회적 변화로 확장된다.

예를 들어 비건타이거와 같은 국내 비건 패션 브랜드는 소비자에게 단순한 의류가 아닌 윤리적 선택의 기회를 제공하고, 그 가치는 SNS를 통해 자연스럽게 확산된다. 이런 브랜드와 소비자의 연결은 단기적 유행이 아니라 지속 가능한 삶의 방식으로 전환되는 흐름을 만든다.

결국 기업이 진정성 있게 가치를 실천할 때 소비자도 함께 변화한다. 그리고 그 소비자는 또 다른 소비자에게 영향을 미치면서 사회 전체가 지속 가능한 방향으로 나아가는 선순환이 이루어진다. 우리는 지금 이 전환의 초입에 있으며, 그 흐름을 읽고 먼저 실천하는 기업과 소비자가 함께 만들어 가는 미래는 '지속 가능한 일상'이 될 것이다.

환경을 팔지 말고 가치를 팔아야 한다

환경은 상품이 아니다. 누구의 소유도 아니며, 브랜드의 마케팅 도구로만 존재해서는 안 된다. 자연은 인류 모두가 함께 누리고 지켜야 할 공공재이며, 생명과 연결된 생태계의 일부이다. 하지만 우리는 너무 오랫동안 환경을 자원으로만 인식해왔고, 그것을 거래의 대상으로 삼아왔다. 이제는 사고방식을 전환해야 할 때이다.

환경을 이야기할 때 이제 '어떻게 팔 것인가'를 고민해서는 안 된다. 대신 '어떻게 함께 살아갈 것인가'를 중심에 놓아야 한다. 이는 기업에도 마찬가지이다. 환경을 통해 새로운 소비 트렌드를 만들겠다는 접근은 결국 한계를 가진다. 소비자가 진정으로 원하는 것은 진실된 실천이며 공존을 위한 기업의 태도이다. 따라서 환경을 파는 기업이 아니라 '가치를 실천하는 공동체'로 거듭나야 한다. 제품을 만들기 위한 과정에서 유통과 소비의 전 단계에 걸쳐 환경을 존중하는 문화를 구축해야 하며, 소비자에게도 그 철학을 공유할 수 있어야 한다.

지금 우리는 환경을 이야기하지 않으면 시대에 뒤처지는 것처럼 느껴지는 세상에 살고 있다. 기업은 ESG 경영을 선언하고, 소비자는 친환경 제품을 선택한다. 너도나도 환경을 말하고, 가치소비를 외친다. 하지만 이 모든 열기 속에서 우리는 한 가지 근본적인 질문을 던져야 한다.

"우리는 정말 환경을 '지키고' 있는가 아니면 환경을 '팔고' 있는가?"

지속가능성은 단순한 트렌드가 아니다. 그것은 우리가 지금 이곳에서 살아가고 미래 세대에게 이 땅을 물려주기 위한 최소한의 책임이다. 그럼에도 많은 기업이 환경을 마케팅 수단으로 이용하고, 소비자는 가끔 '착한 소비'를 통해 안도감을 얻는다. 이런 구조 속에서 환경은 때로는 하나의 상품처럼 소비된다. 환경을 위한 행동이 아닌 환경을 빙자한 이미지 소비에 머무는 경우도 많다.

그러나 환경은 결코 팔아야 할 대상이 아니다. 그것은 누구도 소유할 수 없고, 누구나 지켜야 하는 공공재이며, 미래 자산이다. 환경을 지킨다는 것은 그 자체로 의무이며, 기업과 개인 모두가 책임져야 할 시대적 과제이다. 단기적 이익을 위해 친환경 이미지를 활용하는 것이 아닌 장기적인 신뢰와 지속가능성을 위해 실질적인 실천을 해야 할 때이다.

진정한 변화는 작은 실천에서 시작된다. 매일 사용하는 텀블러와 장바구니, 전기 절약 습관처럼 사소해 보이는 행동 하나하나가 모여 거대한 차이를 만든다. 소비자는 더 이상 단순한 구매자가 아니다. 선택을 통해 메시지를 전하고, 자신이 속한 사회를 변화시킬 수 있는 능동적 존재이다. 마찬가지로 기업도 단순한 공급자가 아니라 사회적 책임을 수행하는 주체로서 행동해야 한다.

환경을 진심으로 지키고자 하는 기업은 내부 구조부터 점검한다. 생산 과정에서의 에너지 사용, 유해물질 발생 여부, 폐기물 처리 방식 그리고 협력업체의 노동 환경까지 살핀다. 그것은 단지 보여주기 위한 홍보가 아니라 기업 철학 그 자체이다. 소비자는 이를 감지하고 진정성 있는 브랜드를 찾아낸다. 투명하게 정보를 공개하고 소비자와의 신뢰를 쌓아가는 기업만이 지속 가능한 성장을 이룰 수 있다.

이제 우리는 선택의 기로에 서 있다. 환경을 단지 소비의 도구로 삼을 것인지, 아니면 지켜야 할 가치로 받아들일 것인지. '지속 가능한 사회'는 어느 한 개인이나 기업의 힘만으로는 이루어질 수 없다. 그것은 우리 모두 함께 만드는 합의이자 실천의 결과이다.

가치를 파는 기업, 소비를 바꾸는 사람들. 일상 속의 변화는 결국 하나의 메시지로 귀결된다. 바로 환경은 거래의 대상이 아니라 관계의 대상이라는 것이다. 우리는 자연과 공존해야 하고, 그 공존의 원칙은 책임과 배려, 연대라는 이름으로 구체화해야 한다.

환경은 지구가 주는 선물이자 우리가 살아가는 조건이다. 그것을 잃는다는 것은 삶의 터전을 잃는 것이다. 이제는 환경을 단순히 정책이나 캠페인의 대상이 아니라 삶의 철학이자 행동 기준으로 바라보아야 한다. 그리고 이 변화는 지금, 여기서, 우리로부터 시작되어야 한다.

환경을 팔지 말아야 한다. 그 대신 환경을 이야기하고, 실천하고, 지켜내야 한다. 그것이야말로 우리가 이 시대를 살아가는 존재로서 가장 근본적인 가치이자 책임이다.

CHAPTER 06

행정의 전환
_ ESG로 여는 공공의 미래

이은학

대전정보문화산업진흥원 원장
지역SW산업발전협의회 이사

충남대학교에서 행정학 석사 학위를 취득하였으며, 현재 대전대학교 경영컨설팅학 박사과정에 재학 중이다. 34년간 공직자로 재직하면서 대전시에서 정책기획관, 부구청장 등 다양한 직책을 거쳤으며, 풍부한 정책 기획 및 조직·인사 운영 경험을 바탕으로 대학, 기업, 공공기관 등을 대상으로 디지털과 문화, 행정과 산업의 융합 및 대응전략을 주제로 강의 및 컨설팅을 수행하고 있다. 디지털과 문화가 연결되는 시대, 지역이 중심이 되는 혁신 생태계 구축을 통해 미래 산업의 지속 가능한 성장을 견인하는 것을 비전으로 삼고 있으며, 변화는 현장에서 시작된다는 믿음으로 실용 중심의 전략을 추구하고 있다.

ESG

행정이 ESG를 주목해야 하는 이유

기후위기와 환경 문제가 인류의 생존을 위협하는 현실 속에서 행정은 더 이상 중립적인 기술이나 절차의 영역에 머무를 수 없다. 오늘날의 행정은 기후위기, 자원 고갈, 불평등 심화와 같은 복합적인 사회 문제에 직면하고 있으며, 이에 대응하기 위해 ESG, 즉 환경(Environment), 사회(Social), 지배구조(Governance) 관점이 필수적인 틀로 부상하고 있다.

행정은 도시계획, 교통, 에너지, 복지, 교육 등 시민의 삶 전반에 걸쳐 영향을 미친다. 이처럼 넓은 영향력을 가진 행정이 ESG 관점을 도입할 때 사회 전체의 지속가능성과 회복력을 높이는 핵심 역할을 할 수 있다. 예를 들어 공공 건축물의 에너지 효율을 높이는 정책이나 탄소중립 목표를 반영한 지역계획 수립, 사회적 약자를 위한 정보 접근성 개선 등은 모두 ESG 관점에서의 행정 실천 사례라 할 수 있다.

이번 챕터에서는 '행정이 바뀌면 지구가 바뀐다'라는 문제의식을 바탕으로, ESG 관점이 지방행정에 어떻게 적용될 수 있는지를 구체적인 사례와 함께 살펴보고자 하며, 특히 다음과 같은 질문을 중심으로 내용을 구성하였다.

첫째, 행정 서비스와 계획 수립 과정에서 ESG는 어떻게 작동하는가?
둘째, 예산과 제도 설계에 ESG를 반영하는 구체적인 방식은 무엇인가?
셋째, 디지털 전환과 ESG는 어떤 관계가 있으며, 행정 시스템은 어떻게 바뀌어야 하는가?
넷째, 기후위기 대응과 ESG 행정을 성공적으로 수행한 사례는 어떤 교훈을 주는가?

각 장은 행정의 실제 흐름에 맞춰 설계되었으며, 이론보다는 실무 중심, 추상보다는 사례 중심으로 서술하였다. 행정 현장에서 일하는 이들이 ESG를 구체적인 변화로 연결할 수 있도록 돕는 것이 목표라 할 수 있다.

ESG는 단순한 유행이 아닌 구조적 전환

ESG는 단순한 유행이나 민간기업의 사회적 책임 경영을 넘어 공공영역에서도 중요한 전환의 기준이 되고 있다. ESG는 환경 파괴와 사회 불평등을 야기한 기존 개발주의적 정책 패러다임에서 벗어나 지속가능성과 포용성에 기반한 새로운 거버넌스로의 전환을 의미한다. ESG는 일시적이고 단기간에 그칠 시책이 아니라 지속해서 추진되어야 할 이념이며, 구조적인 전환까지도 포함하는 경영철학이라 할 수 있다.

① 환경(Environment)
: 탄소 배출 저감, 기후위기 대응, 생물 다양성 보전

행정의 환경적 책임은 매우 크다. 예를 들어 지자체의 공공건물에서 사용하는 에너지, 행정 차량의 연료 사용, 대규모 공공시설 운영 등은 모두 온실가스 배출과 직결된다.

최근 서울시는 에너지 소비가 많은 노후 행정건물을 '제로 에너지 빌딩'으로 리모델링하고 있다. 이는 단순히 전기를 아끼는 것만이 아니라 공공부문이 앞장서서 기후위기 대응에 나선다는 상징적인 메시지를 담고 있다.

경기도 수원시는 '탄소중립 그린도시 수원'을 목표로 도시숲 조성과 탄소 흡수원 확대, 친환경 교통수단 확대 등을 추진하고 있다. 또한 수원시의 '공공자전거 정책'은 시민들의 일상생활 속 탄소 감축을 유도하며, 행정이 환경 문제 해결의 촉진자 역할을 할 수 있음을 보여주는 대표적인 사례다.

② 사회(Social)
: 사회적 약자 보호, 노동권, 지역사회 참여, 디지털 접근성

사회적 가치 실현 또한 행정의 주요 책무다. 대표적인 예가 포용적 복지정책과 안전한 생활환경 구축이다.

서울시 성동구는 2022년 '스마트 포용 도시'를 지향하며 2억 원을 출자하여 '어르신 일자리 주식회사'를 설립하였다. 이 사업을 통해 어르신과 경력 단절 여성, 은퇴자를 위한 파트타임 일자리를 만들었으며, 소통과 공유, 협력 행정으로 ESG를 선도적으로 수행하고 있다.

충청남도 천안시를 비롯한 많은 지방자치단체에서는 장애인의 접근

성과 편의성을 높이기 위한 '배리어 프리(barrier-free)' 행정 서비스를 도입하고 있으며, 민원실과 도서관, 복지관 등 주요 공공시설에 경사로와 점자 안내판을 설치하고, 수어 통역사 배치도 점차 확대하고 있다. 이처럼 행정은 사회적 약자의 권리를 보장함으로써 ESG의 'S'를 적극 실천하고 있다.

③ 지배구조(Governance)
: 투명한 행정, 시민참여, 공정한 절차, 데이터 기반 의사결정

좋은 행정은 단순한 절차의 준수가 아니라 시민과의 신뢰 위에서 작동해야 한다. 행정의 투명성은 부패 방지 수준을 넘어 시민과의 신뢰 회복과 직접 연결되기 때문에 많은 지방자치단체에서는 시민들의 의견을 받는 소통 플랫폼을 운영하고 있다.

아울러 다양한 유형과 방식의 위원회 및 참여조직을 통해 행정과 직·간접적으로 협업하고 소통하는 열린행정을 강화하고 있다. 또한 재무성과 등을 담은 '지속경영가능보고서'를 통해 경영성과를 고지하면서 시민으로부터 행정의 투명성과 공정성을 인정받고 있다.

서울시의 '정보소통광장'은 공공기관의 의사결정 과정을 시민에게 투명하게 공개하는 시스템이다. 각종 위원회 회의록, 예산 집행 내역, 정책 결정 과정 등이 시민에게 실시간으로 공유된다. 이는 거버넌스 향상을 위한 기술적 기반이자 민주행정 실현의 대표적인 사례이다.

행정이 ESG를 내재화한다는 것은 단순히 친환경 사업을 몇 개 추진하거나 복지 예산을 늘리는 수준이 아니다. 이는 행정 시스템 전반이 위 세 가지 가치를 기반으로 재설계하고 구현되는 것을 의미한다.

행정에 ESG 도입이 필요한 배경

행정이 ESG를 수용해야 하는 이유는 다음과 같다.

① 공공조달과 정책 집행의 영향력

행정은 막대한 예산을 집행하고 각종 사업과 제도를 설계·운영한다. 이 과정에서 ESG 기준을 반영하면 민간시장에 긍정적인 신호를 보내고 사회 전체의 방향성을 선도할 수 있다.

② 시민 삶과의 직접적 접점

행정은 쓰레기 수거, 대중교통, 에너지 공급, 교육, 복지 등 시민 생활의 구체적인 영역에 깊이 관여한다. ESG는 이러한 서비스를 설계하고 제공하는 과정에 있어서 사회적 약자와 미래 세대를 고려하도록 요구한다.

③ 민주적 정당성 확보

기후위기나 사회적 갈등과 같은 문제 해결에는 다양한 이해관계자의 협력이 필요하다. ESG는 시민참여와 투명한 의사결정을 강조함으로써 행정의 민주적 정당성과 수용력을 높인다.

④ 국제적 기준과의 연계

유엔 지속가능발전목표(SDGs), EU 녹색분류체계, TCFD(기후 관련 재무 정보 공개) 등의 국제 흐름은 지방자치단체에도 점차 영향을 미치고 있다. ESG는 이러한 글로벌 기준에 부합하는 지방행정의 방향을 제시한다.

이제 행정은 단순한 절차 집행이 아니라 사회적 책임을 실현하는 플랫폼이 되어야 한다. ESG는 기업만의 화두가 아니라 지속 가능한 지구와 시민의 삶을 위해 반드시 수용하고 실천해야 할 행정의 기본 원칙이다. 앞서 소개한 여러 지자체의 사례들은 아직 시작에 불과하지만, 이들이 쌓아가는 변화는 곧 행정 전반에 걸친 패러다임의 전환으로 이어질 것이다.

행정이 바뀌면 지구도 바뀐다. 그 변화는 작고 조용할지 모르지만, 분명 우리의 미래를 바꾸는 큰 힘이 될 것이다.

ESG

행정의 일상에서 구현되는 ESG

ESG는 거창한 계획보다는 일상 행정의 작은 선택에서부터 실현된다. 지방자치단체는 주민들과 가장 가까운 위치에서 행정을 수행하며, 동시에 환경보호, 사회적 가치 창출, 투명한 지배구조를 직접 구현하는 주체이기도 하다. 이 장에서는 기획, 서비스, 예산, 디지털, 법·제도 등 다양한 행정 영역에서 ESG가 어떻게 녹아 있는지를 구체적인 사례를 통해 살펴보고자 한다.

일상 행정 서비스에 녹아든 ESG

정책이 실효성을 발휘하기 위해서는 현장의 적응과 실천이 중요하다. 서울 성동구는 현대오일뱅크, 사회적 벤처 포이엔과 협약하여 커피전문점에서 발생하는 커피박을 바이오 연료 및 재생자원으로 활용하도록 시스템을 구축하였다. 아울러 QR코드 기반의 '빗물받이 스마트 관리 시스템'을 마련하는 등 ESG를 바탕으로 디지털이 결합된 스마트 행정 추진에 역점을 두고 있다.

인천 연수구는 2020년 '마을환경관리인' 제도를 시범 도입한 후, 2021년에는 57개 전체 동에서 주민을 마을환경관리인으로 위촉하여 분리수거, 무단투기 단속, 순찰활동 등을 맡아 마을 단위 자원순환을 주민 주도로 전개하고 있다.

이러한 사례들은 행정 서비스 자체가 편의 제공을 넘어 환경보호와 사회적 신뢰까지 아우를 수 있음을 보여준다.

기획과 예산의 ESG 내재화

최근 지방자체단체의 정책 기획 단계부터 ESG가 반영되는 흐름이 뚜렷하다. 기후변화 정책 목표를 효과적으로 달성하기 위한 자원 배분 수단으로 기후예산제가 활발하게 적용되고 있는 것이 그 예이다.

서울시는 2021년부터 온실가스 감축 영향 평가 '기후예산제'를 도입하였는데, 이는 예산 편성 단계에서부터 사업의 온실가스 감축효과를 정량적으로 평가·분석하여 해당 지표가 예산 배분에 반영되도록 설계된 제도이다.

경기도도 서울시 사례와 유사하게 '온실가스 감축 인지예산제'를 도입하기 위해 2023년도에 운영조례를 제정하였고, 예산안 편성 지침에 ESG 요소 포함은 물론 사업 기획 초기부터 환경 영향, 사회적 가치 등을 정리한 ESG 영향평가표를 제출하도록 하고 있다.

충청남도에서는 「지속가능발전기본법」에 따라 2021년도에 지속가능발전 기본조례를 제정하고, 2030 SDGs 달성을 목표로 예산과 기획, 실행에 이르는 ESG 연계체계를 구축·운영하고 있다.

지자체	기획·예산 내재화 방식	핵심 내용
서울시	온실가스 감축 인지예산제 도입	예산 편성 시 온실가스 감축 기여도를 정량 평가·심사 기준으로 반영
경기도	ESG 기준 예산안 편성 지침 마련	사업 기획 단계부터 ESG 영향평가표 제출, 심사까지 연계
충청남도	SDGs 연계 ESG 예산·정책 체계 구축	SDGs 목표·지표 기준으로 기획 → 예산 → 실행 일관 체계 설계

이처럼 ESG는 정책의 기획과 예산 편성 단계에서부터 가치 판단의 기준으로 기능하고 있다.

공공업무 방식의 ESG 기반 혁신

일상의 행정업무 역시 ESG 관점에서 변화하고 있다. 목포시는 2021년 AI 챗봇을 활용한 관광 안내 시스템 '비짓목포'를 도입하였다. 이는 국내외 관광객에게 실시간 맞춤형 정보(맛집, 명소, 교통 등)를 제공하고 있어 관광에 대한 자율정보 접근성 향상 및 외국인 친화적 대응 서비스가 가능하도록 하고 있다.

대전 유성구는 전국 기초자치단체 최초로 '스마트 워크센터'를 구축하여 전자결재·영상회의 등 원격 협업 지원, 재택·출장 근무 활성화, 직원 워라밸 개선 효과를 거두고 있는데, 이로 인해 2022년 정책 우수 사례로 선정된 바 있다.

대구시는 AI 기반 상담 '뚜봇'을 도입하여 여권, 환경, 도시주택, 차량 등록 등 분야별 민원을 자동 상담하고 있다. 구글 음성 기능까지 탑재해 음성 대화도 지원하고 있어 24시간 무인 응대 및 민원 처리의 효율성 강화는 물론 직원들의 업무 경감 효과까지 거두고 있다.

지자체	혁신 유형	주요 기능 및 성과
목포시	AI 챗봇(관광 안내)	관광 안내 자동화, 외국인 친화적 서비스 제공
유성구	스마트 워크센터	재택·출장 근무 지원, 워라밸 및 업무 효율 상승
대구시	AI 챗봇(민원)	음성 챗봇 도입, 24시간 민원 응대, 업무 경감

디지털과 ESG의 융합

ESG 행정은 디지털 전환과도 밀접하게 연결되어 있다. 남양주시는 2021년 12월 '글로벌 ESG 메타시티 서밋'을 개최, 전국 기초자치단체 최초로 메타버스 기반 ESG 행정 플랫폼 도입을 공식 선언했다. 메타버스 내 회의 공간에서 ESG 주제 토론을 진행하고, 블록체인 연계 등 디지털 기반 거버넌스 실험을 시도하였다.

서울 성동구는 데이터 기반 생활쓰레기 감축 리빙랩을 운영, 빅데이터 분석으로 생활쓰레기 배출 데이터를 수집·분석해 맞춤형 감축 정책을 시행하였다. 또한 세종시는 '똑똑세종'이라는 시민참여 플랫폼을 운영하면서 시민들의 편의성 확보와 피드백 제공을 위해 2021년 10월부터 모바일 서비스도 제공하고 있다.

인천 연수구는 2023년부터 주민 주도형 환경관리 및 모바일 실시간 모니터링제를 통해 마을환경관리인 제도를 운영 중이다. 이 제도는 주민들이 분리배출 및 순찰활동을 수행하면서 활동 모습을 모바일 플랫폼에 실시간 보고, 주민이 환경관리 주체가 되어 지역 환경 관리 활성화와 행정

거버넌스 강화를 동시에 실현하고 있다.

지자체	디지털 요소	ESG 효과 요약
남양주	메타버스 플랫폼 + 블록체인 실험	디지털 기반 ESG 행정 플랫폼 정립, 참여 거버넌스 강화
성동구	빅데이터 리빙랩 + 온라인 정책 플랫폼	온실가스 감축, 주민 참여 확대, 협력 거버넌스 실현
연수구	모바일 실시간 환경관리 모니터링 체계	환경 개선, 주민 주체 참여, 행정 투명 거버넌스 강화

법과 제도를 통한 ESG 기반 구축

현재 지방자치단체 차원에서 ESG 기반을 제도화하려는 노력이 활발히 진행되고 있다. 2024년 6월 말 기준으로 243개 지방자치단체 중 204곳이 ESG 관련 조례를 제정·운영하고 있다.

경기도 화성시는 조례에 기반한 제도 정비뿐만 아니라 실무 중심의 체계적 ESG 행정을 구현하여 환경, 사회, 지배구조 전 부문에서 높은 성과를 창출하고 있다.

경기도 수원시는 2023년 평가에서 전국 기초자치단체 중 1위를 차지했는데, 특히 ESG 실행력과 행정력을 인정받았고, 체계적인 ESG 조례와 전담조직 구성으로 지속 가능한 정책 추진과 평가대응력의 우수한 수준을 보여주고 있다.

대전광역시도 2023년 2월 지속가능발전 기본조례를 제정하고 D-SDGs(대전지속가능발전목표)를 설정하였다. 또한 이를 효과적으로 달성하기 위해 '모두가 함께 살기 좋은 도시 대전'이라는 비전 아래 대전광역시 지속가능발전 기본전략('24년) 및 추진계획(5개년)을 수립하였다.

2022년 제정된 국가 단위의 「지속가능발전기본법」은 각 지방자치단체가 ESG 전략 수립과 실행을 추진할 법적 근거를 제공하고 있으며, ESG 행정의 전국 확산을 가속화하고 있다.

이와 같이 ESG는 단순히 하나의 정책이 아니라 행정 전반에 걸쳐 스며드는 원칙이다. 이는 공공서비스의 기획과 제공, 예산 편성, 디지털 시스템 구축, 법·제도 운영 등 다양한 영역에서 작동하며 실질적인 변화를 이끌어낼 수 있다.

행정 내부에서 ESG를 실현하기 위해서는 단순히 외부 정책에 반영하는 것을 넘어 조직문화와 구조, 역량에도 뿌리내려야 한다. 조직문화로는 구성원들의 성 평등, 공정한 평가, 지속 가능한 근무환경 조성 등이 필요하고, 역량 강화를 위해서는 ESG 교육 운영, 기후 리터러시, 참여형 거버넌스 교육 등을 강화할 필요가 있다.

필자가 근무하고 있는 대전정보문화산업진흥원은 2023년 11월부터 ESG 경영을 기관의 경영 이념이자 핵심 과제로 도입하여 추진하고 있다. 이를 위해 ESG 위원회와 ESG 실무협의체를 구성함은 물론 'ESG 경영 선포식'을 개최하는 등 다양하고 실질적인 추진으로 많은 성과를 거두고 있다. 이는 단순히 효율 행정을 넘어 시민 및 환경과의 유기적인 협력과 긍정적인 관계 형성은 물론, 경영 측면에서도 괄목할 만한 성과를 내는 밑거름이 되고 있다.

ESG

ESG 행정을 위한 혁신 과제

기후위기, 사회 불평등, 행정의 신뢰 저하 등 복합적 문제 앞에서 공공행정은 이제 ESG 관점으로의 전환이 요구되고 있다. 그러나 이를 실현하기 위해서는 기존 시스템을 뛰어넘는 구조적 혁신이 필요하다. 이 장에서는 ESG 행정 추진 과정에서 마주치는 구조적 과제와 그에 대한 대응 그리고 선도 지자체 사례를 중심으로 살펴보고자 한다.

공무원 역량과 조직문화 변화 전략

우리나라 행정은 기본적으로 수직적, 부처별 분절적인 구조로 이루어져 있어 ESG와 같은 통합적·가치지향적 접근이 어려운 구조다. 특히 연 단위 사업 성과 중심의 예산 편성과 실적 위주의 평가 시스템은 ESG의 핵심 가치인 지속가능성과 장기적 사회적 효과를 반영하기 어렵게 만든다.

예를 들어 기후변화 대응 사업이 온실가스 감축 효과는 크지만, 단기적으로 예산이 많이 소요된다는 이유로 배제하는 경우가 있다. 또한 지역사회의 참여와 협력을 강조하는 ESG 요소는 책임 회피나 불필요한 절차로 인식하는 관성도 존재한다.

행정이 ESG를 수용하기 위해서는 정책적 명분뿐만 아니라 실제 이를 실행하는 공무원의 역량과 인식 변화가 선행되어야 한다.

경기도 안산시는 ESG 원칙과 사회적경제 연계 이해를 목표로 공무원을 대상으로 ESG 경영과 사회적경제 교육을 실시하는 등 지속 가능한 도시 전환을 위해 노력하고 있다.

전북 사회서비스원도 최고·중간관리자를 대상으로 ESG 기반 소통·리더쉽 특강 및 연수 프로그램을 운영하는 등 조직 내부에 ESG 의식 고취 및 소통 기반을 확대하기 위한 노력을 기울이고 있다.

병무청에서는 MZ 세대 맞춤형 프로그램 운영, 아침 방송, 숲 체험 힐링 캠프 등을 운영하면서 디지털 전환과 아울러 ESG 맥락의 병영 행정 운영에 최선을 다하고 있다.

<공무원 역량 강화와 인식 변화>

사례	교육·조직문화 내용	ESG / 디지털 요소	성과 및 효과
안산시	ESG 경영, 사회적경제 교육	ESG 원칙 + 공무원 대상 전문 교육	ESG 인식 확대, 정책 실행 역량 강화
전북 사회 서비스원	ESG 기반 리더십·소통 교육 + 자원순환 체험 연수	실습형 교육, 관리자 대상 조직문화 혁신	관리자 소통 강화, 서비스 품질 기반 구축
병무청	MZ 세대 소통 프로그램, 디지털 업무혁신 도입	RPA/OCR 활용, 회의 문화 혁신	직원 만족·조직문화 개선, 기관 우수 사례 선정

ESG 행정을 위한 법·제도 개선

ESG가 실제 행정 시스템에서 작동하려면 관련 법률 및 제도적 기반이 필요하다. 현재는 「지속가능발전기본법」이 유일하게 지방자치단체의 지속가능성 전략 수립을 법적으로 요구하고 있지만, ESG 자체에 초점을 맞춘 실정법은 부족한 실정이다.

이러한 배경에서 지방자치단체에서는 조례 제정을 통해 법적 기반을 자체적으로 마련하고 있다. 2024년 기준, 「지속가능발전기본법」의 하위 법령인 자치법규(조례와 규칙)에는 지속가능발전 기본조례 204개, 시행규칙 2개, 지속가능발전협의회 지원(설치, 운영 등)에 관한 조례 69개, 지속가능발전협의회 운영규칙 7개 등이 있다. 따라서 하위 법령인 자치법규 중 조례 제정 비율은 지방행정기관 243개 중 204개로서 약 84%이다.

<하위법령인 자치법규(조례와 규칙) 제정 현황>

자치법규 유형	지속가능발전 기본조례	지속가능발전 기본조례 시행규칙	지속가능발전협의회 지원(설치, 운영 등) 조례	지속가능발전협의회 운영규칙
광역	17	1	9	1
기초	187	1	60	6
합계	204	2	69	7
비율(%)*	84	0.82	28.4	2.9

*광역자치단체 17개와 기초자치단체 226개의 합 243개를 대비한 비율

지역 간 격차와 현실적 한계 해소

ESG 행정은 모든 지방자치단체에서 동일한 속도로 확산하기 어렵다. 특

히 재정자립도가 낮은 기초자치단체는 전문인력 부족과 인프라 미비, 주민 수요의 차이로 인해 정책 설계와 실행에 어려움을 겪는다. 행정 역량과 전문성 부족 및 통합된 지표나 평가기준이 부재하다는 것도 문제이다.

산업 구조도 변수다. 관광지 중심 지역은 환경보호와 경제성 간의 갈등이, 농공업 중심 지역은 ESG 규제가 지역 산업의 지속성과 충돌하는 사례가 발생한다.

일부 지역에서는 ESG 개념이 추상적이라는 인식으로 인해 주민참여 기반이 취약하고, 자발적 참여를 유도하기 위한 홍보·교육 시스템도 부족하다. 중앙정부 차원의 ESG 행정 매뉴얼과 가이드 라인 및 인센티브 체계 등도 부족하므로 이에 따른 중앙정부의 지원과 지역 맞춤형 ESG 도입 전략이 함께 마련되어야 한다.

선도 지자체가 보여준 혁신 사례

① 서울특별시: 녹색도시계획, 기후동행카드

서울시는 녹색도시계획을 목표로 '서울시 탄소중립, 녹색성장 기본계획'을 수립하였다. 2033년까지 온실가스 배출량을 2005년 대비 50%까지 감축한다는 목표를 가지고 건물의 탈탄소화, 친환경 교통 확대, 도시 공간

정책명	주요 내용	ESG 연계
녹색도시계획	건물·교통 분야 탈탄소화, 재생에너지 확대, 시민참여 체계화	E(환경) 중심, 사회·거버넌스 포함
기후동행카드	대중교통+공유자전거 무제한 이용 정기권	E(온실가스 저감), S(대중교통 회복)

내 재생 에너지 확대, 시민참여 플랫폼 구축 등 다양한 노력을 기울이고 있다. 아울러 대중교통 통합 정기권인 '기후동행 카드'를 2024년 1월부터 시범 실시하여 기후위기 대응에도 노력하고 있다.

② 제주특별자치도: 전기차 중심의 청정교통 정책

제주도는 2035년까지 도내 운행 차량의 40%를 전기차로 전환하고 누적 16만 7천 대를 보급한다는 목표를 담은 '제5차 전기자동차 종합계획'을 수립하였다. 이에 전기차 보조금 확대, 충전 인프라 설치, 전기차 특구 조성, 전기차 신산업 및 연관 산업 육성 및 다양한 지원정책 등을 병행하고 있다. 2024년 4월 말 기준, 도 내 등록된 전기자동차는 약 4만 2백여 대로 전국 평균 대비 4배 이상 높은 보급률을 보이고 있다.

③ 세종특별자치시: 기후예산제 도입 및 데이터 행정

세종시는 행정중심복합도시라는 기반 위에 '국가 스마트시티 선도·실증도시'로서 자리매김하고 중장기 전략('25~'29)을 본격 추진 중에 있다. 특히 ESG와 관련하여 기후예산제(온실가스 감축인지 예산제) 도입을 검토 중이며, 기 수립된 탄소중립, 녹색성장 기본계획을 바탕으로 ESG 관점의 디지털 기반 행정 시스템 구현의 일환인 '구비서류 제로화'를 선도적으로 추진하기로 선언하였다.

내부 자각에서 시작되는 ESG 전환

ESG는 외부 규범의 수용이 아닌 내부 인식의 전환에서 출발한다. 행정이 환경과 사회, 투명성을 중심에 두려면 단순한 제도 도입보다 공무원의 의식 변화와 제도적 설계가 함께 이루어져야 한다.

제도적 뒷받침(조례, 법률, 기후예산제 등)과 더불어 교육과 조직문화(공무원 훈련, 평가체계 혁신 등) 및 지역 맞춤형 실행 전략(재정 격차 해소, 산업 특성 고려 등) 등 이 세 가지가 유기적으로 연결될 때 비로소 ESG 행정은 형식이 아니라 '내용'으로 작동하게 된다.

ESG는 거창한 선언보다 내부의 자각과 꾸준한 실천을 통해 구현되는 공공의 혁신 방식임을 잊지 말아야 한다.

ESG

시민과 함께 만드는 ESG 행정

ESG 행정은 정부나 공공기관만의 일이 아니다. 환경보호, 사회적 가치 증진, 투명한 거버넌스는 행정의 의지만으로는 완성될 수 없으며, 시민의 참여 없이는 지속 가능한 성과로 이어지기 어렵다. 이 장에서는 ESG 행정에서 시민이 왜 중심이 되어야 하는지를 다양한 사례와 함께 살펴보고, 이를 제도화하기 위한 방안을 소개한다.

시민참여가 ESG 추진의 핵심 동력

공공행정이 시민의 참여 없이 독립적으로 실행된다면 정책의 지속성과 효과는 한계에 직면하게 된다. 특히 ESG는 에너지 절약, 자원 재활용, 사회적 약자 보호, 공정한 정책 집행 등 대부분의 실행이 생활 속 실천이 필요하므로 시민의 주체적 역할이 매우 중요하다.

행정의 ESG 목표는 시민의 동의와 실천 없이는 실효성을 가지기 어렵다. 예를 들어 전기차 보급 확대 정책은 시민의 차량 전환 의사 없이는 불가능하며, 쓰레기 감축 정책도 시민의 행동 변화가 뒷받침돼야 성공할 수 있다.

ESG는 단순한 규제나 복지 차원을 넘어 민주주의적 가치와 참여 거버넌스를 핵심 원리로 삼는 구조다. 특히 'G(Governance)' 항목은 정책 결정과 집행 과정에서 시민의 참여와 관심, 의견 수렴 과정을 강조한다.

실제로 2024년 서울시는 '기후동행카드' 정책 설계 및 시범사업 기간 동안 2천여 명이 넘는 시민들을 대상으로 심층 설문조사를 실시하였고, 시민단체 및 전문가, 이용자 그룹이 참여하여 정책의 수용성과 실효성을 높이며 신뢰를 형성하는 기반이 되었다.

대전광역시도 시민 설문조사 및 심층토론(FGI)을 추진하여 UN의 '단 한 사람도 소외되지 않을 것'이라는 포용의 가치를 반영한 정책 수요 발굴에 힘쓰고 있다. 특히 시민사회(단체, 이해관계자 등) FGI는 17개 SDGs 지표와 4개 분과위원회 매칭을 통한 그룹 집단 토론을 통해 이루어져 다양한 이해관계자의 의견을 반영한 지속가능발전 기본전략 및 목표 수립의 기반을 마련하였다.

투명성과 신뢰를 위한 정보공개 시스템

정보는 시민참여의 전제조건이다. ESG 관련 정책 정보, 예산 사용 내역, 환경 성과 등은 시민이 쉽게 접근하고 이해할 수 있어야 한다.

서울시는 '서울정보 소통광장'을 통해 전 부처의 정책 회의록, 예산 집행 내역, 주민 건의사항 등을 실시간 공개하고 있다. 이는 시정에 대한 이해를 높이고 정책 결정 과정에 시민참여를 통해 행정의 투명성과 신뢰성을 높이는 사례라 할 수 있다. 아울러 최근 일부 지방자치단체는 ESG 지표를 시민이 모니터링할 수 있도록 '데이터 시각화 시스템'을 구축하여 참여형 감시를 가능하게 하고 있다.

주민참여예산제·공론화·민관협력 플랫폼

① 주민참여예산제

주민참여예산제는 시민이 예산 편성과 집행 과정에 직접 참여하는 대표적 거버넌스 제도이다. 2011년 지방자치법 개정 이후 법적으로 의무화되어 전국 243개 지방자치단체가 조례를 제정하여 주민참여예산제를 운영하고 있다. 하지만 2018년도 지방재정법 개정 취지에 맞춰 조례를 정비한 지자체는 2023년 10월까지 105개로 43.2%에 불과한 실정이다.

경기도 광명시는 주민참여예산제를 가장 효과적으로 운영한 지방자치단체로 주목받고 있으며, '2024년도 대한민국 지방재정대상'에서 주민참여예산 성과평가 종합상 부문 최우수단체로 선정되기도 하였다.

② 공론화 제도와 민관협력 플랫폼

서울시의 '민주주의 서울'은 대표적인 디지털 공론장 플랫폼이다. 2017년부터 운영된 이 플랫폼은 시민이 직접 정책 제안을 하고, 1,000명 이상의 동의를 얻으면 시가 공식 검토에 들어간다.

2025년 기준 누적 제안 수는 6,000건을 넘었고, 이 중 60여 건 이상이 정책으로 실현되었다. 특히 공공기관 제로 웨이스트 운영 지침, 반려동물 공공장묘시설 설치 등은 ESG 관련 정책으로 구체화되고 있다.

대전광역시의 '대전시소(시민과 소통하는)'도 시민들이 일상에서 느낀 문제를 제기하고 해결할 수 있는 소통 플랫폼으로 2019년부터 운영하고 있다. 등록된 제안에 대해서 30일 동안 10명 이상의 공감을 받으면 부서가 검토하고, 100명 이상 공감을 받으면 토론할 의제의 후보가 되는 방식이다. 온라인 토론장에서 참여 인원이 1,000명 이상이면 시장이 답변한다.

그 외에도 환경단체와 협력해 조례 제정, 주민 교육, 지역사회 기후위기 대응계획 수립에 시민이 공동으로 참여하는 'ESG 민관협의체' 구성을 시도하는 지방자치단체도 늘고 있다.

미래 세대와 함께하는 ESG

ESG는 미래 세대를 위한 가치의 실현이자 체험학습의 장이기도 하다. 이에 따라 아동·청소년·청년의 참여 기회를 제도적으로 마련하는 것이 매우 중요하고, 이에 걸맞는 시책들을 개발하여 적극적으로 도입할 필요가 있다.

대구광역시 사회적경제지원센터는 지역 내 사회적경제 조직의 성장과 ESG 활동을 접목한 다양한 시도를 이어가고 있다. 특히 자원의 재활용을 통한 환경 문제 해결과 청년층 및 취약계층을 고용함으로써 사회적 포용을 실천하며, 투명한 조직관리를 통해 지속 가능한 조직으로 신뢰를 쌓아가기 위한 노력을 지속하고 있다.

행정이 아무리 훌륭한 정책을 설계하더라도 시민의 참여 없이는 지속성과 확장성을 담보하기 어렵다. ESG 행정은 시민과의 상호 협력관계 속에서 작동하는 공동의 책임 시스템이다.

시민은 정책의 대상이 아니라 정책의 공동 설계자다. 따라서 행정은 시민참여를 형식적 절차가 아닌 실질적 과정으로 보장해야 한다. 정보 공개, 참여예산, 공론화 제도 등은 ESG 거버넌스의 핵심 수단이자 신뢰를 형성하는 통로다.

앞으로의 행정은 시민을 수동적 대상이 아닌 ESG 공동 제작자(co-creator)로 인식해야 한다. 지속 가능한 행정은 결국 우리가 함께 만들고 함께 지켜야 할 미래이기 때문이다.

행정은 정책을 만들고 집행하며 관리하는 모든 과정에서 작동하는 매우 중요한 역할을 한다. 따라서 행정이 ESG 관점에서 수평적이고 미래지향적이며 협력적 마인드를 가질 때, 비로소 지속 가능한 행정과 지속 가능한 지구가 유지될 수 있을 것이다.

CHAPTER 07

전환의 시대
_ 우리가 선택해야 할 에너지

이광호

(주)아이뉴턴 대표 / 세협기계(주) 대표
월간 <NEWTON> 발행인

한양대학교에서 경영학을 전공, 동 대학 경영전문대학원 석사과정 중이다. 과학 교양잡지 <NEWTON>을 발행하며 과학과 기술을 일상 속에 풀어내는 콘텐츠를 기획·전파하고 있다. (주)아이뉴턴과 세협기계(주)를 이끌며 기술 혁신과 ESG 경영을 바탕으로 탄소중립 사회 실현에 기여하고 있다. 한국ESG경영인증원의 환경기업회원으로 ESG 경영문화 확산을 위한 다양한 활동에 참여하고 있으며, 기술·교육·출판 등 전방위 영역에서 환경 가치를 실천으로 이끄는 데 힘쓰고 있다. 특히 친환경 기술 기반의 히트펌프 제품을 해외 시장에 수출하기 위해 ESG 국제인증을 준비하면서 지속 가능한 글로벌 비즈니스 모델 구축에도 앞장서고 있다.

ESG

전기는 어디에서 오는가?

우리는 매일 전기를 사용한다. 그리고 전기와 밀접한 일을 하면서 일상을 시작한다고 해도 과언이 아닐 것이다. 아침에 눈을 뜨면 스마트폰의 알람을 끄고, 손에 든 기기를 충전기에 꽂는다. 욕실에 들어가 따뜻한 물로 샤워를 하고, 전기포트로 커피를 끓인다. 주방에서는 냉장고와 전자레인지, 인덕션과 조명이 동시에 작동하고, 출근 전 옷을 다릴 때도, 퇴근 후 집에서 영화를 볼 때도 전기는 멈추지 않고 흐른다. 마치 공기처럼 익숙하고 자연스럽다. 전기를 인식하지 못할 만큼 우리는 그 흐름에 깊이 의존하고 있다.

전기는 우리 삶 속에 너무도 친밀하게 스며들어 있다. 하지만 그만큼 무심하기도 하다. 우리는 전기를 당연하게 여기지만, 그 전기가 어디에서 어떻게 오는지는 잘 알지 못한다. 벽의 콘센트는 마법처럼 모든 기기를 작동시키지만, 그 벽 너머에서 어떤 자원이 소모되고, 어떤 시스템이 가동되며, 누가 이 흐름을 유지하고 있는지에 대해서는 생각해본 적이 드물다. 우리가 보고 있는 것은 소비의 표면일 뿐, 그 이면의 과정을 마주하기란 쉽지 않다.

전기의 공급 구조를 들여다보면 그 이면은 결코 단순하지 않다. 대한민국은 여전히 기이한 전력 구조를 유지하고 있다. 통계에 따르면, 전체 전력 생산량의 절반 이상이 석탄과 액화천연가스(LNG)에서 비롯되며, 여기에 원자력이 뒤따른다. 이들 자원의 상당수는 해외에서 수입하는 것으로, 에너지 수입 의존도가 높은 우리나라의 현실은 국제 정세 변화에 민감하게 반응할 수밖에 없다. 러시아-우크라이나 전쟁이나 중동의 긴장 상황이 전기 요금에 영향을 주는 이유도 바로 여기에 있다.

하지만 더 중요한 문제는 우리가 사용하는 전기의 상당량이 탄소를 배출하거나 방사성 폐기물을 남기며 생산되고 있다는 점이다. 화석연료는 탄소중립을 방해하는 주범이고, 원전은 사고와 폐기물 처리라는 두 가지 불안을 안고 있다. '깨끗한 전기'라는 이미지는 소비자의 시각일 뿐, 생산지의 현실은 전혀 다르다. 이 간극은 단지 정보의 부재가 아니라 구조적 망각의 결과다. 우리는 그 불편한 진실을 보지 않음으로써 안심을 구매하고 있는 셈이다.

전기를 생산하는 시설은 대부분 대도시에서 멀리 떨어진 곳에 위치해 있다. 대규모 석탄화력발전소는 해안가나 시골 외곽에 세워지고, 원전은 지진 가능성이 적고 인구 밀도가 낮은 지역에 설치된다. 수도권에서 살아가는 사람들은 발전소의 굴뚝 연기를 보지 않고, 송전탑의 그림자를 느끼지 않으며, 전기 생산으로 인한 피해와 갈등을 간접적으로만 접한다. 반면 실제로는 전력 수요의 중심은 대도시에 있다. 이처럼 소비는 도시에서, 생산은 지역에서 이루어지는 불균형 구조는 에너지 정의라는 관점에서 커다란 질문을 던진다.

"왜 누군가는 더 많은 혜택을 누리고, 누군가는 더 많은 부담을 져야 하는가?"

전기는 단지 자원만으로 만들어지는 것이 아니다. 그 생산의 현장에는 언제나 노동이 있다. 석탄을 캐기 위해 광산으로 들어가는 노동자, 컨테이너를 운전해 자원을 발전소로 옮기는 기사, 날마다 정비와 점검을 반복하며 발전설비를 관리하는 기술자들이 있다. 원자력발전소에서는 안전을 위한 감시와 유지보수 인력이 끊임없이 순찰을 돌고, 고압 송전탑에서는 고공 작업을 감수하며 전력망을 지키는 이들이 존재한다. 이들의 노동이 없다면 전기는 한순간도 흐를 수 없다.

그러나 우리는 그들의 얼굴을 기억하지 않는다. 미디어는 가끔 위험한 노동 현장을 다루지만, 대체로 전기 소비자에게 '생산자'는 보이지 않는 존재다. 전기요금이라는 숫자 속에는 에너지의 경제적 가치만 들어 있을 뿐, 그 안에 담긴 자연의 소모와 인간의 시간과 땀방울은 쉽게 계산되지 않는다. 가격은 있지만 그 안에 있는 '의미'는 사라진 셈이다. 이쯤에서 우리는 묻지 않을 수 없다.

"전기를 많이 쓸수록 우리는 더 자유로운가?"

가정과 사무실, 상점과 산업 현장 곳곳에서 24시간 전기가 흐른다. 냉방기를 끄지 못하고 수많은 기기가 대기전력을 소비하며 돌아간다. 우리는 이러한 상태를 편리라고 부르지만, 사실상 이는 다른 지역의 불편과 대가를 전제로 한 편리다. 과연 그것은 진정한 자유일까?

우리는 오랫동안 전기를 많이 쓰는 사회를 발전된 사회라고 믿어왔다.

그러나 오늘날 기후위기, 에너지 전쟁, 자원 고갈이라는 지구적 현실은 그 믿음을 근본부터 뒤흔든다.

전기를 더 많이 쓴다고 해서 반드시 더 나은 삶이 보장되는 것은 아니다. 오히려 지금 필요한 것은 전기의 총량을 늘리는 것이 아니라 '사용의 방식'을 바꾸는 일일지도 모른다.

전기는 보이는 소비지만 그 이면에는 보이지 않는 자원, 노동, 시스템 그리고 책임이 존재한다. 이제는 전기를 얼마나 쓰는가보다 '어떻게 쓰는가'라는 질문을 던져야 할 때다. 소비자로서 생산의 과정을 이해하고 그에 걸맞은 책임을 고민할 수 있다면, 그것이 곧 에너지 전환의 출발점이 될 것이다.

ESG

우리가 외면한 사회적 비용

우리는 전기를 사용하면서 비용을 치른다고 생각한다. 그 비용은 내 주머니에서 나가며 우리 회사에서 집행되는 금액이기도 하다. 매달 청구되는 전기요금 고지서를 통해 우리는 '합당한 대가'를 지불하고 있다고 믿는다. 사용량에 비례한 요금, 피크타임의 부과 요금, 누진제를 통한 사용 억제 등 다양한 제도를 통해 나름의 형평성과 합리성을 갖춘 전기 소비를 하고 있다고 자부한다. 그러나 과연 그 숫자가 전기 사용의 '진짜 비용'을 모두 반영하고 있을까?

현실은 그렇지 않다. 우리가 매일 싸게 소비하는 전기에는 눈에 보이지 않는, 그러나 결코 적지 않은 수많은 사회적, 환경적 비용이 숨어 있다. 그리고 그 대가는 대체로 우리가 아닌 다른 누군가가 감당하고 있다. 우리가 누리는 에너지의 편리함 뒤에는 보이지 않는 희생이 존재한다. 더군다나 그 희생은 특정 지역과 계층, 세대에 집중되는 경향이 있다. 싸게 쓰는 전기는 곧 누군가가 대신 치르는 대가 위에 세워진 편리다.

화석 연료 기반의 전력 구조는 전기를 저렴하게 생산하는 가장 대표적인 방법이다. 하지만 이로 인해 발생하는 탄소 배출, 미세먼지 그리고 이 때문에 발생하는 건강 피해는 결코 무시할 수 없는 그림자와 같다.

석탄은 가장 오랜 시간 경제성이라는 이름 아래 전력 생산의 중심에 있었다. 발전단가가 낮다는 이유로 여전히 많은 국가에서 석탄화력발전을 주요 전력원으로 활용하고 있다. 한국도 예외는 아니며, 2020년 기준으로 전체 발전량의 약 40%가 석탄에서 나왔다.

하지만 그 저렴함은 착시다. 석탄은 발전 과정에서 막대한 양의 이산화탄소를 배출하고, 미세먼지의 주요 원인이 된다. 한 연구에 따르면, 한국에서 석탄화력발전으로 인해 매년 조기 사망하는 인구가 1,000명을 넘는 것으로 추정된다. 그 피해는 단지 수치로만 존재하지 않는다. 그 안에는 호흡기 질환을 앓는 어린이, 심장 질환으로 고통받는 노인, 농작물 수확량이 급감한 농민, 생태계의 교란이 포함되어 있다.

석탄화력발전소는 대부분 지방이나 산업단지 외곽에 위치해 있다. 수도권에서 멀리 떨어져 있으며, 대도시 소비자는 발전소 굴뚝을 보지 못한다. 대신 송전탑을 따라 전기는 빠르게 도심으로 흘러온다. 에너지 소비의 편리는 도시가 누리고, 생산의 불편은 지역이 감당하는 구조, 그것이 지금의 현실이다.

국가 간의 불균형으로 자원은 개발도상국이, 혜택은 선진국이 선점한다고 해도 과언이 아닐 것이다. 한때 우리나라도 자원 외교를 통해 힘든 시기를 보낸 적이 있다.

오늘날 세계는 에너지 소비와 생산의 지리적 분리라는 구조적 문제를 안고 있다. 선진국은 값싼 에너지와 자원을 수입하고, 개발도상국은 그 자원을 채굴하며, 전기를 생산하는 과정에서 환경 파괴, 노동 착취, 건강 피해를 감수한다. 우리가 상대적으로 저렴하게 수입한 석탄이나 가스를 이용해 생산된 전기에는 다른 나라의 산림 훼손, 수질 오염, 비정규 노동자들의 고강도 노동이 포함되어 있다.

예를 들어 인도네시아, 호주, 몽골 등은 한국의 석탄 수입국인데, 이들 국가에서는 석탄 채굴로 인해 수많은 마을이 사라지고, 지역 주민이 만성 호흡기 질환을 앓고 있다. 그럼에도 우리는 해당 국가의 환경 피해에 대해 책임을 지지 않는다. 수입이라는 말은 책임까지 함께하지 않기 때문이다.

에너지 불평등은 국가 간에만 존재하는 것이 아니다. 국내에서도 에너지는 평등하게 사용되지 않는다. 모두가 동일한 요금제를 적용받고 있지만, 그 요금이 누군가에게는 생존의 문제로 작용한다.

에너지 빈곤층은 여름철 무더위 속에서도 에어컨을 켜지 못하고, 겨울철 난방비를 아끼며 버틴다. 절대적 사용량이 적더라도 전기요금이 가계 지출의 상당 부분을 차지하는 이들은 그 자체로 '전기 혜택의 소외자'다. 전기 소비가 단지 편의의 문제가 아니라 기본적인 생존과 존엄성의 문제가 되는 것이다. 특히 에너지 다소비 구조에서 이들은 항상 '절약의 책임'을 더 많이 짊어진다. 자본의 힘으로 해결할 수 없는 생존의 문제에서 에너지는 또 하나의 사회적 배제 메커니즘이 된다.

기후난민이라고 일컬어지는 탄소 소비의 최종 피해자가 우리 주변에 널리 퍼져 있다. 에너지 불평등은 단순히 경제 문제를 넘어 기후위기라는 글로벌 위기 속에서 더욱 날카롭게 드러난다. 지금 이 순간에도 해수면 상승으로 공동체가 사라지는 섬나라가 있다. 사막화로 인해 농지를 잃고 도시로 떠나는 농부가 있고, 폭염과 홍수로 인해 집을 떠나야 하는 이재민이 생겨난다. 이들은 자신이 배출한 탄소보다 훨씬 더 많은 대가를 치르는 사람들이다. 우리는 그들을 '기후난민'이라고 부른다. 탄소를 배출하지 않았지만 우리가 싸게 쓴 전기의 결과로 희생되고 있는 것이다.

기후위기는 단순한 자연현상이 아니다. 그것은 인간의 선택이 낳은 결과이며, 전기 소비는 그 중심에 있다. 밤새 켜두는 광고 간판, 과도한 냉난방, 끊임없이 연결된 가전제품의 대기전력 등은 우리가 안고 가야 할 문제이기도 하다. 하지만 그 피해는 가장 약한 이들에게 먼저 찾아간다. 탄소 소비는 계급적이고 불평등하다.

'우리는 누구의 대가로 편리한 삶을 살고 있을까?'라는 질문을 스스로에게 던져본다. 오늘날 우리가 직면한 진짜 질문은 단순히 '전기요금이 오를까?'가 아니다. 그것은 '우리가 치르지 않은 비용을 누가 대신 지불하고 있는가?'에 더 가까워야 한다. 지금의 전력 소비 구조는 시장 논리와 효율성 중심으로 설계되어 있으며, 그 과정에서 생략된 수많은 비용은 누군가의 건강, 누군가의 생명, 누군가의 미래에서 가져온 것이다. 우리가 매달 납부하는 전기요금은 그 일부일 뿐이며, 나머지는 보이지 않는 곳에서, 혹은 먼 나라의 이웃이, 혹은 다음 세대가 대신 지불하고 있다.

싸게 쓰는 전기에는 누군가의 희생이 담겨 있다. 그리고 그 희생은 우리와 연결되어 있다. 우리는 그것을 오랫동안 '보지 않기로' 선택해 왔다. 그러나 이제는 그것을 '직시하려는 용기'가 필요한 시점이다. 눈에 보이지 않는다고 해서 책임이 사라지는 것은 아니다. 우리가 소비한 전기는 반드시 누군가의 삶의 일부를 바꾸어 놓는다. 그것이 전기 소비의 진짜 가격표다.

ESG

대안은 바로 신재생에너지

우리가 매일 사용하는 전기가 탄소와의 불평등 구조 위에 놓여 있다는 사실은 많은 사람을 불편하게 만든다. 하지만 그 불편함이 끝은 아니다. 오히려 변화는 불편함에서 시작된다.

지금 우리 앞에는 뚜렷한 대안이 존재한다. 바로 신재생에너지다. 재생에너지는 말 그대로 자연에서 '재생 가능한' 자원을 활용해 전기를 생산하는 방식을 말한다. 대표적으로 태양광, 풍력, 수력, 지열, 바이오에너지가 있다. 이는 석탄처럼 땅속에 묻힌 자원을 파내거나 원자력처럼 고위험의 핵폐기물을 남기지 않는다. 햇빛이 비추고, 바람이 불고, 물이 흐르는 한 계속해서 사용할 수 있는 에너지다.

지금까지 우리는 '재생에너지는 아직 멀었다, 비싸고 비효율적이다'라는 고정관념에 익숙해져 있었다. 하지만 지난 10년 사이 전 세계 재생에너지 기술은 비약적으로 발전해 왔다. 태양광 모듈의 효율은 높아졌고, 설치 비용은 90% 가까이 감소했다. 풍력 터빈의 출력은 두 배 이상 증가했고, 저장 기술의 발전으로 불안정성을 보완할 수 있게 되었다. 세계경제포럼(WEF)과 국제재생에너지기구(IRENA)에 따르면, 이제는 화석연료보다 재생에너지가 더 저렴한 전원으로 인정받고 있다.

우리나라 역시 변화의 흐름에 올라타고 있다. 전국 각지에 태양광 발전소가 들어서고 있으며, 육상과 해상 풍력단지도 점차 확장되고 있다. 산업단지 옥상에는 태양광 패널이, 농촌 들녘에는 영농형 태양광이 설치되고 있다. 2022년 기준, 국내 재생에너지 발전 비율은 전체의 약 8.6%에 불과하지만, 정부는 2030년까지 이를 21.6%로 끌어올리겠다는 목표를 제시하고 있다.

기술은 이미 준비됐다고 해도 과언이 아니다. 하지만 기술은 준비됐어도 사회의 인식과 제도는 아직 충분히 따라오지 못하고 있다. 발전소 건설을 둘러싼 지역 갈등, 미관 훼손 논란, 주민 참여 부족, 복잡한 행정 절차 등은 여전히 재생에너지 확대의 걸림돌로 작용한다. 특히 일부 대형기업이 수익성을 앞세워 지역 주민의 동의 없는 대규모 태양광이나 풍력 프로젝트 진행 과정에서 지역사회의 반감을 사는 사례도 적지 않다.

이제는 기술의 문제가 아니라 사회적 합의와 구조적 전환의 문제다. 재생에너지의 진짜 가능성은 그것이 단지 에너지 공급원을 바꾸는 데 그치지 않고, 에너지 시스템 전반의 '민주화와 분권화'를 가져올 수 있다는 점에 있다.

지역이 주도하는 에너지 전환은 시스템 전환의 획기적인 사실이다. 전기라는 것은 본래 대규모와 중앙 집중의 상징이었다. 하지만 재생에너지는 그 흐름을 바꾼다. 소규모, 분산형, 지역 중심의 에너지 생산이 가능해졌기 때문이다. 이미 유럽을 중심으로 전력의 미래는 '중앙에서 지역으로, 대기업에서 시민'으로 옮겨가고 있다.

가장 대표적인 사례가 독일의 에너지 전환(Energiewende)이다. 독일은 국가 차원에서 탈원전과 탈석탄을 추진하면서 전국에 1,000개 이상의 에너지 협동조합이 설립되었다. 주민들이 출자해 태양광이나 풍력 발전소를 짓고, 그 수익을 지역사회에 환원하는 구조다. 에너지를 생산하면서 동시에 지역 경제도 살리는 방식이다. 그 결과 독일 전체 재생에너지 설비의 약 50%는 시민과 농민, 중소기업이 소유하고 있다.

덴마크는 풍력의 나라로 불린다. 해안가에 설치된 풍력발전기 상당수가 지역 주민의 참여로 운영되고 있다. 이처럼 재생에너지는 단순한 에너지원의 전환을 넘어 소유와 통제 방식의 전환, 나아가 지역의 자립과 참여 민주주의 실현의 기회로 기능한다.

위와 같은 사례가 한국에서도 가능하다는 사실은 우리 주변에서 많이 일어나고 있다. 특히 제주도에는 제주에너지공사가 운영하는 풍력발전 단지 3개(동복·북촌, 가시리, 행원)와 2개의 소규모 풍력(김녕, 신창)이 있으며, 총 36기의 풍력발전기가 운영 중이다. 또한 탐라해상풍력발전단지에는 3MW 용량의 풍력발전기 10기가 설치되어 있다. 추가로 건설 중이거나 계획 중인 풍력 발전단지도 다수 있는 것을 언론를 통해 확인할 수 있다. 예를 들어 제주 한림 해상 풍력발전 사업은 100MW 규모로 18기의 발전기를 설치할 예정이며, 현재 93% 정도 진행되었다고 한다.

이러한 움직임은 우리나라 곳곳에서 이미 시작되고 있다. 전북 진안군은 전국 최초의 '에너지 자립마을'을 선언, 마을 주민이 출자해 소형 풍력과 태양광 발전기를 설치해 공동의 이익을 창출하고 있다. 제주도는 '카본 프리 아일랜드'를 목표로 2040년까지 모든 전기를 재생에너지로 전환하겠다는 계획을 추진 중이다. 그리고 얼마 전 2035년도로 목표치를 앞당겨 변경한 사실도 있다. 서울시는 에너지 자립마을 사업을 통해 시민이 주체가 되는 소규모 태양광 프로젝트를 지원하고 있다.

더 나아가 개인도 참여할 수 있는 제도들이 있다. 한국전력의 '녹색 프리미엄 요금제'는 사용자가 재생에너지에서 나온 전기를 선택해 사용하는 시스템이다. 다소의 추가 요금을 부담하더라도 탄소 없는 전기를 선택하는 소비자의 의지를 반영하는 구조다.

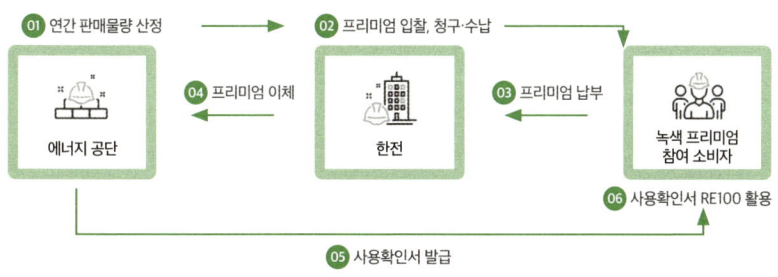

<녹색 프리미엄 요금제 프로세스>

출처: 한국전력

또한 시민들이 모여 발전소를 만들고 수익을 공유하는 '시민 태양광 발전소', 옥상 임대를 통한 수익 공유 모델 등도 각 지역에서 활발히 추진되고 있다. 이러한 모델은 전기는 누군가에게 받는 것이라는 인식을 '전기는 내가 만드는 것'으로 바꿔 놓는다. 즉 소비자에서 생산자로의 전환, 그것이 재생에너지가 갖는 핵심적 가능성이다.

희망은 선택에서 시작된다고 한다. 그렇다면 재생에너지 전환은 기술도, 자본도, 제도도 필요하다. 그러나 그 모든 것을 움직이는 것은 결국 우리의 선택이다.

'우리가 어떤 전기를 쓸 것인가, 어떤 삶을 지지할 것인가?'

이 질문 앞에서 머뭇거리는 대신 행동하는 순간 변화는 시작된다. '어디서 만들어진 전기를 쓰고 있는가?'라는 질문은 단지 전기요금의 문제가 아니다. 그것은 '어떤 세상을 만들고 싶은가?'라는 물음표가 생긴다.

태양은 매일 떠오르고 바람은 언제나 불고 있다. 문제는 에너지 자체가 아니다. 우리가 그것을 어떻게 받아들이고, 어떻게 사용할지를 결정하는 인식과 태도다. 재생에너지는 더 이상 가능한가의 문제가 아니다. 지금 필요한 것은 다음과 같은 질문이다.

"우리는 그것을 받아들일 준비가 되어 있는가?"

ESG

에너지를 선택하는 삶

우리는 매일 에너지 속에서 살아간다. 아침에 불을 켜고, 커피포트에 물을 끓이고, 대중교통을 이용하고, 스마트폰을 충전하는 모든 순간마다 에너지가 소비된다. 그 에너지는 전기의 형태로, 열의 형태로, 연료의 형태로 우리 삶 곳곳에 녹아 있다. 그러나 그 에너지가 어디에서 왔는지, 누구의 손을 거쳐 전달되었는지, 어떤 환경적 흔적을 남기며 이 자리에 도착했는지를 자주 잊고 산다. 에너지는 투명하게 흐르지만, 그 안에는 보이지 않는 무게가 존재한다.

'에너지를 선택하는 삶'이란 단순히 에너지원을 고르는 문제가 아니다. 그것은 우리가 살아가는 방식에 대한 질문이며, 동시에 미래 세대에 어떤 세상을 물려줄지를 고민하는 일이다. 전기요금을 얼마나 아끼는가보다 더 중요한 것은 '어떤 가치를 따르는 삶을 살고 있는가'이다. 삶의 작은 선택들이 모여 사회의 방향성을 결정한다면, 에너지 사용은 단연 그 중심에 놓일 수밖에 없다.

화석연료 중심의 삶에서 그 익숙한 불편을 감수하면서 서해안 지역에 사는 주민의 인터뷰를 본 적이 있다. 빨래를 맘 편히 할 수 없고, 온실가스의 피해는 농작물의 피해로 전가되고 있다.

인류는 오랜 시간 동안 화석연료에 의존해 왔다. 석탄, 석유, 천연가스는 단기간에 대량의 에너지를 만들어 낼 수 있고, 기존 산업체계와 손쉽게 결합할 수 있었다. 그러나 이 편리함은 일종의 많은 '에너지 부채'를 낳았다. 오늘의 편리를 위해 내일의 생존을 담보로 잡히고 있는 것이다.

대기 오염, 이산화탄소 배출, 해양 오염, 생태계 파괴 그리고 무엇보다 기후위기. 전 세계 온실가스 배출의 70% 이상은 에너지 부문에서 발생한다. 지구 평균기온은 산업화 이전보다 약 1.2도 상승했으며, 지금처럼 이산화탄소가 축적된다면 2030년에는 1.5도를 넘어설 것으로 전망된다. 이 경계선을 넘는 순간, 우리는 되돌릴 수 없는 변화를 마주하게 될 것이다. 폭염, 해수면 상승, 이상기후, 생태계 붕괴, 물 부족, 식량 위기 등 그 모든 재난이 더 이상 미래의 이야기가 아니다.

화석연료는 싸고 익숙하다는 이유로 우리 삶 속에 깊이 들어와 있다. 하지만 그것은 마치 할부로 구매한 편리함과 같다. 지금은 저렴해 보이지만, 훗날 우리는 훨씬 큰 대가를 치르게 될 것이다. 기후위기는 한순간에 벌어지지 않는다. 우리가 인식하지 못하는 사이에 매일 조금씩 악화하면서 누적된 선택의 결과다.

재생에너지는 선택지가 아니라 '방향성'이다. 그렇다면 해답은 어디에 있을까? 많은 전문가가 이미 그 해답을 말해왔다. 태양광, 풍력, 수력, 지열, 바이오에너지로 대표되는 재생에너지는 환경을 해치지 않고도 전력을 공급할 수 있는 자원이다. 이는 고갈되지 않는 자연의 흐름을 이용하며, 발전 과정에서 탄소 배출이 거의 없다. 햇빛이 비치고, 바람이 불고,

물이 흐르는 한 인류는 이 에너지와 함께 지속 가능한 삶을 꾸려갈 수 있다.

한때 재생에너지는 비싸고 불안정하며 산업 경쟁력이 떨어지는 자원으로 인식됐다. 그러나 기술은 급속도로 발전했고, 설치 비용은 현저히 낮아졌으며, 전력 효율은 크게 높아졌다. 특히 태양광은 지난 10년 사이 90% 가까이 설치 단가가 떨어졌고, 풍력도 세계 곳곳에서 화석연료보다 경제성이 높다는 평가를 받고 있다. 이젠 가능한가의 시대는 지났다. '선택할 것인가?'만이 남았다. 이 선택은 단지 기술이나 경제의 영역이 아니라 윤리적 결단과 시민의 의지에서 비롯된다.

실천 가능한 에너지 선택 분야가 있다. '에너지를 선택하는 삶'은 거창한 것이 아니다. 일상에서 우리가 할 수 있는 작지만 실질적인 행동으로부터 시작된다. 앞서 언급했듯이 한국전력은 일정 요금을 추가로 부담하면 재생에너지 전력을 소비할 수 있는 '녹색 프리미엄 요금제'를 운영하고 있다. 내가 선택한 전기 한 줄이 태양광 발전소의 존속과 확대를 가능하게 하는 수요가 되는 셈이다. 이 제도는 재생에너지 사용을 '실천하는 소비'로 연결해준다.

서울, 대전, 광주 등지에서는 시민이 공동 출자하거나 옥상을 임대하여 태양광 발전소를 운영하는 프로젝트가 확산하고 있다. 발전 수익은 주민에게 환원되고, 에너지에 대한 시민의 권한과 책임을 함께 나눈다. 이는 단지 전기를 만드는 일이 아니라 에너지 민주주의를 실천하는 과정이다.

에너지 효율화와 절약 측면에서 사용하지 않는 전자제품의 플러그를 뽑는 일, 고효율 가전제품을 선택하는 일, 냉난방 온도를 1도씩 조절하는 일 등은 눈에 잘 띄지 않지만 강력한 행동이다. 특히 한국의 전력 소비 구조를 보면, 산업 부문 외에 가정·상업 부문이 전체 소비의 약 43%를 차지하고 있다. 즉 개인의 실천은 결코 미미하지 않다.

지역 에너지 전환 운동 참여는 매우 중요한 일이다. 진안, 부안, 서울, 제주 등 전국 곳곳에서 '에너지 자립마을'이나 '지자체 RE100' 프로젝트가 진행 중이다. 시민과 지자체, 기업이 함께 협력하여 지역 내 재생에너지 생산과 소비를 연계하면서 전력 자립률을 높이고 있다. 이러한 모델은 에너지 전환을 넘어 지역의 경제 자립과 공동체 회복으로도 이어진다.

선택은 곧 선언이며 필수이다. 우리는 종종 '내가 하나 바꾼다고 세상이 달라질까?'라고 생각한다. 하지만 모든 변화는 한 사람의 결단에서 시작된다. 그것은 선언이고, 선언은 또 다른 사람을 움직이게 한다. 그렇게 쌓인 선택은 결국 사회의 방향성을 바꾼다.

에너지를 바꾸는 일은 곧 삶의 방식을 다시 쓰는 것이다. 무엇을 먹고, 입고, 타고, 소비하느냐의 문제와 더불어 어떤 전기를 쓰는가 역시 우리의 윤리와 정체성을 드러낸다. 전기요금을 줄이는 것이 목적이 아니라 지속 가능한 세상을 지지하는 실천이 되는 순간, 우리는 소비자를 넘어 '참여자'가 된다. 우리는 전기 소비자가 아닌 에너지 주체자라고 해도 과언이 아니다.

'에너지 민주주의'라는 개념은 단지 제도나 정책 용어가 아니다. 그것은 에너지 시스템의 방향을 소수 기업이나 국가가 아닌 시민이 함께 정하는 것을 뜻한다. 우리가 사용하는 에너지를 어떤 방식으로 생산할 것인지, 누가 소유할 것인지, 어떻게 사용할 것인지를 결정할 권리를 갖는다는 의미다. 이는 정치적 권리이자 존엄한 생활권의 일부다.

에너지를 선택하는 삶은 결국 '내가 어떻게 살 것인가, 우리는 어떤 공동체를 만들 것인가?'에 대한 물음이다. 그리고 이 질문에 이제 더 이상 침묵해서는 안 된다. 선택하지 않는 것은 곧 기존 구조를 묵인하는 것이다.

어느 사설에 "변화는 작고 조용하게 시작된다"라는 글귀가 있었다. 크고 극적인 변화보다는 작은 시작이 중요하다는 의미를 담고 있다.

하루 한 번 플러그를 뽑는 습관, 내 전기의 출처를 궁금해하는 호기심, 주변 사람들과 함께 태양광 발전소를 탐방하거나 녹색 전기를 구독해보는 경험 등 이 모든 작은 행동이 모이면 거대한 에너지 전환의 흐름을 만들 수 있다.

우리의 일상은 에너지로 짜여 있다. 우리의 선택이 모이면 그것이 곧 정책이 되고, 사회의 방향이 되며, 미래가 된다. 그렇기에 지금 우리가 해야 할 일은 단순하다. 의식적으로 에너지를 바라보고, 책임 있게 에너지를 선택하는 것, 그 작은 선택이 더 나은 세상을 향한 가장 강력한 힘이 될 것이다.

ESG

전환의 윤리 그리고 연대

에너지 전환은 단순히 신재생에너지 기술을 도입하거나 에너지 효율을 개선하는 수준의 문제가 아니다. 우리가 앞으로 어떤 삶의 방식을 선택하고, 어떤 가치를 중심에 두며, 미래 사회를 어떻게 설계할 것인가에 대한 깊은 윤리적인 질문이다.

  산업화 이후의 인간 사회는 끊임없는 성장과 과도한 소비를 발전의 증표로 삼아 왔다. 더 많이 생산하고, 더 빠르게 이동하며, 더 넓게 확장하는 방식이 곧 성공의 척도처럼 여겨졌다. 이는 결국 자연 생태계의 균형을 무너뜨리고 인간 공동체 내의 관계마저 소외시키는 결과를 초래하였다. 현재 우리가 마주한 기후위기와 환경적 불균형은 그러한 삶의 방식이 더 이상 지속 가능하지 않음을 명확히 보여주고 있다.

  기후위기라는 거대한 현실 앞에서 이제 각자의 책임을 돌아보아야 하며, 나아가 그 책임의 범위를 확장하여 서로 연결된 존재임을 인식해야 한다. 전기를 생산하는 발전소의 노동자, 일상의 전기를 사용하는 가정의 구성원, 친환경 경영을 실천하려는 기업인, 탄소 감축 정책을 설계하는 정치인 그리고 환경 정의를 외치는 시민에 이르기까지 이미 보이지 않는 에너지의 회로를 통해 연대라는 이름으로 촘촘하게 연결되어 있다.

여기서 '연대'란 단순히 같은 목소리를 내는 것이 아니다. 서로 다른 위치와 조건에 놓인 사람들이 각자의 자리에서 책임을 다하면서 공동의 목표를 향해 함께 나아가는 역동적 관계이다. 획일성을 강요하지 않고 다양성을 인정하는 가운데 이루어지는 실천적 연대인 것이다.

이처럼 진정한 에너지 전환은 기술의 혁신만으로는 완성되지 않는다. 기술은 어디까지나 수단에 불과하며, 그 방향성과 목적은 인간의 의지, 세계를 바라보는 태도, 타인을 향한 윤리적 감수성에서 비롯된다. 생태적 전환보다 먼저 회복되어야 할 것은 인간과 인간 사이 그리고 인간과 자연 사이의 관계이며, 제도의 변화보다 선행되어야 할 것은 세상을 이해하고 해석하는 방식, 곧 세계관의 전환이다.

우리는 지금 이 순간에도 눈에 보이지 않는 에너지를 통해 서로 연결되어 있다. 전기는 형태를 드러내지 않지만, 우리의 일상을 움직이는 근본적인 힘이듯 전환의 윤리와 공동체적 연대 역시 조용하지만 분명하게 우리 삶을 떠받치고 있다.

결국 '전환의 시대'를 살아간다는 것은 더 나은 기술을 개발하는 일이기 이전에 더 나은 관계를 상상하고 실현하는 일이다. 그리고 그 관계의 출발점은 언제나 '함께'라는 단어에서 비롯된다. 우리가 지금 내리는 작고 조용한 선택이 다음 세대의 삶을 바꿀 가장 강력한 출발점이 된다.

우리가 실천할 수 있는 환경보호 행동 5가지

1. 일회용품 줄이기 _ 텀블러·장바구니 사용하기
종이컵, 플라스틱 빨대, 비닐봉지 등은 한 번 사용으로 수백 년간 환경에 남는다. 텀블러와 장바구니를 사용하는 것만으로도 연간 수백 개의 일회용품을 줄일 수 있다.

2. 음식물 쓰레기 줄이기 _ 필요한 만큼만 조리하고 남기지 않기
음식물 쓰레기는 온실가스 메탄을 유발하며, 수거·처리에 많은 에너지가 들어간다. 장보기 전에 계획 세우기, 남은 음식 활용하기 등이 효과적이다.

3. 대중교통 이용 또는 걷기·자전거 타기 실천하기
자동차 한 대는 매년 수 톤의 이산화탄소를 배출한다. 걷거나 자전거는 탄소 배출이 없고, 건강도 지켜주는 친환경 교통수단이다.

4. 디지털 탄소 줄이기 _ 이메일 정리, 영상 스트리밍 줄이기
클라우드 저장, 영상 시청 등도 서버 전력 사용으로 인해 탄소를 발생시킨다. 불필요한 이메일 삭제, 영상 해상도 낮추기 등 디지털 습관도 환경보호가 된다.

5. 에너지 절약 _ 전기 플러그 뽑기, 냉난방 온도 조절하기
사용하지 않는 전자제품의 대기전력도 에너지 낭비의 주범이다. 전기 플러그 뽑기, 여름엔 에어컨 26℃ 이상, 겨울엔 난방 20℃ 이하 유지가 좋다.

CHAPTER 08

배터리의 두 번째 생명
_순환이 만드는 미래 산업

김춘택

케이앤씨 대표
한국ESG경영인증원 전문위원

중앙대학교 경영학 학사, 아주대학교 공공정책대학원 행정학 석사, 호서대 기술경영대학원(MOT) 기술경영공학박사이자 현재 케이앤씨 대표로, 그간 쌓아온 학술적 지식과 실무적 경험을 바탕으로 나사렛대학에서 SPL 강의를 진행하고 있으며, 한국ESG경영인증원 전문위원으로도 활동하고 있다.

ESG

배터리의 시작과 끝 그리고 새로운 시작

어느 날 갑자기 스마트폰 배터리가 방전된다면? 우리는 아마도 충전기를 찾아 헤매거나 보조 배터리를 꺼내 들며 불안감을 느낄 것이다. 그만큼 배터리는 이제 일상의 공기와도 같은 존재가 되었다.

전기가 닿는 곳이라면 어디든, 아니 전기가 닿지 않는 곳까지도 배터리가 에너지를 공급하며 우리의 삶을 움직이게 한다. 하지만 이 작은 에너지 저장장치가 어떤 원리로 작동하는지 그리고 배터리 수명이 다했을 때 우리가 사는 지구 환경에 어떤 영향을 미치는지 깊이 생각해본 적이 많지 않을 것이다.

이 장에서는 배터리의 가장 기본적인 작동 원리부터 그 수명이 다한 후 발생하는 환경 문제 그리고 이러한 문제를 해결하기 위한 '순환'의 개념까지를 쉽고 자세하게 풀어보고자 한다. 배터리의 탄생부터 재탄생까지의 여정을 함께 따라가 보면, 우리가 미처 알지 못했던 배터리의 진정한 의미를 발견하는 시간이 될 것이다.

배터리, 우리 삶의 필수 동력

우리가 흔히 사용하는 스마트폰, 노트북, 태블릿 PC 그리고 최근 거리를 가득 메우기 시작한 전기차의 공통점은 무엇일까? 이 모든 기기의 심장부에는 바로 '배터리'가 자리 잡고 있다는 사실이다. 그중에서도 특히 주목해야 할 것은 '이차전지'라고 불리는 특별한 종류의 배터리이다.

우리가 마트에서 쉽게 구할 수 있는 건전지처럼 한 번 쓰고 버리는 배터리를 일차전지라고 한다면, 이차전지는 다 쓴 후에도 전기를 다시 채워 넣어 여러 번 반복해서 사용할 수 있는 '충전식 배터리'를 말한다. 마치 식당에서 물이 다 떨어지면 다시 채워 마시는 물통처럼 이차전지는 에너지를 다 사용한 후에도 전기 충전을 통해 계속해서 사용할 수 있다는 큰 장점이 있다.

이러한 재충전 능력 덕분에 이차전지는 현대 사회의 다양한 휴대용 기기와 이동 수단에 필수적인 존재가 되었고, 우리의 일상생활을 끊임없이 편리하게 움직이게 하는 핵심적인 역할을 하고 있다.

그렇다면 이 마법 같은 이차전지는 과연 어떤 원리로 작동하는 것일까? 복잡해 보이지만 그 기본 원리를 이해하는 것은 생각보다 흥미롭고 어렵지 않다. 이차전지는 크게 네 가지 핵심 구성 요소로 이루어져 있다. 바로 양극(Positive Electrode), 음극(Negative Electrode), 전해질(Electrolyte) 그리고 분리막(Separator)이다. 이 구성 요소들은 마치 정교하게 맞물려 돌아가는 시계의 부품들처럼 각자의 중요한 역할을 하며 배터리가 원활하게 작동하도록 돕는다.

먼저 양극과 음극은 배터리 안에서 에너지를 저장하고 전기를 생성하는 데 핵심적인 역할을 하는 공간이다. 양극은 주로 리튬과 코발트, 니켈,

망간 같은 금속 산화물로 만들어지며, 음극은 주로 흑연이라는 물질로 이루어져 있다.

배터리를 충전할 때는 외부에서 전기를 공급받아 양극에 있던 리튬 이온이라는 아주 작은 입자들이 전해질이라는 통로를 통해 음극으로 이동하게 된다. 이온들이 음극으로 이동하면서 에너지가 차곡차곡 저장되는 것이다. 마치 물탱크에 물을 가득 채우듯이 배터리 내부에 전기에너지를 담아두는 과정이라고 생각하면 이해하기 쉬울 것이다. 반대로 배터리를 사용, 즉 방전할 때는 음극에 저장되어 있던 리튬 이온들이 다시 전해질을 통해 양극으로 되돌아오면서 전자를 방출하게 된다. 이 전자의 흐름이 바로 전기를 발생시키는 것이며, 이 전기가 스마트폰의 화면을 밝히고, 전기차의 바퀴를 굴리며, 우리가 사용하는 다양한 전기전자 기기들을 움직이게 하는 원리이다.

다음으로 전해질은 이온들이 양극과 음극 사이를 원활하게 오갈 수 있도록 돕는 이동 통로이자 매개체 역할을 한다. 전해질은 주로 액체 형태로 존재하며, 리튬 이온들이 전해질 속을 자유롭게 이동하면서 양극과 음극 사이에서 전기화학 반응을 일으키는 핵심적인 물질이다. 전해질의 종류와 특성에 따라 배터리의 성능은 물론, 중요한 안전성까지 크게 좌우되기 때문에 안전하면서도 이온 전달 효율이 뛰어난 전해질 개발이 배터리 기술의 중요한 부분이다.

마지막으로 분리막은 이차전지의 안전을 책임지는 얇지만 매우 중요한 막으로, 양극과 음극이 배터리 내부에서 직접 접촉하는 것을 막아주는 역할을 한다. 만약 양극과 음극이 직접 닿게 된다면, 이는 마치 전기 합선처럼 '단락'을 일으켜 배터리가 과열되거나 심지어 폭발하는 매우 위험한 상황이 발생할 수 있다. 분리막은 이러한 심각한 위험을 방지하면서도 동시에 리튬 이온이 자유롭게 통과할 수 있도록 미세한 구멍이 뚫려 있는 특수한 소재로 만들어진다. 촘촘한 그물망처럼 전극들은 분리하고 이온만 통과시키는 정교한 필터 역할을 하는 것이다.

오늘날 전 세계적으로 가장 널리 사용되는 이차전지는 단연 '리튬 이온 전지'이다. 이 전지는 다른 종류의 배터리에 비해 압도적으로 에너지 밀도가 높다는 강력한 장점이 있다. 에너지 밀도가 높다는 것은 같은 부피나 무게 안에 더 많은 에너지를 저장할 수 있다는 의미이다. 덕분에 스마트폰처럼 손바닥만 한 작은 기기에도 하루 종일 쓸 수 있는 충분한 에너지를 담을 수 있고, 전기차처럼 큰 동력이 필요한 장비에도 한 번 충전으로 수백 킬로미터를 달릴 수 있는 긴 주행거리를 제공할 수 있게 된다.

리튬 이온 전지는 수명 주기가 길어 오랫동안 반복해서 사용할 수 있으며, 과거 니켈-카드뮴 전지에서 흔히 나타나던 '메모리 효과'가 거의 없다는 장점도 있다. 메모리 효과란 배터리를 완전히 방전시키지 않고 충전하면 배터리 용량이 점차 줄어드는 현상인데, 리튬 이온 전지는 이러한 현상이 거의 없어 더 편리하고 효율적으로 배터리를 사용할 수 있다.

리튬 이온 전지의 이런 우수한 특성들로 인해 휴대성과 강력한 성능을 동시에 요구하는 현대 전자기기 및 모빌리티 시장의 요구를 완벽하게 충족시키며 폭발적으로 확산하였다. 배터리의 성능은 양극과 음극에 어떤 소재를 사용하고, 전해질의 종류를 어떻게 선택하며, 분리막의 구조를 어떻게 설계하고 조립하느냐에 따라 크게 달라진다. 이처럼 각 소재의 선택과 배치가 배터리의 효율성, 수명 그리고 무엇보다 중요한 안전성 등 전반적인 성능을 결정하는 핵심 요소이다.

전 세계의 배터리 제조사들은 더 가볍고, 더 오래가며, 더 안전하고, 궁극적으로는 더 저렴한 배터리를 만들기 위해 연구 개발에 막대한 투자를 아끼지 않고 있다. 이러한 기술 혁신 덕분에 우리는 더 편리하고 지속 가능한 삶을 기대할 수 있게 되었으며, 배터리는 에너지를 저장하는 도구를 넘어 미래 사회의 핵심 인프라로 확고히 자리매김하고 있다.

폐배터리 리사이클링, 왜 중요한가?

전 세계적으로 기후변화에 대한 위기감이 고조되고, 환경보호에 대한 인식이 높아지면서 전기차의 보급은 빠르게 늘어나고 있다. 길거리에서 전기차를 보는 것이 더 이상 낯설지 않은 시대가 된 것이다. 휘발유나 경유를 태워 매연을 뿜어내던 내연기관차 대신 전기로 움직이는 전기차는 대기 오염 물질을 직접 배출하지 않아 친환경적인 이동 수단으로 각광받고 있다.

그러나 이러한 긍정적인 평가 이면에는 반드시 해결해야 할 새로운 환경 과제가 숨어 있다. 바로 전기차의 심장이라고 할 수 있는 배터리가 수명을 다했을 때 발생하는 '폐배터리' 문제이다. 이차전지 배터리가 수명을 다해 단순한 폐기물로 버려진다면, 이는 자칫 환경을 보호하려던 우리의 노력이 오히려 또 다른 심각한 환경 문제를 야기하는 딜레마에 빠질 수 있다.

전기차에 주로 사용되는 리튬 이온 배터리는 그 특성상 일반 쓰레기처럼 매립이나 소각하기가 매우 어렵다. 이 배터리들은 높은 밀도로 에너지를 저장하고 있기 때문에 제대로 처리하지 않으면 내부의 잔류 에너지로 인해 화재나 폭발로 이어질 수 있는 심각한 안전 위험을 내포하고 있다. 실제로 폐배터리 처리 과정에서 발생하는 화재 사고는 전 세계적으로 심심치 않게 보고되고 있으며, 이는 처리 인력의 안전은 물론 주변 환경에도 큰 위협이 된다.

또한 배터리 내부에는 리튬, 코발트, 니켈, 망간 등 다양한 희귀 금속이 포함되어 있다. 이 금속들은 배터리의 성능을 좌우하는 매우 중요한 자원이지만, 동시에 제대로 처리되지 않으면 치명적인 유해 물질로 작용한다.

만약 폐배터리가 땅에 무단으로 묻히거나 적절하지 못한 방식으로 소각된다면, 이러한 유해 물질들이 토양과 지하수를 오염시키고 생태계에 심각한 악영향을 미친다. 오염된 토양과 물은 식물과 동물에게 직접적인 피해를 주며, 궁극적으로는 우리의 식탁으로 돌아와 인간의 건강까지 위협할 수 있다. 일부 연구에서는 이러한 중금속들이 인체에 축적될 경우 암을 유발하거나 신경계 손상 등 심각한 건강 문제를 일으킬 가능성까지 제기하고 있어 폐배터리 관리는 선택이 아닌 필수가 되고 있다.

따라서 '이차전지 리사이클링', 즉 폐배터리를 재활용하는 것은 단순히 폐기물을 줄이는 소극적인 행위를 넘어선다. 이는 전기차가 가진 친환경적인 이점을 최대한 끌어올리고, 이차전지 생산 및 폐기 과정에서 발생하는 복합적인 환경 문제를 해결하는 데 결정적인 역할을 한다.

업계 전문가들은 폐배터리 문제가 제대로 해결되지 않는다면, 탄소를 줄이는 친환경 전기차가 오히려 막대한 양의 폐배터리를 쏟아내어 환경을 오염시키는 오명을 쓰게 될 것이라고 강력히 경고하고 있다. 이러한 상황을 우리는 '전기차의 역설'이라고 부른다. 친환경을 표방하는 제품이 오히려 환경에 새로운 부담을 지우는 역설적인 상황을 피하기 위해 리사이클링은 필수적인 선택이 될 것이다.

이차전지 리사이클링의 필요성은 환경보호를 넘어 더 넓은 의미를 가진다. 바로 '자원 안보'의 문제이다. 이차전지에 사용되는 리튬, 코발트, 니켈, 망간과 같은 희귀 금속들은 전 세계적으로 공급이 매우 불안정하고 가격 변동성이 심한 편이다. 이들 광물 대부분은 특정 국가나 지역에 채굴이 편중되어 있다. 예를 들어 코발트는 콩고민주공화국에, 리튬은 남미의 리튬 트라이앵글(볼리비아, 아르헨티나, 칠레)에 집중되어 있어 해당 국가들의 정치적 상황이나 정책 변화에 따라 국제 광물 시장의 공급망이 크게 흔들릴 위험이 있다. 이러한 특정 자원에 대한 높은 의존성은 배터리 생산 비용을 불안정하게 만들고, 나아가 전기차 산업 전체의 성장을 저해할 수 있는 경제 안보의 문제로까지 이어진다.

더욱이 희귀 금속의 채굴 과정은 막대한 에너지를 소비하고, 주변 환경에 심각한 파괴를 초래한다. 광산 개발을 위해 광대한 산림이 파괴되거나 지하수 및 지표수가 오염되고 고갈되는 문제가 발생하며, 채굴 과정에서 발생한 폐기물에는 중금속이 포함되어 토양 침식을 가속화하고 생태계를 교란한다. 이러한 환경적 피해는 해당 지역의 생태계와 그곳에 사는 주민들에게 돌이킬 수 없는 피해를 입히기도 한다.

이러한 복합적인 문제점을 해결하고 안정적인 공급망을 구축하기 위해서는 폐배터리에서 희귀 금속을 회수하는 '재활용'이 필수적이다. 폐배터리 재활용이 원활하게 이루어진다면 새로운 광산 채굴에 대한 의존도를 획기적으로 줄여 자원 고갈 문제를 완화하고, 채굴에 따른 환경 파괴를 최소화할 수 있다. 이는 단순히 환경 오염을 줄이는 것을 넘어 중요한 자원 경쟁력에서도 우위를 점할 수 있어 두 마리 토끼를 모두 잡는 효과를 기대할 수 있다. 한편으로는 환경을 보호하고, 다른 한편으로는 미래 산업의 핵심 자원을 안정적으로 확보하는 지속 가능한 시스템을 구축하는 것이다.

최근에는 국제적인 정책 변화도 배터리 리사이클링의 중요성을 더욱 부각하고 있다. 특히 미국의 '인플레이션 감축 법안(IRA)'은 전기차 구매

시 보조금을 지급하는 조건으로 미국산 광물 또는 미국과 자유무역협정(FTA)을 체결한 국가에서 생산된 광물 사용을 의무화하면서 배터리 기업들에게 새로운 공급망 전략을 요구하고 있다. 이러한 상황에서 폐배터리를 수거하여 미국 내 시설에서 희귀 금속을 추출하면 미국산 소재로 분류될 수 있어 중국 등 특정 국가에 대한 광물 의존도를 효과적으로 줄이는 전략적인 대안이 된다. 이는 지정학적 리스크를 줄이고 자국 내 산업 생태계를 강화하려는 미국의 의지를 보여주는 동시에 폐배터리 재활용 산업을 활성화하는 강력한 동기가 된다.

유럽연합(EU) 역시 '배터리 규제(EU Battery Regulation)'를 통해 배터리 생산 시 일정 비율 이상의 재활용 원료 사용을 의무화하고, 폐배터리 수거 및 재활용 목표율을 설정하는 등 강력한 친환경 정책을 추진하고 있다. 이 규제는 배터리의 전 생애 주기에 걸쳐 환경 영향을 최소화하도록 요구하며, 기업들에게 재활용 인프라 구축과 기술 개발에 투자할 것을 강제하고 있다. 이러한 국제적인 규제 환경은 배터리 제조사들이 폐배터리 재활용 사업에 적극적으로 투자하고 관련 기업들과 협력할 수밖에 없도록 만들고 있다.

LG에너지솔루션, 삼성SDI, SK온과 같은 국내 주요 배터리 기업들(흔히 'K-배터리 3사'로 불림)은 이러한 국제적인 흐름에 발맞춰 폐배터리 재활용 분야에 투자를 확대하고, 관련 재활용 전문 기업들과의 협력을 통해 발 빠르게 시장에 진출하고 있다. 이들은 폐배터리를 단순한 폐기물이 아닌 미래 배터리 생산을 위한 '도시 광산'으로 인식하며 새로운 가치 창출의 기회로 삼고 있다. 이는 폐배터리 리사이클링이 환경 문제를 넘어 국가 및 기업의 생존과 경쟁력을 좌우하는 전략적인 경제적 가치를 지니고 있음을 명확히 보여주는 사례이다.

결국 이차전지 리사이클링의 효율적인 방법과 기술 개발은 전기차 시장의 지속 가능한 성장을 지원하고, 우리의 환경을 보호하며, 미래 세대에게 물려줄 소중한 자원을 확보하는 데 필수적인 요소임을 깊이 인식해야 한다.

버려지지 않는 배터리

수명이 다한 배터리가 단순히 폐기물로 버려지지 않고 '두 번째 생명'을 얻는데, 그 방법은 크게 세 가지로 나뉜다. 이 세 가지 방식은 배터리의 현재 상태와 잔여 가치 그리고 기술적, 경제적 효율성을 고려하여 가장 적합한 순환 방안을 제시하며, 궁극적으로는 환경보호와 자원순환 경제 구축에 핵심적인 역할을 한다. 배터리 생애 주기 전체를 아우르는 이러한 다각적인 접근 방식은 '낭비 없는 세상'을 향한 중요한 발걸음이다.

첫 번째는 '재제조(Remanufacturing)'이다. 재제조는 단지 제품을 수리하거나 고치는 것을 넘어 폐기 단계에 이른 사용 후 제품이나 부품을 회수하여 '새로운 제품과 동일한 성능'을 발휘하도록 만드는 고도화된 공정이다. 이는 마치 고장 난 자동차 엔진을 단순히 수리하는 것이 아니라 엔진을 완전히 분해하고, 손상된 부품은 새것으로 교체하며, 모든 부품을 정밀하게 검사한 뒤 다시 조립하여 새 엔진과 같은 성능을 내도록 만드는 것과 비슷하다.

재제조 과정은 매우 철저하고 체계적으로 이루어진다. 우선 사용 후 배터리 팩을 수거하여 안전하게 해체하고, 각 셀과 모듈 그리고 배터리 관리 시스템(BMS) 회로 기판 등 모든 구성 요소를 정밀하게 분해하고 세척한다. 다음으로 첨단 진단 장비를 사용하여 각 부품의 성능과 안전성을 꼼꼼히 검사하고, 미세한 손상이 있거나 성능이 기준치 이하로 떨어진 부품만을 선별하여 보수하거나 완전히 새로운 부품으로 교체한다. 이 과정에서 원래의 성능을 회복시키는 것뿐만 아니라 최신 기술을 적용하여 원래 제품보다 오히려 성능이 향상되도록 업그레이드하거나 안전성을 강화하는 조정 작업을 거치기도 한다.

마지막으로 모든 부품을 다시 조립하고, 엄격한 품질 및 성능 테스트를 거쳐 새 제품과 동등한 품질과 성능을 가진 '재상품화된 배터리'로 탄생시킨다. 재제조된 배터리는 새 배터리와 거의 같은 수준의 보증을 제공하며, 훨씬 경제적인 가격으로 시장에 다시 공급할 수 있다.

전기차 배터리 산업에 재제조를 적용해 보면 그 효율성을 더욱 명확하게 이해할 수 있다. 전기차 배터리 팩은 보통 수백 개에서 수천 개의 작은 셀(Cell)들이 직렬과 병렬로 복잡하게 연결되어 모듈(Module)을 이루고, 이 모듈들이 다시 합쳐져 하나의 거대한 배터리 팩(Pack)을 구성한다. 이 복잡한 구조에서 단 하나의 셀이 고장 나거나 특정 모듈에 부분적인 문제가 발생했을 때는 전기차의 전체적인 성능이 저하되거나 심지어 안전 문제가 발생하여 전체 배터리 팩이 폐기되는 경우가 많다. 이때 나머지 수많은 멀쩡한 셀과 모듈까지 함께 버려진다면 엄청난 자원 낭비가 아닐 수 없다.

재제조는 바로 이 지점에서 빛을 발한다. 문제가 되는 셀이나 모듈만을 정확히 진단하여 교체하고, 나머지 문제 없는 셀과 부품을 활용하여 배터리 팩 전체의 기능을 완벽하게 회복시키는 방식이다. 이를 통해 멀쩡한 자원이 버려지는 것을 막고, 배터리의 전체 수명을 효율적으로 연장하며, 새 배터리 생산에 필요한 희귀 금속 및 막대한 에너지를 대폭 절감할 수 있다. 이는 환경보호뿐만 아니라 자원 효율성 측면에서도 매우 큰 이점을 제공하여 순환 경제 구축에 핵심적인 역할을 한다.

　두 번째는 '재사용(Reuse)'이다. 재사용은 재제조보다 훨씬 단순한 과정을 거치며, 제품의 원래 형태와 기능은 유지하면서 다른 용도로 활용하는 방식이다. 사용 후 제품이나 부품을 재사용하기 위해 최소한의 작업, 즉 단순한 점검과 정비, 청소만을 거쳐 다시 사용하는 것을 말한다.

　예를 들어 배터리 표면의 이물질을 제거하거나 충전 단자를 청소하고, 간단한 성능 테스트를 통해 잔여 용량을 확인하는 정도의 작업을 통해 제품의 원래 기능을 다시 살리는 것이다. 이러한 과정은 제품의 본질적인 구조나 성능을 크게 바꾸지 않고 그대로 또는 약간의 손질만으로 다시 활용하는 데 초점을 맞춘다.

　전기차 배터리 산업에서 재사용은 매우 실용적이고 경제적인 해결책이다. 전기차 배터리는 전기차에 더 이상 적합하지 않다고 판단되어 폐기될 때에도 대부분 배터리 본래 용량의 70~80% 정도는 남아 있다. 이 정도 잔여 용량으로는 전기차에서 요구하는 높은 출력과 긴 주행거리 성능을 만족시키기 어렵지만, 전력 소모량이 상대적으로 적거나 출력 요구치가 낮은 다른 분야에서는 여전히 유용하게 사용될 수 있다.

　예를 들어 도시 내 단거리 운행에 주로 사용하는 업무용 차량이나 오토바이, 캠핑카의 보조 전원, 골프 카트 배터리 또는 농업용 트랙터나 지게차의 동력원 등으로 재탄생할 수 있다. 이러한 것들에서는 전기차와 같은 고성능을 요구하지 않으므로 잔여 용량이 있는 배터리도 충분히 제 역할을 할 수 있다.

　현재 재사용 배터리 팩들을 모아 대규모 '에너지 저장장치(ESS)'로 활용하는 것이 주목받고 있다. ESS는 발전소에서 생산된 전력을 저장해 두었다가 필요한 시간이나 장소에 공급하는 시스템으로, 전력망의 안정성을 높이는 데 기여한다.

태양광이나 풍력과 같은 재생에너지는 날씨에 따라 발전량이 불규칙하다는 단점이 있는데, ESS는 이러한 불규칙한 발전량을 저장했다가 안정적으로 공급함으로써 재생에너지의 활용도를 극대화할 수 있다. 폐기될 뻔한 전기차 배터리를 ESS로 활용하면 새로운 배터리 제조에 필요한 막대한 자원과 에너지를 절약하는 동시에 친환경 에너지 인프라 구축에도 기여하는 일석이조의 효과를 얻을 수 있다. 이는 배터리의 생애 주기를 최대한 연장하고, 자원 낭비를 줄이며, 지속 가능한 에너지 시스템을 구축하는 매우 효과적인 방법이다.

세 번째는 '재활용(Recycling)'이다. 재활용은 앞선 재제조나 재사용 방식과는 다르게 사용 후 제품이나 부품을 물리적, 화학적 가공을 거쳐 원재료 형태로 되돌려 생산 공정에 다시 투입하는 것을 의미한다. 완전히 새로운 물건으로 만드는 것이 아니라 그 물건을 구성하는 가장 기본적인 물질, 예를 들어 금속이나 화학 원료 등으로 분리하여 다시 원자재로 사용하는 것이다. 전기차 배터리에서는 재사용이 불가능할 정도로 효율이 떨어진 배터리, 즉 잔여 용량이 70% 미만이거나 물리적 손상이 심한 배터리에 주로 적용된다.

이러한 배터리는 전기차나 다른 에너지 저장 장치로 직접 재사용하기에는 경제성이 떨어지거나 안전성 문제가 발생할 수 있다. 하지만 그 안에 담긴 리튬, 코발트, 니켈, 망간 등 고가의 희귀 금속들은 여전히 큰 가치를 지닌다. 이 희귀 금속들을 회수하여 다시 자원화하는 것이 재활용의 핵심 목표이다.

배터리 재활용 공정은 크게 두 단계로 나눌 수 있다. 첫 번째는 '전처리 공정'이다. 이 단계에서는 수거된 폐배터리를 종류별로 정밀하게 선별하고, 남아 있는 잔류 전력을 안전하게 방전시킨다. 폐배터리 상태 그대로 작업하면 폭발 위험이 있기 때문이다. 이후에는 파쇄, 분쇄, 건조와 같은 물리적인 방법을 사용하여 배터리를 잘게 부수고 금속 물질들을 다른 물질과 분리한다.

이러한 과정을 통해 '블랙 매쓰(Black mass) 또는 블랙 파우더(Black powder)'라고 불리는 검은색 가루 형태의 물질이 만들어진다. 이 블랙 매쓰는 리튬, 코발트, 니켈, 망간 등 배터리의 핵심 원료인 중요한 희귀 금속들이 농축된 형태로, 마치 광산에서 캐낸 원광석과 같은 역할을 한다. 도시 광산이라는 표현을 쓰는 이유가 바로 여기에 있다.

두 번째는 '후처리 공정'이다. 이 단계에서는 전처리 공정에서 만들어진 블랙 매쓰 또는 블랙 파우더에서 순도 높은 희귀 금속을 추출하는 작업이 이루어진다. 후처리 공정은 크게 두 가지 방식으로 나뉜다. 하나는 '습식 제련 방식'으로, 화학 약품을 사용하여 블랙 매쓰를 녹인 후에 각각의 금속 이온을 분리하여 회수하는 방법이다. 다른 하나는 '건식 제련 방식'으로, 고온의 용광로에서 블랙 매쓰를 녹여 금속들을 증발시키고 응축하여 회수하는 방법이다.

후처리 공정의 각 방식에는 장단점이 있지만, 최근에는 환경 오염을 최소화하면서 회수율을 높이는 기술이 활발히 개발되고 있다. 이렇게 추출된 고순도의 금속들은 다시 새로운 배터리를 만드는 원료로 사용되거나 스테인리스 스틸처럼 다른 산업 분야에서 활용되어 자원의 무한 순환을 가능하게 한다.

이처럼 재제조, 재사용, 재활용은 수명이 다한 배터리에 '두 번째 생명'을 불어넣는 중요한 방법이다. 이러한 다각적인 순환 과정은 단순히 폐기물 처리 문제 해결을 넘어 한정된 지구 자원의 고갈 문제를 해결하고, 새로운 자원 채굴로 인한 환경 오염을 줄이며, 지속 가능한 산업 생태계를 구축하는 데 필수적인 역할을 한다.

배터리 리사이클링의 효율적인 방법과 기술 개발은 전기차 시장의 지속 가능한 성장을 지원하고, 우리의 환경을 보호하면서 미래 세대에게 물려줄 소중한 자원을 확보하는 데 결정적인 기여를 할 것이다. 이 모든 노력은 결국 배터리의 두 번째 생명을 통해 순환 경제라는 큰 그림을 완성하고, 우리 모두의 지속 가능한 미래를 밝히는 중요한 열쇠가 될 것이다.

ESG

배터리 순환 경제의 현재와 미래 가치

이 장에서는 폐배터리 재활용이 환경보호 활동을 넘어 어떻게 현재의 경제 시스템에 새로운 가치를 부여하고 미래 산업의 핵심 동력이 되는지를 심층적으로 다룬다. 폐배터리 속에서 다시 태어나는 희귀 금속의 가치, 이로 인해 폭발적으로 성장하는 시장의 기회 그리고 이러한 변화를 이끄는 기술 혁신과 전 세계적인 정책적 노력을 살펴볼 것이다.

  우리가 배터리의 순환에 주목해야 하는 이유가 단순히 쓰레기를 줄이는 것을 넘어 '지속 가능한 경제 성장과 자원 안보'라는 더 큰 그림에 있음을 독자들이 이해할 수 있도록 서술하였다.

희귀 금속, 다시 태어나다

배터리, 특히 전기차에 사용되는 리튬 이온 배터리에는 리튬, 코발트, 니켈, 망간과 같은 매우 귀하고 중요한 금속들이 다량 포함되어 있다. 이 금속들은 배터리의 성능을 결정하는 핵심 원료이다. 전 세계적으로 그 공급이 제한적이고 가격 변동성이 매우 큰 '희귀 금속'으로 분류된다. 이 희귀 금속들을 얻기 위한 대부분의 과정은 광산에서 직접 채굴하는 방식으로 이루어지는데, 이러한 채굴 과정은 생각보다 훨씬 더 심각한 환경 문제와 윤리적 문제를 야기한다.

희귀 금속 채굴은 막대한 환경 파괴를 동반한다. 광산을 개발하기 위해 광활한 산림이 파괴되고, 이는 생물 다양성 감소와 탄소 흡수원 손실로 이어진다. 광물 채굴 과정에서 발생하는 토사와 폐수는 주변 토양과 지하수를 오염시켜 생태계를 파괴하고 농업용수나 식수를 오염시키는 심각한 문제를 일으킨다. 특히 리튬 추출을 위해 염호(소금 호수)의 물을 증발시키는 방식은 해당 지역의 물 부족 문제를 심화시키고, 광물 제련 과정에서 발생하는 유독성 가스와 폐기물은 대기 오염과 토양 오염의 주범이 된다.

이와 같은 환경적 피해는 한 번 발생하면 오랜 시간 동안 회복되기 어렵고, 해당 지역 주민들의 건강과 삶에도 치명적인 영향을 미친다. 게다가 희귀 금속 채굴 과정은 엄청난 양의 에너지를 필요로 한다. 광물을 캐내고, 운반하고, 정제하는 모든 과정에서 화석 연료가 사용되어 막대한 양의 온실가스가 배출되는데, 이는 지구 온난화를 가속화하는 요인이 된다.

이러한 문제들을 해결할 수 있는 가장 효과적인 대안이 바로 '폐배터리 재활용'이다. 폐배터리에서 희귀 금속을 회수하는 것은 지구를 보호하고 미래 세대를 위해 자원을 확보하는 매우 중요한 의미를 가진다. 폐배터리 재활용을 통해 희귀 금속을 얻는 것은 새로운 광산에서 이를 채굴하는 것보다 훨씬 더 친환경적이고 효율적이다. 리튬을 새로 채굴하는 것보다 폐배터리에서 회수하는 것이 환경 오염 물질 배출량을 약 70% 이상 줄일 수 있다는 연구 결과도 있다. 에너지 소비량 역시 훨씬 적어 탄소 배출량을 크게 감축할 수 있다. 이는 배터리 생산 과정 전반의 탄소 발자국을 줄여 전기차가 진정한 의미의 친환경 이동 수단이 되도록 돕는 핵심적인 역할을 한다.

폐배터리 재활용은 환경적 이점뿐만 아니라 '자원 안보' 측면에서도 매우 중요한 전략적 의미가 있다. 앞서 언급했듯이 리튬, 코발트, 니켈 등 배터리 핵심 원료의 공급은 특정 국가에 편중되어 있다. 국제 정세나 자원 보유국의 정책 변화에 따라 언제든지 공급이 불안정해질 수 있다는 것을 의미한다. 특정 원자재의 공급이 막히거나 가격이 급등하면 배터리 생산에 차질이 생기고, 곧 전기차 생산에도 영향을 미쳐 전체 산업에 큰 위협이 된다.

이러한 외부 의존성을 줄이고 안정적인 원자재 공급망을 구축하기 위해서는 폐배터리에서 필요한 금속을 직접 회수하여 국내에서 재활용하는 것이 필수적이다. 폐배터리 재활용은 한정된 지구의 자원을 효율적으로 순환시켜 자원 고갈 문제를 완화하고, 산업의 자율성과 경쟁력을 높이는 중요한 방법이다. 이는 마치 도시 광산을 개발하는 것과 같다. 땅속에 묻힌 광물을 캐는 것이 아니라 이미 우리가 사용하고 있는 제품 속에 잠들어 있는 귀한 자원들을 다시 꺼내 활용하는 것이기 때문이다.

재활용된 희귀 금속은 경제적 이점도 매우 크다. 광산에서 새로운 금속을 채굴하는 것과 비교했을 때, 폐배터리에서 금속을 추출하는 것은 생산 비용을 절감할 수 있는 잠재력이 크다. 채굴, 운송, 정제 등 막대한 초기 투자와 환경 비용이 드는 광산 개발에 비해, 재활용은 상대적으로 예측 가능한 비용으로 안정적인 원료를 확보할 수 있다. 또한 폐배터리에서 추출된 고순도의 금속들은 다시 새로운 배터리 제조에 활용되어 생산 단가를 낮추는 데 기여한다. 결국 전기차의 가격 경쟁력을 높여 더 많은 소비자가 전기차를 선택하도록 유도하고, 전기차 시장의 확산에 긍정적인 영향을 미칠 수 있다.

폐배터리 재활용은 새로운 산업 생태계를 창출하고 일자리를 만들어 내는 효과도 있다. 폐배터리 수거, 운반, 진단, 해체, 재사용, 재활용(블랙 매쓰 제조 및 금속 추출) 등 각 단계마다 전문 기술과 인력이 필요하며, 관련 기술 개발과 기업 투자로 이어져 국가 경제 발전에 기여한다. 이미 많은 국내외 기업들이 폐배터리 재활용 시장의 성장 가능성을 인식하고 적극적으로 투자하면서 새로운 비즈니스 모델을 구축하고 있다.

이처럼 폐배터리 재활용은 단순히 폐기물 문제 해결을 넘어 환경, 자원, 경제라는 세 가지 측면에서 막대한 가치를 지니고 있으며, 지속 가능한 미래를 위한 필수적인 선택으로 자리매김하고 있다. 이는 미래 세대에게 더 나은 지구를 물려주기 위한 우리의 책임이자 새로운 경제적 기회를 창출하는 현명한 전략이다.

성장하는 시장, 확장되는 기회

전기차 시장의 폭발적인 성장은 전혀 새로운 산업 생태계, 특히 '폐배터리 재활용 시장'이라는 거대한 기회의 문을 열고 있다. 과거에는 단순한 폐기물로 취급되던 배터리가 이제는 황금알을 낳는 거위처럼 미래 산업의 핵심 동력으로 주목받고 있는 것이다. 현재 이 시장은 초기 단계에 불과하지만, 앞으로 수십 년 안에 상상을 초월하는 규모로 성장할 것으로 예측되며, 환경보호를 넘어 막대한 경제적 가치를 창출할 것이다.

배터리 재활용 시장이 이처럼 빠르게 성장하는 가장 큰 동력은 바로 '폐배터리 발생량의 급증'이다. 우리나라만 보더라도 전기차 등록대수는 놀라운 속도로 증가하고 있다. 2012년 단 516대에 불과했던 전기차 등록대수는 2022년 이후 매년 15만 대씩 폭발적으로 늘어나 2025년 5월 기준 총 75만 대를 넘어섰다.

전기차 배터리의 평균 수명은 약 7~10년 정도인데, 이는 2030년경부터 대량의 폐배터리가 시장에 쏟아져 나온다는 것을 의미한다. 정부 예측에 따르면, 2030년에는 국내에서만 10만 개 이상의 사용 후 배터리가 배출될 것으로 전망된다. 전 세계적으로 보면 그 규모는 훨씬 커질 것이다. 이러한 폐배터리 발생량의 폭발적인 증가는 재활용 시장의 성장을 필연적으로 이끌 수밖에 없다. 폐기해야 할 물량이 늘어나는 만큼 이를 다시 자원으로 활용하려는 수요 또한 자연스럽게 증가하기 때문이다.

시장조사기관인 SNE 리서치의 분석에 따르면, 전 세계 폐배터리 재활

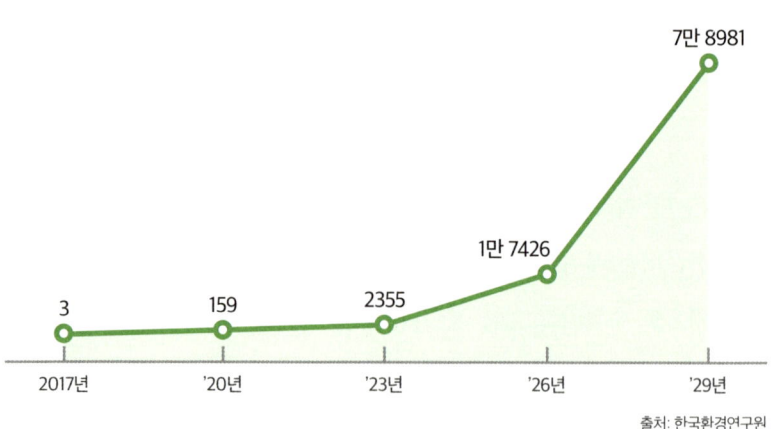

<전기차 폐배터리 배출 증가 추세>

단위: 개, 국내 기준

출처: 한국환경연구원

용 시장 규모는 2023년 약 6조 5천억 원 수준이었지만, 7년 뒤인 2030년에는 22조 원으로 3배 이상 성장하고, 2040년에는 무려 64조 원 이상으로 커질 것으로 예측된다. 이는 연평균 17% 이상의 고성장률을 의미하며, 특히 2030년 이후에는 폐배터리 발생량이 급증하면서 시장 성장 속도가 더욱 가팔라질 것으로 예상된다.

이처럼 선택이 아닌 필수가 된 폐배터리 리사이클링 시장의 활성화는 전기차의 역설을 해결하고, 지속 가능한 모빌리티 시대를 열기 위한 핵심 열쇠일 뿐만 아니라 미래 경제 성장의 중요한 동력이 될 것이다. 폐배터리에 함유된 리튬, 코발트, 니켈과 같은 희귀 금속들이 매우 높은 경제적 가치를 지니고 있기 때문이다. 이 금속들을 그냥 버리는 것은 엄청난 경제적 손실로 이어지지만, 이를 회수하여 재활용한다면 막대한 부가가치를 창출할 수 있다.

폐배터리 재활용 시장이 이처럼 매력적인 이유는 환경 규제 강화와 원재료 확보의 중요성 증대라는 두 가지 거대한 흐름과 맞닿아 있기 때문이다. 앞서 언급했듯이 미국과 유럽연합을 중심으로 강력한 환경 규제가 도입되고 있다. 미국의 IRA는 전기차 보조금을 받기 위한 배터리 원료의 원산지를 제한하고 있고, 유럽연합의 배터리 규제는 재활용 원료 사용 의무화와 배터리 생산 과정의 탄소 발자국 공개를 강제하고 있다. 이러한 정책적 변화는 배터리 제조사들과 관련 공급망 기업들에게 폐배터리 리싸이클링 사업에 진출하고 투자할 수밖에 없는 강력한 동기를 부여하고 있다. 이제 폐배터리 재활용은 단순히 '착한 일'을 넘어 기업의 생존과 경쟁력을 좌우하는 필수적인 사업 전략이 된 것이다.

실제로 전 세계 주요 배터리 제조사들과 완성차 기업들은 폐배터리 재활용 시장에 공격적으로 뛰어들고 있다. 국내 K-배터리 3사(LG에너지솔루션, 삼성SDI, SK온)는 폐배터리 수거부터 재활용까지 전 주기를 아우르는 다양한 사업 모델을 구축하고 있다. LG에너지솔루션은 GM과 협력하여 북미 지역에 배터리 합작 공장을 세웠고, 이 과정에서 폐배터리 재활용 업체와의 협력을 강화하고 있다. 삼성SDI는 배터리 생산 과정에서 발생하는 스크랩(불량품)과 수명이 다한 배터리에서 핵심 원료를 추출하는 자체 기술을 개발하고 있으며, SK온은 배터리 재활용 전문 기업과 손잡고 배터리 금속 회수율을 높이는 기술 개발에 매진하고 있다. 이처럼 대기업들이 이 시장에 적극적으로 뛰어들면서 폐배터리 재활용 산업은 더욱 빠르게 성장하고 고도화될 것으로 예상된다.

폐배터리 재활용 기술은 최근 몇 년 사이에 괄목할 만한 발전을 이루고 있다. 과거에는 재활용 공정의 효율이 낮고 비용이 많이 들어 경제성이 떨어진다는 인식이 있었지만, 지금은 더욱 효율적이고 환경 친화적인 기술들이 개발되면서 이러한 인식이 바뀌고 있다.

배터리를 해체하고 금속을 추출하는 공정에서 에너지 소비를 줄이고, 희귀 금속의 회수율을 90% 이상으로 높이는 기술들이 상용화되고 있다. 특히 인공지능(AI)과 빅데이터 기술을 활용하여 폐배터리의 상태를 정확하게 진단하고, 재활용 공정을 최적화하며, 생산된 재활용 금속의 품질을 관리하는 연구는 미래 재활용 산업의 경제성을 더욱 높이는 데 중요한 역할을 할 것으로 기대를 모으고 있다. 이러한 기술 발전은 재활용 사업의 경제성을 높여 더 많은 기업이 시장에 진입하도록 유도하고, 결과적으로 전체 시장의 성장을 가속화할 것이다.

결국 폐배터리 재활용 시장의 성장은 환경 문제를 해결하는 것뿐만 아니라 미래 경제 성장의 새로운 기회를 제공할 것이다. 이는 자원 고갈 시대에 지속 가능한 성장을 가능하게 하는 핵심적인 해결책이며, 새로운 일자리 창출과 산업 생태계 발전을 이끌 잠재력을 가지고 있다. 기업들은 적극적으로 폐배터리 재활용에 투자하고 기술을 개발함으로써 친환경 기업 이미지를 구축하고, 지속 가능한 성장을 위한 새로운 동력을 확보해야 할 것이다.

폐배터리는 더 이상 버려지는 쓰레기가 아닌 무한한 가치를 품고 있는 미래의 자원이자 새로운 산업의 심장으로 거듭나고 있다.

변화를 이끄는 기술과 정책

폐배터리가 두 번째 생명을 얻고 순환 경제의 핵심 자원으로 거듭나는 데에는 끊임없는 기술 혁신과 이를 뒷받침하는 정책적 노력이 결정적인 역할을 한다. 아무리 배터리 안에 귀한 금속이 있다고 해도 그것을 효율적이고 안전하게 추출할 수 있는 기술이 없다면 그림의 떡일 뿐이다. 또한 개별 기업의 노력만으로는 거대한 폐배터리 문제를 해결할 수 없기 때문에 정부의 강력한 규제와 지원이 필수적으로 동반되어야 한다. 이러한 기술과 정책의 상호작용이 현재의 폐배터리 순환 경제를 이끌고 있으며, 앞으로의 발전 방향을 제시하고 있다.

폐배터리 재활용 기술의 발전은 놀라운 속도로 이루어지고 있다. 과거에는 폐배터리에서 유가금속(경제 가치가 높은 희귀 금속)을 추출하는 기술이 미흡하거나 추출 효율이 낮아 경제성이 떨어지는 문제가 있었다. 배터리를 해체하고 처리하는 과정에서 발생하는 환경 오염 물질이나 안전 문제도 큰 걸림돌이었다. 하지만 최근에는 이러한 한계들을 극복하기 위한 혁신적인 기술들이 속속 등장하고 있다.

핵심은 바로 '고효율 금속 회수와 환경 친화적인 공정'이다. 대표적으로 '습식 제련' 기술은 폐배터리를 잘게 부숴 만든 블랙 매쓰를 특정 화학 용액에 녹여 리튬, 니켈, 코발트, 망간 등의 금속 이온을 분리해내는 방식이다. 이 방식은 비교적 낮은 온도에서 진행되어 에너지 소비가 적고, 각각의 금속을 고순도로 분리하여 회수할 수 있다는 장점이 있다. 최근에는 친환경 용매를 사용하거나 용액 사용량을 최소화하여 폐수 발생을 줄이는 기술이 개발되고 있다.

다른 중요한 방식으로는 '건식 제련' 기술이 있다. 이 방식은 고온의 용광로에서 블랙 매쓰를 녹여 금속을 증발시키고 응축하여 회수하는 방법이다. 대량 처리에 유리하고 다양한 종류의 금속을 한 번에 처리할 수 있다는 장점이 있다. 최근에는 고온 공정에서 발생하는 유해 가스나 폐기물을 저감하고 에너지 효율을 높이는 기술이 발전하고 있다.

이 외에도 배터리를 저온에서 파쇄하여 유가 물질을 분리하는 전처리 기술의 발전 그리고 로봇이나 자동화 시스템을 활용하여 배터리를 안전하고 빠르게 해체하는 기술도 개발되고 있다. 이러한 기술 발전은 폐배터리 재활용 공정의 전체적인 비용을 절감하고, 희귀 금속의 회수율을 90% 이상으로 높이는 데 크게 기여하고 있다.

4차 산업혁명 기술과의 융합도 폐배터리 재활용 산업의 미래를 밝게 하고 있다. 인공지능(AI)과 빅데이터 기술은 폐배터리 재활용 공정의 효율성을 극대화하는 데 중요한 역할을 한다. 예를 들어 AI는 수거된 폐배터리의 종류, 상태, 잔여 용량 등을 정확하게 진단하고 분류하여 가장 적합한 재활용 방법을 추천할 수 있다. 이는 재활용 전처리 과정의 효율을 높이고 안전사고 위험을 줄인다.

또한 빅데이터 분석을 통해 재활용 공정에서 발생하는 데이터를 실시간으로 분석하여 최적의 온도, 압력, 화학 용액 비율 등을 찾아내 공정 효율을 극대화하고, 생산된 재활용 금속의 품질을 일정하게 유지하는 데 기여한다. 이러한 스마트 팩토리 기술의 도입은 재활용 산업의 경제성을 더욱 높여 더 많은 기업이 시장에 진입하도록 유도하고, 결과적으로 전체 시장의 성장을 가속화할 것이다.

전 세계적인 규제 강화와 정책적 노력은 폐배터리 순환 경제 구축의 강력한 동력원이다. 개별 기업의 자발적인 노력만으로는 폐배터리라는 거대한 환경 문제를 해결하기 어렵다. 이에 각국 정부는 강력한 규제와 함께 인센티브를 제공함으로써 기업들이 재활용 사업에 투자하도록 유도하고 있다.

앞서 언급했듯이 미국의 인플레이션 감축 법안(IRA)은 전기차 보조금 지급 조건으로 배터리 핵심 광물의 일정 비율을 미국 내 또는 FTA 체결국에서 조달하도록 의무화했다. 이로 인해 배터리 제조사들은 새로운 공급망 구축이 필요해졌고, 폐배터리에서 회수한 금속이 IRA 규정을 충족할 수 있어 재활용 산업이 주목받게 되었다. 결과적으로 배터리 기업들은 IRA 대응을 위해 미국 내 재활용 시설 구축과 업체 협력을 강화하고 있으며, 이는 폐배터리 재활용 산업 활성화의 강력한 촉진제 역할을 하고 있다.

유럽연합 역시 2023년 발효된 '배터리 규제(EU Battery Regulation)'를 통해 배터리의 전 생애 주기에 걸친 지속가능성을 강력하게 요구하고 있다. 이 규제는 ▲배터리 생산 시 일정 비율 이상의 재활용 원료 사용 의무화 (예: 2031년부터 코발트 16%, 리튬 6%, 니켈 6% 이상 재활용 원료 사용 의무화) ▲폐배터리 수거 및 재활용 목표율 설정(예: 2025년까지 63%, 2030년까지 73% 수거율 목표) ▲배터리 생산 과정의 탄소 발자국 공개 ▲배터리 '여권 제도' 도입을 통한 정보 투명성 강화 등을 포함하고 있다.

이러한 강력한 규제는 배터리 제조사들이 배터리를 잘 만드는 것을 넘어 폐배터리를 책임지고 수거하며 재활용 공정을 고도화해야만 유럽 시장에서 경쟁력을 유지할 수 있도록 강제하고 있다. 이는 기업들이 재활용 인프라 구축과 기술 개발에 투자할 수밖에 없는 환경을 조성하고 있으며, 장기적으로 유럽 내 폐배터리 순환 경제를 활성화하는 데 결정적인 역할을 할 것이다.

이처럼 전 세계적으로 환경 규제가 강화되고 폐배터리 재활용 의무화 정책이 수립되는 흐름은 폐배터리 재활용 사업에 대한 투자를 유도하고, 결과적으로 장기적인 경제 성장을 보장하는 중요한 요인이 된다.

미래에는 단순히 규제를 준수하는 것을 넘어 적극적인 환경보호 노력을 통해 기업 경쟁력을 확보하는 것이 중요해질 것이다. 친환경 경영 전략은 이제 단순히 비용 절감이나 사회적 이미지 관리 차원뿐만 아니라 기업의 지속 가능한 성장과 브랜드 가치를 높이는 핵심적인 요소가 되었기 때문이다.

폐배터리 재활용 산업은 기술 혁신과 정책적 지원이 어우러져 자원 선순환과 지속 가능한 미래를 위한 핵심적인 산업으로 확고히 자리매김하고 있다.

ESG

지속 가능한 배터리 산업을 위한 우리의 과제

배터리는 이제 우리 삶의 필수 동력이자 미래를 열어갈 핵심 자원임이 분명하다. 하지만 배터리 산업이 진정으로 지속 가능하기 위해서는 단순히 고성능 배터리를 만들고 전기차를 보급하는 것을 넘어 배터리의 시작부터 끝 그리고 그 이후의 순환 과정까지 책임지는 전방위적이며 적극적인 노력이 필요하다.

이 장에서는 급증하는 폐배터리 문제에 우리가 어떻게 대응해야 할지, 정부와 기업 그리고 국제 사회가 어떤 역할을 하고 서로 어떻게 협력해야 하는지, 궁극적으로 배터리 순환 경제가 완성되었을 때 어떤 지속 가능한 미래를 만들어 갈 수 있을지에 대해 알아볼 것이다.

배터리 순환 경제는 단순한 환경보호를 넘어 사회적 책임이자 기업의 새로운 브랜드 가치를 창출하는 길이며, 우리 모두가 함께 나아가야 할 미래의 방향을 제시할 것이다.

폐배터리, 더 이상 폐기물이 아니다

전기차의 폭발적인 증가는 우리에게 편리하고 친환경적인 이동 수단을 제공했지만, 동시에 '폐배터리'라는 새로운 숙제를 안겨주었다. 과거에는 휴대전화나 노트북 배터리가 폐기물로 나오더라도 그 양이 상대적으로 적고 관리가 용이했다. 그러나 전기차 한 대에 들어가는 배터리 팩은 그 무게가 수백 킬로그램에 달하며, 수많은 셀과 유해 물질을 포함하고 있어 기존의 폐기물 처리 방식으로는 감당하기 어려운 수준이다. 따라서 폐배터리를 더 이상 단순한 폐기물로 보지 않고, 귀중한 도시 광산이자 순환 자원으로 인식하고 체계적으로 관리해야 할 시점이다.

폐배터리 배출량은 앞으로 기하급수적으로 증가할 것이다. 환경부와 한국자동차연구원에 따르면, 2025년에는 약 1만 4천 대 분량, 2030년에는 10만 대 분량의 폐배터리가 발생할 것으로 추정된다. 전 세계적으로는 그 규모가 훨씬 커져 2030년에는 수백만 톤의 폐배터리가 발생할 것으로 전망되며, 이는 곧 막대한 자원 고갈과 환경 오염 문제를 야기할 것이다.

이러한 상황에 효과적으로 대응하지 못하면 우리가 친환경을 외치며 보급한 전기차가 오히려 새로운 환경 재앙을 불러올 수 있다는 전기차의 역설에 직면할 수도 있다. 따라서 대량의 폐배터리 배출에 대한 체계적인 대응 전략을 마련하는 것이 시급하다. 무엇보다 가장 중요한 것은 폐배터리를 단순히 폐기 처분하는 것이 아니라 가치의 최대한 회수 및 재활용 시스템을 구축하는 것이다. 이는 다음 세 가지 핵심 단계로 이루어져야 한다.

첫째, 폐배터리 회수 및 보관 인프라 확충이다. 현재는 폐배터리 회수 시스템이 초기 단계에 머물러 있어 체계적인 수거 네트워크와 안전한 보관 시설이 부족한 실정이다. 전기차 소유자들이 폐배터리를 쉽고 편리하게 반납할 수 있는 수거 거점 시스템을 구축하고, 수거된 배터리를 안전하게 보관하고 진단할 수 있는 전문 시설을 확충해야 한다.

폐배터리는 잔류 전력을 포함하고 있어 화재나 폭발 위험이 있으므로 보관 및 운반 과정에서의 안전 기준 마련과 준수가 필수적이다. 또한 폐배터리 재활용 기업들이 원활하게 배터리를 공급받을 수 있도록 정부 차원의 폐배터리 통합 관리 플랫폼을 구축하는 것도 필요하다.

둘째, 재제조 및 재사용 산업 활성화다. 모든 폐배터리를 즉시 재활용하여 금속을 추출할 필요는 없다. 아직 상당한 잔여 용량을 가진 배터리들은 전기차 이외의 다른 용도로 재사용하거나 일부 손상된 부품을 교체하여 재제조함으로써 배터리의 수명을 최대한 연장할 수 있다. 이를 위해서는 배터리의 잔여 수명과 성능을 정확하게 진단하고 평가하는 기술과 시스템이 중요하다.

또한 재사용 및 재제조된 배터리가 새로운 시장(에너지 저장장치, 전기 오토바이, 골프 카트 등)에서 안정적으로 유통될 수 있도록 품질 인증 기준을 마련하고, 관련 산업을 육성하는 정책적 지원이 필요하다. 예를 들어 재사용 ESS 설치에 대한 인센티브 제공, 재제조 배터리 품질 보증 제도 도입 등이 해당된다. 이는 자원 낭비를 줄이고 배터리의 생애 주기 가치를 극대화하는 효율적인 방법 중 하나이다.

셋째, 고효율 재활용 기술 개발 및 상용화다. 재사용이나 재제조가 어려운 배터리는 마지막 단계로 금속 추출 재활용을 통해 희귀 금속을 회수해야 한다. 현재의 재활용 기술은 상당한 발전을 이루었지만, 여전히 회수율을 높이고 공정 비용을 절감하면서 환경 부하를 최소화하기 위한 추가적인 연구 개발이 필요하다. 특히 리튬, 니켈, 코발트 외에 다른 희귀 금속(망간, 흑연 등)의 회수 기술을 발전시키고, 폐배터리에서 발생하는 비금속 부산물까지 재활용할 수 있는 기술 개발도 중요하다.

재활용 공정에서 발생하는 폐기물과 유해 물질을 안전하게 처리하고 재활용하는 친환경 공법 개발에도 지속적인 투자가 이루어져야 한다. 정부는 이러한 기술 개발에 대한 R&D 지원을 확대하고, 상용화를 위한 실증 사업을 적극적으로 추진해야 한다.

결론적으로 폐배터리 문제에 대한 효과적인 대응은 환경보호의 차원을 넘어선다. 이는 미래 산업의 핵심 자원 확보, 새로운 경제 시장 창출 그리고 지속 가능한 사회를 위한 필수적인 과제이다.

폐배터리를 더 이상 폐기물이 아닌 무한한 잠재력을 지닌 도시 광산으로 인식하고, 정부와 기업 그리고 시민 사회 모두가 서로 협력하여 체계적인 순환 시스템을 구축해야 할 시점이다. 이러한 노력만이 전기차가 이끄는 미래가 진정으로 친환경적이고 지속 가능하도록 보장할 것이다.

산업 생태계의 연대와 협력

지속 가능한 배터리 산업을 구축하고 폐배터리 문제를 성공적으로 해결하기 위해서는 어느 한 주체만의 노력으로는 불가능하다. 정부, 기업 그리고 국제 사회가 담당 역할을 충실히 수행하고 긴밀하게 연대하며 협력하는 것이 무엇보다 중요하다. 배터리 순환 경제는 복잡한 가치 사슬을 포함하고 있기 때문에 각 주체들의 유기적인 협력이 없이는 효율적인 시스템을 만들 수 없다.

첫째, 정부의 역할은 매우 중요하므로 선도적이어야 하며, 폐배터리 순환 경제의 설계자이자 촉진자로서의 역할을 해야 한다.

- 법규 및 제도 마련: 폐배터리 수거, 운반, 보관, 재사용, 재활용 등 전 과정에 걸친 명확하고 일관성 있는 법적, 제도적 기준을 마련해야 한다. 예를 들어 폐배터리 회수 및 재활용 의무 비율 설정, 재활용 제품의 품질 인증 기준 마련, 안전 관리 규제 강화 등이 포함된다. 미국의 IRA나 유럽연합의 배터리 규제처럼 강력한 정책적 유인책을 제시하여 기업들이 자발적으로 시장에 진입하고 투자하도록 유도해야 한다.
- 인프라 구축 지원: 폐배터리 처리 및 재활용에 필요한 핵심 인프라(수거 거점, 보관 시설, 전처리/후처리 공장 등) 구축에 대한 재정적, 행정적 지원을 아끼지 않아야 한다. 특히 재활용 기술 개발을 위한 R&D 투자 지원, 실증 사업 추진 등을 통해 기술 상용화를 촉진해야 한다.
- 시장 조성 및 활성화: 재활용된 소재나 재사용된 배터리에 대한 수요를 창출하고 시장을 활성화하기 위한 정책을 마련해야 한다. 공공 부문에서의 재활용 제품 우선 구매 제도 도입, 재활용 기업에 대한 세금 감면 혜택 등이 그 예가 될 수 있다.
- 정보 공유 및 투명성 제고: 배터리의 생산부터 폐기까지 전 생애 주기 정보를 관리할 수 있는 시스템(배터리 여권 제도 등)을 구축하여 정보의 투명성을 높이고, 소비자와 기업이 폐배터리 순환에 참여할 수 있

는 기반을 제공해야 한다.

둘째, 기업의 역할은 핵심적이며 능동적이어야 한다. 배터리 제조사, 완성차 기업, 재활용 전문 기업 등 배터리 산업 생태계에 속한 모든 기업은 기술 혁신자이자 실질적 실행자로서의 책임을 다해야 한다.

- 재활용 설계 및 기술 개발: 배터리 생산 단계부터 재활용을 고려한 '친환경 설계(Design for Recycling)'를 도입해야 한다. 즉 배터리 해체를 용이하게 하고, 유가 금속 회수율을 높일 수 있도록 배터리 구조를 설계하는 것이다. 또한 고효율 재활용 기술(습식/건식 제련 기술, 전처리 기술 등)과 AI 기반 진단 및 분류 기술 개발에 지속적으로 투자해야 한다.

- 순환 경제 비즈니스 모델 구축: 폐배터리 수거부터 재사용, 재제조, 재활용에 이르는 전 생애 주기를 아우르는 비즈니스 모델을 개발하고, 새로운 시장(에너지 저장장치 등)을 창출하는 데 적극적으로 참여해야 한다. LG에너지솔루션, 삼성SDI, SK온 등 국내 주요 배터리 3사는 이미 북미, 유럽 등 주요 시장에서 폐배터리 재활용 기업들과의 협력을 강화하고, 생산 공장에서 발생하는 스크랩 재활용을 내재화하는 등 순환 경제 시스템 구축에 박차를 가하고 있다. 현대자동차, 기아차와 같은 완성차 기업들도 폐배터리 재활용 사업을 미래 먹거리로 삼고 배터리 렌털 서비스 도입, 재사용 ESS 실증 사업 등을 추진하며 배터리 순환 생태계의 한 축을 담당하고 있다. 성일하이텍, 에코프로CnG 등 재활용 전문 기업들은 고효율 금속 추출 기술을 개발하고 대규모 재활용 설비를 구축하며 핵심 역할을 하고 있다.

- 공급망 협력 및 ESG 경영 강화: 원자재 공급사, 배터리 제조사, 완

성차 기업, 재활용 기업 등 가치 사슬 전반에 걸친 기업 간의 긴밀한 협력을 통해 효율적인 순환 시스템을 구축해야 한다. 또한 환경(Environmental), 사회(Social), 지배구조(Governance)를 고려하는 ESG 경영을 강화하여 기업의 지속 가능성을 높이고 사회적 책임을 다해야 한다. 이는 기업 이미지를 제고하고 투자 유치에도 긍정적인 영향을 미친다.

셋째, 국제 사회의 역할은 전 지구적이며 통일적이어야 한다. 배터리 산업은 전 세계적인 공급망을 가지고 있으며, 폐배터리 문제는 특정 국가에 한정되지 않는 전 지구적 문제이다. 따라서 국제 사회는 공통의 목표를 설정하고 '협력적인 거버넌스'를 구축해야 한다.

- 국제 표준 및 규제 조화: 국가별로 다른 폐배터리 관련 규제와 기준은 재활용 산업의 효율성을 저해할 수 있다. 따라서 폐배터리 분류, 운반, 재활용 효율 측정, 재활용 소재의 품질 기준 등에 대한 국제적인 표준을 마련하고, 국가 간 규제 조화를 추진해야 한다.
- 글로벌 협력 및 정보 교류: 폐배터리 재활용 기술 개발, 최신 시장 동향, 우수 사례 등에 대한 국제적인 정보 교류와 협력을 활성화해야 한다. 국제기구, 연구기관, 기업 간의 협력을 통해 효율적인 재활용 기술을 전 세계적으로 확산하고, 개발도상국의 폐배터리 문제 해결을 지원해야 한다.
- 자원 안보 협력 강화: 특정 희귀 금속에 대한 특정 국가의 의존도를 낮추기 위해 국제적인 자원 협력 체계를 강화하고, 폐배터리 재활용을 통한 자원 확보를 국제적인 우선순위로 삼아야 한다.

이처럼 정부, 기업, 국제 사회의 긴밀한 연대와 협력은 지속 가능한 배터리 산업 생태계를 구축하고 폐배터리 문제를 효과적으로 해결하기 위한 필수적인 조건이다. 각 주체가 자신의 역할을 명확히 인식하고 상호 보완적인 관계를 형성할 때, 우리는 배터리가 이끄는 친환경 미래를 성공적으로 맞이할 수 있을 것이다. 이는 기술적, 경제적 문제를 넘어 우리 사회 전체가 지향해야 할 가치와 방향성을 제시한다.

배터리 순환의 완성, 지속 가능한 미래

배터리 순환 경제는 단순히 폐기물을 줄이고 자원을 재활용하는 환경보호라는 차원을 넘어선다. 이는 기업의 '사회적 책임(CSR, Corporate Social Responsibility)'을 다하고, 궁극적으로는 기업의 '브랜드 가치'를 혁신적으로 높이며, 미래 사회의 지속 가능한 발전을 위한 핵심적인 동력이 된다. 배터리 순환의 완성이야말로 진정한 의미의 지속 가능한 미래를 앞당기는 길이다.

환경보호뿐만 아니라 사회적 책임 측면에서 배터리 순환 경제는 매우 중요하다. 현대 사회에서 기업은 이윤을 추구하는 것을 넘어 사회와 환경에 대한 책임을 다해야 한다는 인식이 확산하고 있다. 특히 환경 문제는 더 이상 특정 기업이나 국가만의 문제가 아니라 전 지구적인 공동의 과제가 되었다.

전기차 보급 확산으로 인해 필연적으로 발생하는 폐배터리 문제를 외면하는 것은 기업의 사회적 책임을 저버리는 행위로 비칠 수 있다. 반대로 폐배터리 순환에 적극적으로 참여하고 투자하는 기업은 환경 문제 해결에 기여하고, 이는 곧 지속 가능한 경영을 실천하는 모범적인 기업으로 평가받는다.

기업의 사회적 책임은 소비자의 인식 변화와도 밀접하게 연결된다. 오늘날 소비자들은 제품의 성능이나 가격뿐만 아니라 해당 제품이 환경에 미치는 영향, 생산 과정에서의 윤리성, 기업의 사회적 기여 등을 중요하게 고려한다. 친환경적이고 지속 가능한 제품을 선호하는 '가치 소비' 트렌드가 확산하면서 폐배터리 재활용에 적극적인 기업은 소비자들로부터 긍정적인 평가를 받고 구매로 이어질 가능성이 크다. 이는 기업의 매출 증대와 브랜드 충성도 강화에 직접적으로 기여한다. 예를 들어 재활용 소재를 사용하여 만든 제품에 대한 친환경 인증은 소비자들에게 신뢰를 주고, 기업의 이미지 제고에 큰 도움이 된다.

브랜드 가치 제고는 배터리 순환 경제를 통해 기업이 얻을 수 있는 가장 중요한 무형의 자산 중 하나이다. 미래 시대의 기업 경쟁력은 기술력이나 생산 능력뿐만 아니라 '지속가능성'이라는 가치를 얼마나 잘 구현하는가에 달려 있다. 폐배터리 순환 시스템을 성공적으로 구축한 기업은 다음과 같은 방식으로 브랜드 가치를 높일 수 있다.

- 혁신적인 선도 기업 이미지 구축: 폐배터리 재활용은 고도의 기술력과 선제적인 투자가 필요한 분야다. 이 분야에서 성과를 내는 기업은 미래 지향적이고 혁신적인 기업으로 인식되어 산업 내 리더십을 강화할 수 있다. 이는 투자자들에게도 긍정적인 신호로 작용하여 투자 유치에 유리하게 작용한다.
- 친환경 브랜드 포지셔닝 강화: 환경에 대한 우려가 커지는 시대에 폐배터리 재활용을 통해 환경보호에 기여하는 기업은 강력한 친환경

브랜드 이미지를 구축할 수 있다. 이는 기업의 사회적 가치를 높이고, 소비자들에게 긍정적인 인상을 심어주어 브랜드 충성도를 강화하는 데 핵심적인 역할을 한다. '우리가 구매하는 전기차는 폐기될 때도 지구에 부담을 주지 않는다'라는 메시지는 소비자들에게 강력한 매력으로 다가올 것이다.

- 규제 대응 및 미래 경쟁력 확보: 강화되는 글로벌 환경 규제는 기업의 새로운 도전 과제이지만 동시에 기회이기도 하다. 선제적으로 재활용 시스템을 구축하고 관련 기술을 확보한 기업은 미래 규제에 대한 대응력을 높이고, 규제가 더욱 강화될 때 경쟁 우위를 점할 수 있다. 예를 들어 EU의 배터리 규제처럼 재활용 원료 사용 의무화가 강제되면 재활용 능력이 없는 기업은 시장에서 도태될 수밖에 없다.

지속 가능한 미래의 완성이라는 관점에서 배터리 순환 경제는 거대한 의미를 가진다. 배터리 순환은 폐배터리 문제 해결을 넘어 전 지구적인 자원 고갈 문제 해결과 기후변화 위기에 대응하는 근본적인 해법의 일부이다.

희귀 금속을 지속해서 채굴하는 대신 이미 사용된 제품에서 자원을 회수하여 재활용함으로써 우리는 유한한 지구의 자원을 아끼고, 환경 파괴를 최소화하며, 지속 가능한 발전을 위한 토대를 마련할 수 있다. 이는 선형 경제(Linear Economy: 생산-소비-폐기) 모델에서 벗어나 '순환 경제(Circular Economy: 생산-소비-재활용/재사용)' 모델로의 전환을 의미하며, 인류가 지구와 공존하는 새로운 패러다임을 제시한다.

배터리 순환 경제의 완성은 기술 발전, 정책적 지원 그리고 기업과 사회 구성원 모두의 참여와 협력을 통해 이루어진다. 폐배터리라는 새로운 도

전 과제를 기회로 삼아 우리는 환경을 보호하고, 경제적 가치를 창출하며, 사회적 책임을 다하는 '지속 가능한 배터리 산업'을 구축할 수 있다. 이는 곧 우리가 꿈꾸는 지속 가능한 미래를 실현하는 중요한 열쇠가 될 것이다.

배터리는 더 이상 단순히 전기를 저장하는 도구가 아니라 지속 가능한 미래를 위한 우리의 약속이자 희망이 될 것이다.

<소재별 자연 분해 소요 기간>

품목	소재	자연 분해 소요 기간(평균)
플라스틱 빨대	폴리프로필렌(PP)	약 200~500년
플라스틱 컵	폴리스타이렌(PS)	약 450년
종이컵(코팅 포함)	종이 + PE 코팅	약 20년(코팅 제거 안 됨)
플라스틱 비닐봉지	폴리에틸렌(PE)	약 10~30년(토양), 바다는 최대 100년
페트병	PET(폴리에스터)	약 450년
플라스틱 뚜껑	폴리프로필렌(PP)	약 400년
알루미늄 캔	알루미늄	약 80~200년
스티로폼 발포	폴리스타이렌	약 500년 이상
종이 티슈	펄프	약 2~5개월
종이 빨대	종이	약 2~6개월
종이 쇼핑백(코팅)	종이	약 5~10년
골판지	종이	약 2개월
나무젓가락	나무	약 3~4년 (매립 시)
유리병	유리	사실상 영구적 (분해 안 됨)
담배꽁초	셀룰로오스 아세테이트	약 10~15년
면 티셔츠	천연섬유	약 6~12개월
혼방 티셔스	합성섬유	약 20~200년 이상
1회용 마스크	부직포	약 450년
낚시줄	나일론	약 600년 이상
골프공	우레탄	약 1,000년 이상

※ 실제 분해 기간은 환경 상황에 따라 달라질 수 있습니다.

CHAPTER 09

우리가 읽는 책
_ 얼마나 지구를 아프게 했을까?

김헌준

(주)시간팩토리 / 소금나무 출판사 대표
(사)한국소상공인마케팅협회 교육강사 및 전문위원
한국ESG경영인증원 수석전문위원

연세대학교 창업학 석사, 대전대학교 융합컨설팅학과 박사과정 중이다. 창업 및 중소기업 경영 분야를 연구하며 이론과 실무를 아우르는 전문가로 활동 중이다. 저서 <실패하지 않는 창업 마인드>를 기반으로 '실패를 줄이는 창업 준비'에 초점을 맞춰 창업 교육 및 마케팅 전략 강의를 통해 예비 창업자에게 실질적인 가이드를 제공하고 있다.

ESG

책 한 권, 얼마나 많은 자원이 들었을까?

활자보다 디지털 화면에 더 익숙해진 시대, 우리는 과연 책을 얼마나 '읽고' 있을까? 책을 펼치는 일은 여전히 지식을 쌓고 감정을 확장하며 세상을 깊이 이해하는 중요한 행위이다. 그 본질적 가치는 변함없지만, 작고 가벼우며 조용해 보이는 한 권의 책이 우리 손에 닿기까지 얼마나 많은 자연 자원과 인간의 노력이 투입되었는지는 잘 알려져 있지 않다. 사실 책을 읽는 일은 자연으로부터 얻은 무언가를 소비하는 행위의 한 부분이다. 책이 가진 본연의 가치와 함께 그 안에 담긴 지구의 흔적을 함께 읽어낼 때 우리의 독서는 더욱 깊어질 수 있다.

종이책은 나무에서 시작된다. 베어진 나무는 펄프로 가공되고, 많은 양의 물과 화학물질을 거쳐 비로소 종이로 만들어진다. 여기에 인쇄, 제본, 포장 그리고 독자에게 전달되기 위한 복잡한 물류 과정이 이어진다. 이 모든 과정에서 적지 않은 탄소와 에너지가 사용된다. 책을 읽는 시간은 짧을지 몰라도 책이 만들어지는 과정은 길고 복잡하며, 그 여정 속에서 자연은 조용히 자신의 일부를 내어주는 것이다.

그렇다면 종이책 대신 전자책을 읽는 것이 더 친환경적이라고 할 수 있을까? 나무를 베지 않아도 되고 폐기물도 없으니 더 나을 것이라는 생각이 들 수 있다. 그러나 이야기는 그리 단순하지 않다. 전자책을 읽기 위해 필요한 기기 생산 과정에서의 환경 부담, 방대한 정보를 저장하고 전송하는 데 필요한 서버 유지와 끊임없이 흐르는 전력 소모의 문제까지 함께 고려하면 전자책이 무조건 친환경적이라고 단정하기는 어렵다.

이 장에서는 책 한 권을 만드는 데 드는 자원의 무게 그리고 읽는 방식에 따라 달라지는 환경의 부담을 심도 있게 탐구하고자 한다. 종이책과 전자책 두 가지 형태의 책이 지구에 남기는 흔적을 면밀하게 따라가 볼 것이다.

나무 한 그루로 몇 권의 책을 만들 수 있을까?

책은 언제나 반가운 존재이다. 커피 향과 함께 넘기는 책장의 감촉, 마음을 어루만지는 문장들, 조용한 밤의 지적 여운. 우리는 책을 통해 다른 삶을 만나고 더 나은 자신에게 다가간다. 하지만 그토록 익숙하고 친근한 이 한 권의 책이 어떻게 만들어졌는지를 곰곰이 떠올려본 적이 있을까?

한 권의 책은 단순히 종이와 잉크의 조합이 아니다. 그것은 나무 한 그루에서 시작되어 수천 리터의 물, 다양한 화학물질, 대량의 전기 에너지와 수많은 공정을 거친 결과물이다. 우리가 책장을 넘기는 그 순간에도 지구는 조용히 무언가를 내어주고 있는 셈이다.

출판에 사용되는 종이 대부분은 펄프라는 섬유질에서 비롯된다. 이는 침엽수나 활엽수 같은 원목을 가공해 만들어진다. 그렇다면 나무 한 그루로 몇 권의 책을 만들 수 있을까? 보통 문고판 한 권을 인쇄하는 데 필요한 종이는 약 1.2~1.5kg이며, 나무 한 그루(약 20m 높이, 직경 30cm 기준)로는 대략 40kg의 펄프를 만들 수 있다. 이를 바탕으로 계산해 보면, 한 그루의 나무로 대략 20~25권의 문고판 책이 만들어지는 셈이다.

숫자로만 보면 부담 없어 보이지만, 매년 전 세계에서 출판되는 수십억 권의 책을 생각하면 벌목의 규모는 상상을 뛰어넘는다. 특히 북유럽과 북미는 물론, 아마존과 동남아시아의 열대우림 지역으로부터 출판용 목재가 조달되고 있다는 사실은 매우 의미심장하다. 이들 지역의 숲은 단순한 목재 공급처가 아니라 지구의 허파로서, 탄소를 저장하고 기후를 조절하며 수많은 생명을 품는 소중한 존재이다. 한 그루의 나무가 사라지면 그 아래서 자라던 풀과 곤충, 둥지를 틀던 새 등 함께 뿌리를 내리던 생태계가 함께 흔들리는 것이다.

이렇게 벌목된 나무는 펄프 공장으로 옮겨져 잘게 조각나 펄프로 가공되고 종이로 다시 태어난다. 이 과정에서 가장 많이 사용되는 자원은 물이다. 세계자연기금(WWF)에 따르면, 종이 1톤을 만드는 데 약 2만 리터의 물이 필요하다. 이는 한 사람이 하루 2리터씩 마신다고 가정했을 때 약 27년간 마실 수 있는 엄청난 양이다.

또한 종이를 하얗게 만들기 위해 염소계 화학물질이 흔히 사용된다. 이 화학물질은 수질 오염과 생태계 파괴의 주범이 되며, 처리되지 않은 폐수는 하천과 토양을 오염시키고 인근 지역 주민의 건강까지 위협한다. 결국 책 한 권은 단순히 깨끗하고 얇은 종이의 집합이 아니라 수많은 자원 소모와 심각한 환경 부담의 결과물인 것이다.

완성된 종이 원고는 이제 인쇄소로 넘어간다. 대형 인쇄 기계는 고온에서 빠르게 책을 찍어내고 건조하는데, 이 과정에서 막대한 양의 전기가 소비된다. 사용하는 잉크는 대부분 석유계 성분으로 휘발성 유기화합물(VOC)을 포함하고 있어 대기 오염의 주된 원인이 된다. 제본에는 접착제, 실 등이 사용되며, 최종적으로 책은 포장되어 복잡한 물류 과정을 거쳐 전국 각지의 서점과 독자에게 도착하는 것이다.

이렇듯 책의 생산부터 유통까지의 모든 여정은 상당한 탄소 배출로 이어진다. 한 권의 종이책이 평균적으로 배출하는 이산화탄소는 약 2.7kg으로, 자동차로 약 10km를 주행했을 때와 맞먹는 양이다. 결국 독서량이 많은 사람일수록 더 많은 자원을 소비하고 있다는 의미이다. 더 나아가 출간 이후 팔리지 않고 폐기되는 책의 비율이 30~40%에 달한다는 점은 우리가 인지하는 것보다 훨씬 더 큰 규모의 자원 낭비가 일어나고 있음을 시사한다.

이쯤 되면 책을 덜 읽어야 한다는 결론으로 흐를 수도 있다. 그러나 진짜 중요한 것은 책을 덜 읽는 것이 아니라 더 책임 있게 읽는 것이다. 독서는 여전히 지식과 성찰을 위한 가장 가치 있는 행위이며, 이를 지속 가능하게 유지하려면 우리의 선택이 달라져야 한다.

책을 고를 때 정말 필요한 책인지 한 번 더 고민하는 습관, 다 읽은 책은 공유하거나 기부하는 실천이 중요하다. 중고책 서점과 도서관을 적극 활용하는 것 또한 의미 있는 방법이며, 친환경 인증 종이나 콩기름 잉크를 사용하는 출판사를 찾아보는 습관을 들이는 것도 좋은 방법이다. 전자책이나 오디오북 등 다른 형식을 병행하되, 기기는 오래 사용하고 불필요한 다운로드를 줄이는 것 또한 우리의 실천으로 이어질 수 있다.

책을 사랑한다는 것은 책을 만든 자연까지 아끼는 일이다. 오늘 우리가 손에 든 책 한 권이 어제 베어진 나무 한 그루였다는 사실을 기억한다면,

우리의 독서는 단지 지적인 소비가 아니라 더 나은 세상을 위한 실천으로 이어질 것이다.

전자책은 친환경적일까?

종이책의 환경 부담을 생각하면 전자책은 분명 매력적인 대안처럼 보인다. 나무를 베지 않아도 되고, 펄프를 위한 물과 화학물질도 필요 없다. 반품이나 재고 폐기 부담도 없고, 물리적 공간을 차지하지 않아 훨씬 가볍다. '지구를 위한 독서'를 떠올릴 때 전자책을 가장 먼저 생각하는 것은 당연하다.

하지만 전자책이 곧바로 '친환경'을 의미하는 것은 아니다. 디지털은 눈에 보이지 않지만, 그것을 유지하는 데는 생각보다 훨씬 많은 자원이 소모된다. 형태가 없다고 해서 환경적 비용이 없는 것이 아니며, 오히려 보이지 않기에 더 쉽게 잊히고 간과되기 쉬운 구조다. 전자책은 단지 종이를 대신할 뿐, 자연과 완전히 분리된 무해한 대체재는 아니다.

전자책을 읽기 위해서는 전용 e-book 리더기, 태블릿, 스마트폰 등 다양한 기기가 필수적이다. 이 모든 기기에는 리튬, 코발트, 희토류 금속 같은 희귀 자원이 포함된다. 이런 자원들은 광산에서 채굴되는데, 이 과정에서 토양과 수질 오염, 다량의 탄소 배출이 발생한다. 특히 아프리카나 남미 광산 지역에서는 아동 노동 착취나 심각한 환경 인권 문제까지 복합적으로 제기되기도 한다.

기기 자체의 수명 또한 전자책의 환경 영향을 결정짓는 중요한 요소다. 평균적으로 스마트 기기의 수명은 2~4년 정도에 불과하며, 성능 저하 시

교체보다는 폐기되는 경우가 비일비재하다. 문제는 이들의 재활용률이 매우 낮다는 점이다. 여러 물질이 혼합된 복합 소재라서 분해와 재처리가 어렵기 때문이다. 이렇게 버려진 기기들은 심각한 전자폐기물(e-waste)로 남아 개발도상국의 환경에 새로운 부담을 지운다.

전자책이 저장되고 유통되는 방식 또한 환경과 무관하지 않다. 오늘날의 전자책은 대부분 클라우드 기반으로 서비스된다. 독자의 '언제 어디서나' 편리한 접근을 가능하게 하는 핵심 인프라가 바로 데이터센터이다. 데이터센터는 24시간 쉼 없이 가동되며, 방대한 데이터를 저장하고 호출한다. 서버는 끊임없이 작동하면서 열을 발생시키고, 이를 식히기 위한 냉각 장치에도 막대한 양의 전기가 소비된다. 2023년 기준으로 전 세계 데이터센터가 사용하는 전력은 전체 전기 사용량의 약 2~3%에 달하며, 이는 사실상 한 국가 전체가 소비하는 전력량에 버금가는 수준이다.

게다가 디지털 콘텐츠의 소비 방식은 다회성보다는 '무제한 접근성'에 기반한다. 전자책은 필요에 따라 쉽게 열었다 닫고, 클릭 몇 번에 다음 책으로 이동하는 식으로 소비된다. 이러한 디지털 독서는 가볍고 빠르지만, 동시에 수많은 데이터 이동과 서버 자원을 지속해서 요구한다. 우리가 전자책을 읽는 짧은 순간에도 클라우드 속에서는 끊임없이 전기가 흐르고 있으며, 그 흐름은 결코 가볍지 않다.

그렇다고 해서 전자책의 가치 자체를 부정할 필요는 없다. 오히려 전자책은 종이책과 함께 '균형 잡힌 독서'를 위한 소중한 선택지로서 충분한 가치가 있다. 문제는 전자책이 절대적으로 친환경적이라는 오해에서 비롯된다. 우리가 반드시 알아야 할 것은 디지털 역시 분명 자원을 소비하고 에너지를 사용한다는 사실이다. 디지털은 겉으로 보기에 가볍지만, 그 이면에는 결코 가볍지 않은 환경적 무게가 담겨 있다.

전자책을 보다 친환경적으로 활용할 방법은 분명 존재한다. 가장 기본적인 실천은 바로 기기를 가능한 한 오래 사용하는 것이다. 잦은 교체를 지양하고, 기기의 수명 이상으로 활용하는 것이 전자 폐기물을 줄이는 첫걸음이다. 또한 불필요한 전자책 다운로드를 줄이고, 읽지 않을 파일을 쌓아두지 않는 것도 서버의 부하를 줄이는 실천으로 이어진다. 여러 기기가 있다면 한 기기에 통합하고, 클라우드 자동 백업 기능을 필요한 경우에만 동기화하도록 조정하는 등의 사소한 변화가 환경 부담을 줄이는 데 기여한다.

전자책은 분명 종이책의 여러 한계를 넘어선 혁신적인 도구다. 공간과 무게의 제약을 줄이고, 접근성과 속도를 높여 독서 경험을 확장시킨다. 그러나 그 속에 숨어 있는 자원의 흔적과 에너지의 흐름을 함께 이해하고 있어야 한다. 친환경 독서는 단순히 책의 형태를 선택하는 방법을 넘어 지속 가능한 습관의 문제이며, 어떤 책을 어떤 방식으로 소비하느냐에 따라 실천의 무게도 달라진다.

보이지 않는 것은 무해한 것이 아니라 오히려 보이지 않기에 더 주의 깊게 살피고 다루어야 하는 대상이다. 이제는 '무엇을 읽는가'뿐만 아니라 '어떤 방식으로 읽는가'가 지구의 미래를 결정짓는 중요한 요소가 되고 있다.

ESG

책을 둘러싼 소비의 풍경

책은 만들어지는 순간 그 여정이 끝나는 것이 아니다. 오히려 책의 진짜 여정은 그때부터 시작된다. 인쇄기를 막 빠져나온 책은 비닐로 포장되고 박스에 담겨 물류센터로 옮겨진 뒤 트럭에 실려 전국의 서점으로 향한다. 누군가에게는 간절히 기다리던 신간이지만, 다른 누군가에게는 그저 쌓여 있는 상품일 뿐이다.

출간된 책 중 상당수는 서점에 잠깐 머물다 되돌아온다. 팔리지 않은 책은 반품되고, 때로는 창고에 쌓여 있다가 결국 폐기되는 비극을 맞는다. 독자의 손에 닿지도 못한 채 사라지는 책이 한 해 수백만 권에 이른다는 사실은 충격적이다. 이 과정에서 종이와 잉크 같은 재료뿐만 아니라 유통에 드는 에너지, 포장재, 물류 차량의 탄소까지 모두 낭비되는 것이다.

이렇듯 책의 유통과 소비는 보이지 않는 막대한 환경 부담을 안고 있다. 단순히 무엇을 읽는가를 넘어 책이 어떻게 유통되고, 어디에서 사라지며, 어떻게 다시 순환되는가의 문제가 훨씬 중요해지고 있다. 과잉 출간과 대량 반품, 불필요한 포장 그리고 수명이 짧은 소비 방식은 책을 더 이상 지식의 그릇이 아닌 일회용 상품처럼 만들어 버린 것이다.

하지만 책의 여정이 과연 여기서 끝나야만 할까? 반품과 폐기, 포장과 물류라는 안타까운 풍경 속에서도 우리는 분명 다른 선택을 할 수 있다. 이 장에서는 책이 소비되고 유통되는 과정을 면밀히 들여다보고, 버려지는 책에 '두 번째 생명'을 불어넣는 길을 함께 찾아보고자 한다.

반품되는 책, 폐기되는 지식

책이 독자의 손에 닿는 순간은 마치 작은 탄생처럼 여겨진다. 마음을 울리는 문장을 발견하고, 인생을 바꾸는 한 줄을 만나는 경험은 오직 '책'이라는 존재가 주는 소중한 선물이다. 그러나 모든 책이 그런 영광스러운 순간을 누리는 것은 아니다. 출간된 책 중 상당수는 누군가에게 읽히기도 전에 자취를 감춘다. 유통망을 타고 서점으로 향했던 책들은 제자리를 찾지 못한 채 다시 박스에 담겨 출판사로 돌아오는데, 이것이 바로 '반품'이라는 냉혹한 현실이다.

한국출판산업진흥원이 발표한 통계에 따르면, 국내 출판 시장의 연간 반품률은 평균 30~40%에 달한다. 이는 곧 출판된 책 열 권 중 서너 권은 독자의 선택을 받지 못하고 되돌아온다는 의미이다. 특히 신간 위주의 빠른 소비문화 속에서 책은 불과 한 달을 넘기지 못하고 판매 부진이라는 낙인이 찍히기 일쑤다. 출판사는 이렇게 반품된 책을 다시 보관하거나 상태가 좋지 않으면 어쩔 수 없이 폐기하는 수밖에 없다.

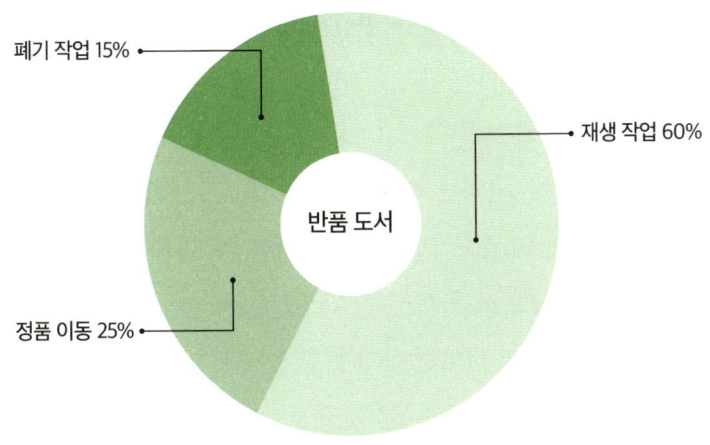

<단행본의 반품 처리 비중>
폐기 작업 15%
재생 작업 60%
정품 이동 25%
반품 도서

출처: 한국출판문화산업진흥원

　더 큰 문제는 이러한 구조가 이미 업계에 당연한 일처럼 자리 잡았다는 점이다. 현재 도서 유통은 여전히 위탁판매 방식에 깊이 의존하고 있다. 이 방식은 서점이 책을 먼저 받아 판매하고, 팔린 만큼만 수익을 정산하며, 팔리지 않은 책은 언제든 출판사로 돌려보낼 수 있게 한다. 결과적으로 출판사는 책이 팔리지 않더라도 인쇄비, 물류비, 인건비 등 막대한 고정 비용을 감당해야 하며, 이러한 손해를 줄이기 위해 인쇄 부수를 최소화하거나 때로는 품질을 낮추는 선택을 하기도 한다.

　이처럼 출판사는 시장 예측에 어려움을 겪고, 서점은 재고 부담을 줄이려 하며, 독자는 정보 과잉 속에서 '보이는 책'만을 선택하는 악순환이 이어진다. 이 구조 안에서 책은 단순한 지식의 매개가 아닌 순식간에 유통되고 빠르게 소모되는 '상품'이 된다. 팔리지 않은 책은 결국 독자와 만날 기회조차 잃고 물류창고 어딘가에서 폐기 대기 중인 안타까운 존재가 되는 것이다.

책이 폐기된다는 것은 단지 종이가 버려지는 단순한 문제가 아니다. 그 안에는 저자의 시간과 깊은 생각, 편집자의 꼼꼼한 노력, 인쇄공의 섬세한 손길까지 수많은 이들의 열정과 지식이 함께 담겨 있다. 이 모든 것이 독자에게 닿지 못한 채 사라지는 것이다. 더구나 폐기 과정 자체도 환경에 막대한 부담을 준다. 파지로 처리되는 책은 대부분 소각 처리되며, 이 과정에서 다량의 이산화탄소가 배출된다. 일부는 여러 물질이 혼합되어 재활용조차 어려워 일반 쓰레기로 분류되기도 한다.

이러한 유통 과정의 낭비는 단지 환경 문제에 그치지 않으며, 지식이 사회 안에서 제대로 순환되지 못하는 구조적인 손실이기도 하다. 수천수만 권의 책이 독자와 만나지 못한 채 폐기된다는 것은 우리가 공유하고 발전시킬 수 있었던 수많은 생각과 통찰이 사회로 전해지지 못하고 그대로 사라진다는 뜻이다. 이는 '지식의 나눔'이라는 출판의 본질적인 가치가 흔들리는 심각한 문제로 이어진다.

이러한 안타까운 현실을 바꾸기 위한 움직임 또한 곳곳에서 시작되고 있다. 일부 출판사들은 '소량 인쇄 후 주문형 제작(POD: Print on Demand)' 방식으로 전환하여 필요한 수량만큼만 인쇄해 낭비를 최소화하고 있다. 또한 독립서점과 온라인 플랫폼을 중심으로 '지속 가능한 독서'를 위한 다양한 출판 실험이 시도되고 있다. 일정 수량 이상 주문이 들어와야 제작이 시작되는 '공동구매형 출판' 역시 과잉 생산을 막기 위한 고민에서 비롯된 의미 있는 방식이다.

서점에서도 변화의 바람이 감지된다. 대형 서점 일부는 반품을 줄이기 위해 자체 큐레이션을 강화하고, 장기적으로 독자에게 가치를 줄 수 있는 콘텐츠 위주의 책을 선택하고 있다. 독자 참여 기반의 책 선정, 지역 기반 독서 공동체 활성화 등은 단순히 책을 판매하는 것을 넘어 책이 독자와 더 오래 머무는 시간을 늘리려는 적극적인 시도인 것이다.

이러한 시도들은 작지만 매우 의미 있는 변화를 만들어 가고 있다. 책을 더 오래 진열하고, 더 많은 독자와 만나게 하며, 쉽게 반품하거나 폐기하지 않는 시스템을 고민하는 것. 이것이 바로 '지속 가능한 책의 소비'로 나아가는 길이다.

우리가 진정 책을 사랑한다면 그 책이 독자에게 온전히 다가갈 수 있도록 길을 더 오래 열어주어야 한다. 책의 생명은 인쇄소에서 탄생하는 것이 아니라 독자의 손에서 완성되는 것이다. 출판과 유통의 모든 구조에 이 단순한 진실을 중심에 놓을 수 있다면 불필요한 반품과 폐기를 크게 줄일 수 있을 것이다. 책을 대하는 우리의 방식이 바뀌면 독서가 지구에 남기는 흔적 또한 긍정적으로 달라진다.

책의 두 번째 생명, 어떻게 가능할까?

책을 다 읽고 덮는 순간, 어떤 이는 곧바로 책꽂이에 꽂고, 어떤 이는 상자에 담아 창고로 옮긴다. 그 후 다시 꺼내 보는 일은 드물다. 그렇게 더 이상 펼쳐보지 않는 책들은 책장의 장식이 되거나 먼지를 뒤집어쓴 채 방치되기도 한다. 그러나 책은 단순히 한 번 읽고 끝나는 물건이 아니다. 누군가에게는 더는 필요 없어진 책이 또 다른 누군가에게는 완전히 새로운 지식의 문이 될 수 있다. 책에는 이처럼 '두 번째 생명'이 존재하는 것이다.

책의 두 번째 생명을 실현하는 대표적인 통로는 바로 중고책 시장이다. 헌책방은 오랫동안 책의 순환을 이어온 소중한 공간이며, 최근에는 온라인 중고서점과 다양한 중고 거래 플랫폼을 통해 누구나 손쉽게 책을 사고

팔 수 있게 되었다. 읽은 책을 누군가에게 건네는 일은 단순한 거래를 넘는 지식과 경험을 나누는 의미 있는 행위이다.

한 권의 책이 여러 사람을 거치며 수명을 이어가는 것은 환경 부담을 줄이는 동시에 독서의 가치를 확장하는 매우 효과적인 방식이다. 실제로 한 권의 책이 새로 제작되는 대신 중고로 유통되면 평균 2.7kg의 탄소 배출을 줄일 수 있다. 이는 자동차로 약 10km를 덜 운행한 것과 같은 환경적 이점이다. 물론 중고책 거래만으로 모든 환경 문제가 해결되는 것은 아니지만, 우리가 책을 어떻게 소비하고 순환시키느냐에 따라 분명 크고 긍정적인 변화를 만들 수 있다.

책의 순환은 개인을 넘어 공동체로 확장될 때 더욱 큰 힘을 발휘한다. 지역 도서관이 그 대표적인 공간이다. 도서관은 단지 책을 대여하는 곳을 넘어 지식을 공유하고 문화를 나누는 열린 공간으로 진화하고 있다. 특히 최근에는 '작은 도서관이나 마을 도서관'과 같은 주민 참여 기반의 도서관이 늘고 있으며, 이곳에 기증된 책들은 지역사회 내에서 새로운 생명을 얻는다. 책을 기증하고 대출하면서 누군가의 손에서 다시 누군가의 손으로 전해지는 과정은 책의 생명을 연장하는 소중한 선순환인 것이다.

북쉐어링(책 공유) 또한 책의 두 번째 생명을 위한 새로운 방식의 실천이다. 회사, 카페, 병원, 공동주택 등 일상 공간에 마련된 '길거리 책장이나 공유 책장'은 누구나 책을 자유롭게 읽고 가져가며 놓아둘 수 있는 시스템이다. 책이 특정 장소에 묶여 있지 않고 삶의 흐름 속으로 자유롭게 스며드는 순간, 독서는 더욱 일상적인 행동이 된다.

이러한 공유 방식은 자원 낭비를 줄이는 것뿐만 아니라 사람과 사람 사이의 새로운 관계를 만드는 일이기도 하다. 누군가가 남긴 밑줄과 접힌 페이지, 살짝 변색된 종이의 감촉은 새 책에서는 느낄 수 없는 특별한 정서적 연결을 제공한다. 책은 그렇게 또 다른 사람의 시간을 품은 채 다시 살아나며, 단순한 소비가 아닌 '순환의 문화'를 만들어 가는 것이다.

기업이나 단체 차원의 북쉐어링 프로젝트 또한 활발히 진행되고 있다. 환경단체나 사회적기업은 책 수거 캠페인을 통해 재사용 가능한 책을 분류하고, 이를 필요로 하는 기관이나 개인에게 전달한다. 학교, 병원, 보호시설, 교도소 등 책을 접하기 어려운 이들에게 책을 보내는 일은 환경 실천을 넘어 교육과 문화 복지로 이어지는 매우 의미 있는 사례이다.

물론 책의 순환을 가로막는 장벽 또한 존재한다. 일부 출판사는 중고책 거래에 부정적인 입장을 취하거나 전자책의 DRM(저작권 보호장치)을 통해 소유권 이전 자체를 어렵게 만들기도 한다. 유통업계 역시 새 책 판매에 영향을 미친다는 이유로 중고책 유통에 소극적인 태도를 보이는 경우가 있다. 그러나 책을 둘러싼 소비문화가 진정 지속가능성을 추구한다면, 순환과 공유는 더 이상 선택이 아니라 필수적인 조건이 되어야 한다.

책의 두 번째 생명은 거창한 시스템이 아니어도 충분히 시작될 수 있다. 다 읽은 책 한 권을 이웃에게 건네거나 동네의 공유 책장에 책을 놓고 오는 일, 중고서점에 기증하거나 가까운 도서관을 찾아 책을 빌리는 일 등 이 모든 행동은 책을 다시 흐르게 하고, 지식을 사회 전체로 확장하는 의미 있는 실천인 것이다.

우리가 책을 다시 꺼내고, 다시 전하고, 다시 읽는다면 책은 한 권이 아니라 여러 생명을 지닌 존재가 된다.

독서는 단지 읽는 행위에 머무르지 않는다. 책을 어떻게 순환시키느냐는 우리의 가치관이자 지구를 향한 우리의 태도이기도 하다.

ESG

지구를 위한 독서,
우리가 바꿀 수 있는 것들

책을 읽는다는 것은 언제나 좋은 일일까? 지식이 쌓이고, 감정이 확장되며, 세상을 바라보는 눈이 깊어지는 일 그 자체로는 분명 아름다운 행위이다. 하지만 우리가 읽는 그 책이 베어진 나무 위에 얹힌 글씨라면 어떨까? 지구 어딘가의 물을 수만 리터나 삼키며 만들어진 자국이라면? 무심코 소비하고 버린 그 한 권이 이산화탄소를 남기고 떠난 흔적이라면?

우리는 오랫동안 책을 '가장 깨끗한 소비'라 믿어왔다. 그러나 이제는 묻지 않을 수 없다. 지금 우리가 읽는 책이 과연 지구를 위한 최선의 선택일까?

책을 덮는 순간이 아니라 책을 고르는 순간부터 질문이 시작되어야 한다. 그 책은 어떤 종이로 만들어졌고, 인쇄소는 어떤 에너지를 사용했으며, 유통 과정에서 몇 번의 포장을 거쳐 이동했는가? 그리고 내가 다 읽은 책은 지금 어디에 머물고 있는가?

그럼에도 불구하고 책의 가치는 여전히 유효하다. 그러나 이제는 그 가치를 지키기 위한 방식 또한 달라져야 할 때이다. 출판의 구조, 소비의 문화가 그리고 독자의 선택이 모두 지구를 향한 새로운 책임감을 품어야 한다.

진정 책을 사랑한다면 그 사랑이 지구에도 닿을 수 있도록 노력해야 한다. 우리는 책을 통해 세상을 더 나은 방향으로 이끌 수 있는 힘을 가지고 있다. 이제는 진정 묻고 현명하게 선택하며 과감히 바꾸어야 할 때이다. 책을 통해 우리가 만들어 갈 수 있는 지속 가능한 내일, 지금 그 이야기를 시작한다.

지구를 생각하는 독자란?

책을 고른다는 것은 단순히 제목이나 저자를 선택하는 행위를 넘어선다. 그것은 곧 그 책이 어떤 자원으로 만들어져 어떤 경로를 통해 내 손에 들어왔는지를 함께 선택하는 일이다. 지구를 생각하는 독자란 바로 이 지점을 깊이 의식하는 사람이다. 환경을 고려한 책 소비는 이제 더 이상 특별한 실천이 아니다. 앞으로 우리가 책을 대하는 '기본적인 태도'가 되어야 할 시점이다.

지구를 생각하는 독자는 먼저 '책을 고르는 순간'을 다른 시각으로 바라본다. 출판사가 어떤 종이를 쓰는지, 인쇄 방식은 어떠한지, 유통 과정은 어떻게 이루어지는지 등을 꼼꼼히 살피는 것이다. 산림관리협의회(FSC, Forest Stewardship Council) 인증 종이, 콩기름 잉크 사용 여부, 과도한 비닐 포장 절감 노력 등이 중요한 선택 기준이 된다. 아직 이런 정보를 명확히 표시하는 책은 많지 않지만, 이러한 기준을 가진 소비자가 늘어날수록 출판계는 변화할 수밖에 없다. 독자의 선택은 곧 출판 산업의 방향을 바꾸는 강력한 힘이기 때문이다.

이들은 또한 책을 얼마나 많이 읽느냐보다 '어떻게 읽느냐'를 깊이 고민한다. 책을 사서 방치하거나 한 번 읽고 폐기하는 대신 읽은 책을 오랫동안 보관하거나 다른 이들과 공유할 수 있는 방식을 적극적으로 모색한다. 도서관을 자주 이용하고, 중고책을 선호하며, 한 권의 책을 여러 사람과 함께 읽는 경험을 소중히 여기는 것이다. 독서 방식에 있어서도 이처럼 환경과의 연결고리를 의식하는 태도는 작지만 매우 의미 있는 변화를 만들어낸다.

디지털 시대에는 전자책이 또 하나의 중요한 선택지이다. 종이책의 자원 소비를 줄이기 위한 대안으로 전자책을 적극 활용하는 독자도 많다. 물론 전자책이 완전히 친환경적이라고만 볼 수는 없다. 기기 제조 과정에서의 자원 채굴, 서버 운영에 필요한 전기 사용 등 또 다른 환경 부담이 존재하기 때문이다. 그러나 동일한 전자책 기기를 오래 사용하고, 한 기기로 다양한 책을 읽는다면 전체적인 자원 소비는 분명 줄어든다. 지구를 생각하는 독자는 이러한 장단점을 충분히 이해하고 자신의 생활 방식에 맞는 최적의 선택을 한다.

책을 다 읽은 이후의 태도 역시 중요하다. 다 읽은 책을 단지 책장에 꽂아 장식용으로 놓아 두는 것에 그치지 않고, 필요한 이에게 기증하거나 공유의 형태로 적극적으로 순환시키는 것이 지구 환경을 생각하는 독자의 중요한 실천이다. 동네 도서관이나 북쉐어링 공간에 책을 기증하고, 중고책 플랫폼을 통해 책을 다른 사람과 나누는 일은 더 이상 번거로운 일이 아니다. 이는 지식이 다시 흐르게 만들고 자원의 낭비를 줄이는 핵심적인 행동이 된다.

독자 개인의 실천을 넘어 책에 대한 근본적인 인식의 전환 또한 필요하다. 책을 일회성 소비재가 아니라 '순환 가능한 자산'으로 바라보는 시선이 중요하다. 책은 한 번 읽고 버리는 것이 아닌 수명이 긴 콘텐츠로서 교육 자료, 공동체 나눔 자료, 디지털 콘텐츠 등 다양한 방식으로 활용될 수 있는 잠재력을 품고 있다. 이러한 가능성을 의식하는 독자는 책을 더욱 깊이 존중하게 될 것이다.

이러한 태도는 단순히 환경보호를 위한 실천에 그치지 않는다. 자신의 삶을 둘러싼 물건과 행동의 의미를 되묻는 과정이며, 그 안에서 더 나은 세상을 함께 만들어 가고자 하는 적극적인 태도다. 지구를 생각하는 독자는 곧 '공감하는 사람'이다. 나무 한 그루, 하천의 물 한 방울, 나아가 함께 살아가는 이웃의 숨결까지도 책을 통해 느끼고 존중하려는 사람이다.

우리는 모두 책을 사랑하는 사람들이다. 그렇다면 이제 그 사랑이 세상을 아프게 하지 않도록 함께 책임져야 하지 않을까? 더 적게 소비하고, 더 오래 함께하며, 더 넓게 나누는 독서의 문화. 그것이 바로 지구를 위한 독자의 진정한 첫걸음이 될 것이다.

친환경 출판은 가능할까?

출판은 오랫동안 전통적인 산업의 틀 안에 머물러 있었다. 비록 활자는 금속에서 디지털로 변화했지만 인쇄와 제본, 유통 방식은 큰 틀에서 달라지지 않았다. 그러나 환경에 대한 문제의식이 점차 커지고 있는 지금, 출판계 역시 더 이상 기존의 방식만을 고수할 수 없는 한계에 도달했다. 종이책 한 권이 남기는 탄소 발자국, 쓰고 버려지는 수많은 책, 과잉생산과 대량 반품의 구조는 지속 불가능함을 보여준다. 그래서 우리는 묻지 않을 수 없다.

'친환경 출판은 과연 가능할까?'

그 가능성은 이미 작지만 확실한 실천에서 시작되고 있다. 첫 번째 변화는 바로 종이에서 나타났다. 지금까지 출판에 주로 사용된 종이는 대부분 일반 펄프 기반으로 벌목과 표백 과정에서 환경에 막대한 부담을 주었다. 하지만 최근에는 산림관리협의회(FSC) 인증을 받은 종이가 점차 확대되고 있다. 이 종이는 지속 가능한 방식으로 관리된 숲에서 나온 원료로 만들어지며, 생산 과정에서도 생태계 파괴를 최소화한다. FSC 인증 마크는 단순한 상징을 넘어 지구를 살리는 중요한 선택이 되고 있다.

잉크 또한 변화의 물결을 타고 있다. 석유 기반의 화학 잉크 대신 콩기름이나 쌀겨 같은 식물성 원료로 만든 친환경 잉크가 점점 더 많이 쓰이는 추세다. 이 잉크는 인쇄 과정에서 휘발성 유기화합물(VOCs) 배출을 줄여 인체와 환경에 미치는 부정적 영향을 최소화한다. 물론 인쇄 품질과 비용 문제로 아직은 확산에 제한이 있지만, 친환경 잉크의 사용 증가는 분명 출판계의 새로운 흐름으로 자리 잡아가고 있다.

인쇄 방식에서도 변화가 감지된다. 주문형 제작 시스템(POD)이 대표적인 대안으로 떠오르고 있다. 필요할 때마다 필요한 만큼만 인쇄하는 이 방식은 재고 과잉과 폐기를 줄이는 가장 현실적인 방법이다. 기존 출판이 대량 생산 후 소량 소비 구조였다면, POD는 '소량 생산 후 반복 소비' 구조를 가능하게 한다. 아직은 특정 장르나 독립출판 위주로 활용되지만, 기술 발전과 독자의 수요 변화에 따라 그 확대 가능성은 무궁무진하다.

또한 주목할 만한 변화는 제본과 포장에서 일어나고 있다. 책의 뒷부분에 사용되는 본드는 대부분 화학 접착제로 분해와 재활용을 어렵게 만드는 주범이다. 이를 최소화하기 위한 무본드 제본이나 친환경 접착제 활용 시도가 이어지고 있다. 포장 역시 비닐 대신 종이로 바꾸거나 재생지를 사용하는 방식으로 전환하는 출판사가 늘고 있다. 이러한 변화는 겉보기에는 작아 보일지라도 수십만 권 단위로 인쇄되는 출판 산업의 특성을 고려할 때 그 환경적 파급력은 매우 크다.

이러한 친환경 출판으로의 움직임은 특정 출판사만의 과제가 아니다. 제작에 참여하는 인쇄소, 유통사, 서점 그리고 독자까지 모두의 연대가 필요한 전방위적인 변화이다. 친환경 출판을 위한 시도는 종종 비용 부담이라는 현실적 벽에 부딪히기도 한다. 그러나 이는 결코 단순한 장애물만은 아니다. 오히려 '지속가능성'이라는 더 큰 틀에서 보면 장기적인 신뢰와 브랜드 가치를 높이는 현명한 투자이기도 하다.

실제로 친환경 출판을 전략적으로 추진하여 성공을 거둔 사례도 존재한다. 일본의 출판사 미디어팔레트는 모든 자사 도서에 FSC 인증 종이와 콩기름 잉크를 사용하고 포장재까지 전면적으로 바꿨다. 그 결과 환경단체의 추천을 받으며 독자의 폭넓은 신뢰를 얻는 데 성공했다. 국내에서도 일부 독립출판사나 환경단체가 협력하여 기획 도서를 통해 친환경 출판 시도가 꾸준히 이어지고 있다.

그러나 아직 갈 길은 멀다. 다수의 대형 출판사와 인쇄 업체들은 여전히 기존 방식을 고수하면서 친환경 소재나 시스템 도입에 소극적인 경우가 많다. 정보의 부족 또한 큰 문제다. 독자가 책을 고를 때 '이 책이 얼마나 친환경적으로 만들어졌는지'를 확인할 수 있는 투명한 기준이 없다 보니 현명한 선택을 하기 어려운 현실이다. 이는 친환경 출판을 위한 생태계 조성이 아직은 충분히 이루어지지 않았음을 보여준다.

그럼에도 불구하고 우리는 이 길을 포기할 수 없다. 출판은 단지 콘텐츠의 전달을 넘어 문화와 가치를 다음 세대로 전달하는 중요한 역할을 한다. 그렇다면 그 전달 방식 또한 지금 시대의 정신을 담아야 한다. 환경을 위한 출판은 더 이상 단순한 선택이 아니라 마땅히 져야 할 '책임'이다.

앞으로 우리가 바꿔야 할 것은 단지 종이와 잉크의 문제가 아니다. 책을 만드는 모든 과정에 담긴 태도, 지구를 향한 윤리 의식 그리고 독자와의 약속이 바로 친환경 출판의 진정한 본질이다. 그리고 그것은 작지만 의미 있는 변화에서 시작된다.

더 나은 내일을 위해 우리는 묻고 바꾸고 실천해야 한다. 책 한 권을 만드는 일이 더 이상 지구를 아프게 하지 않도록 말이다.

환경 객관식 퀴즈

1. 일회용 플라스틱 빨대가 자연에서 완전히 분해되는 데 걸리는 시간은 어느 정도일까?
   ① 5년   ② 50년   ③ 200년   ④ 500년

2. 다음 중 탄소 배출량이 가장 많은 교통수단은 무엇일까?
   ① 자동차   ② 전철   ③ 비행기   ④ 자전거

3. 텀블러를 몇 번 이상 사용해야 일회용 종이컵보다 환경적으로 더 유리할까?
   ① 10회   ② 30회   ③ 50회   ④ 100회

4. 전 세계적으로 생산된 식량 중 소비되지 못하고 버려지는 비율은 어느 정도일까?
   ① 약 10%   ② 약 20%   ③ 약 33%   ④ 약 50%

5. 생수 1리터를 생산·유통하는 데 실제로 사용되는 총 물의 양은 얼마일까?
   ① 약 1리터   ② 약 2리터   ③ 약 3리터   ④ 약 5리터

환경 OX 퀴즈

1. 지구상에 존재하는 모든 플라스틱의 90%는 아직도 분해되지 않았다? (O, ×)
2. 종이컵은 100% 종이이므로 일반 종이처럼 쉽게 재활용된다? (O, ×)
3. 배달 음식 포장재는 대부분 재활용이 가능하다? (O, ×)
4. 한국 가정에서 배출되는 1인당 음식물 쓰레기는 연간 약 95kg이다? (O, ×)
5. 지구 평균기온이 2도 이상 상승하면 전 세계 산호초의 99%가 소멸할 수 있다? (O, ×)

(정답 및 해설은 다음 페이지에서 확인하세요.)

환경 객관식 퀴즈 정답 및 해설

1. ④ 작고 가벼운 빨대도 수백 년간 환경에 영향을 미친다.
2. ③ 단위 거리당 탄소 배출량은 비행기가 가장 많다.
3. ④ 텀블러는 생산 시 많은 에너지와 자원이 들어가지만, 약 100회 이상 반복 사용할 경우 종이컵 대비 탄소 배출과 자원 소비 측면에서 유리해진다.
4. ③ 전 세계 식량의 약 3분의 1이 소비되지 못하고 폐기되며, 이는 연간 약 38억 톤의 온실가스(CO_2eq) 배출로 이어집니다.
5. ③ 생수 1리터를 생산하는 데는 물 그 자체뿐만 아니라 플라스틱 병 제조, 세척, 병입, 운송까지 포함해 약 3리터의 물이 소모된다.

환경 OX 퀴즈 정답 및 해설

1. O 플라스틱은 자연 분해되기까지 수백 년이 걸린다. 대부분은 여전히 땅이나 바다에 남아 있다.
2. × 종이컵 안쪽은 방수 코팅(플라스틱) 처리되어 있어 일반 종이보다 재활용하기가 어렵다.
3. × 기름이나 음식물이 묻은 플라스틱, 종이 용기는 재활용이 어렵다. 깨끗이 씻은 경우에만 일부 재활용된다.
4. O 한국은 1인당 연간 약 95kg의 음식물 쓰레기를 배출하며, 이는 전 세계 평균(약 79kg)을 크게 웃도는 수치이다.
5. O 지구 평균기온이 1.5도 상승하면 산호초의 약 70~90%가, 2도 이상 상승하면 최대 99%가 소멸할 수 있다.

CHAPTER **10**

함께 그린(Green) 미래
_ 우리가 만드는 ESG 실천

류지헌

한국ESG경영인증원 수석전문위원 / 중소벤처기업부 인증 창업기획자
ESG경영지도사 1급 / 기업회생관리사

32년간 현대자동차에서 국내 산업 현장을 이끌어온 실무형 전문가로, 경영학 석사 및 기술경영학 박사 학위 취득을 통해 학문적 깊이를 더했다. 퇴직 후에도 충남창조경제혁신센터 등 여러 공공기관에서 기업 평가 및 심사 업무를 수행하며 산업 생태계 이해를 폭넓게 확장했다. 풍부한 현장 경험과 이론적 지식을 바탕으로 시니어 세대 재취업 문제와 사회의 지속 가능한 발전을 위한 ESG 경영 확산 및 실천에 깊은 관심을 쏟으며 활발히 활동 중이다.

ESG

환경, 우리 삶의 필수 가치

왜 지금 환경을 이야기해야 할까?

우리는 매일 수많은 에너지에 기대어 살아간다. 잠에서 깨어나는 순간부터 하루를 마무리하는 순간까지 우리의 평범한 일상은 지구의 에너지 자원 위에서 이루어진다. 너무도 익숙해서 당연하게만 여겼던 이 편리함의 이면에는 보이지 않는 자원의 소모와 탄소 배출이 늘 그림자처럼 따라다니고 있다.

우리는 이 편리함의 대가에 대해 얼마나 자주 생각해 보았을까? 북극의 얼음이 녹고 해마다 여름이 뜨거워지는 현실, 치솟는 전기요금과 이상기후로 인한 물가 상승은 더 이상 다른 나라의 이야기가 아니다. 이는 우리가 발 딛고 선 이곳에서 벌어지는 생생한 변화의 신호이다. 이제 환경보호는 단순한 문제를 넘어 우리가 살아갈 세상의 모습을 결정하는 '생존'의 조건이 되었다.

지금이야말로 작은 행동이 큰 변화를 만들어야 하는 때이다. 환경보호는 더는 정부나 특정 기업만의 책임이 아니다. 우리의 하루하루가 이미 기후위기의 한복판에 놓여 있기 때문이다. 그렇다고 해서 변화가 꼭 거창하거나 완벽해야 하는 것은 아니다. 오히려 작고 사소한 습관 하나가 세상을 바꾸는 가장 깊고 넓은 물결을 만들어 낼 수 있다.

혹시 집 안에 항상 꽂혀 있는 플러그를 무심코 지나치지는 않았나? 쓰지 않는 충전기나 가전제품이 소모하는 대기전력은 불필요한 에너지 낭비와 온실가스 배출로 이어진다. 스마트폰 충전이 끝나면 충전기를 뽑고, 보지 않는 TV의 전원을 꺼두는 아주 간단한 행동만으로도 에너지 낭비를 막고 지구의 부담을 덜어줄 수 있다.

출근길에 손에 든 일회용 커피 컵은 어떤가? 플라스틱 뚜껑과 코팅된 종이, 빨대까지 단 하나의 컵이 참 많은 쓰레기를 만들어 낸다. 하지만 매일 아침 텀블러 하나를 챙기는 작은 습관만으로 한 주에 다섯 개, 1년이면 250개가 넘는 일회용품이 내 손에서 사라지는 놀라운 변화를 만들 수 있다. 텀블러 사용 시 할인 혜택을 주는 카페도 많으니 환경을 지키는 뿌듯함과 함께 소소한 경제적 이득도 얻는다.

가끔은 친구나 가족과 '오늘 내가 한 착한 실천'을 이야기 나누며 서로를 격려해 보는 건 어떨까? 혼자일 때는 쉽게 잊힐 수 있는 다짐도 함께 나누고 공감하는 순간 더 큰 의미와 꾸준히 실천할 힘을 얻게 된다.

결국 모든 변화는 거창한 계획이 아닌 우리의 작은 관심에서 시작된다. 플러그 하나를 뽑고 텀블러 하나를 챙기는 그 순간, 이미 더 나은 내일을 위한 첫걸음을 내딛는 것이다. 이 걸음은 결코 외로운 싸움이 아니다. 우리가 함께 살아갈 세상을 가꾸는 따뜻한 연대의 시작이다.

ESG, 환경의 가치가 우리 삶에 스며들다

우리는 무심코 사용하는 물건 하나, 즐기는 식사 한 끼, 버리는 포장지 하나로 알게 모르게 환경에 영향을 주고 있다. 종이 한 장, 커피 한 잔, 온라인 쇼핑으로 도착한 택배 상자까지 우리의 모든 활동은 자원과 에너지를 소모하며 지구에 선명한 흔적을 남긴다. '환경(Environment)'은 더 이상 멀리 있는 추상적인 개념이 아니다. 바로 우리가 살아가는 방식의 중심이자 새로운 선택의 기준이 되었다.

ESG는 본래 기업의 지속가능성을 평가하는 지표로 시작되었지만, 어느덧 우리 일상의 판단과 행동에 스며들어 삶의 태도가 되었다. 무엇을, 어디에서, 어떤 방식으로 소비하고 버릴지 고민하는 순간마다 우리는 자연스럽게 ESG를 실천하게 된다. 그리고 그 중심에는 언제나 환경이라는 가치가 놓여 있다. 소비의 순간마다 조금만 더 깊이 생각하고 신중히 선택한다면, 그 마음이 기업을 변화시키고, 나아가 사회를 움직이는 힘이 된다.

마트에서 집어 든 먹음직스러운 간편식을 떠올려보자. 편리함에 끌려 장바구니에 담았지만, 막상 포장을 뜯어보면 과한 플라스틱 용기와 비닐 포장재가 한가득 쓰레기로 남는 경우가 많다. 이러한 과대포장은 때로 제품 자체의 가치와는 무관하게 환경에 큰 부담을 주는 요인이 된다. 하지만 장을 보기 전 포장이 간소한 제품을 찾아보거나 재활용이 용이한 용기를 사용한 브랜드를 선택한다면 어떨까? 같은 소비라도 훨씬 더 따뜻하고 지속 가능한 선택이 될 수 있다.

가까운 마트에서 우리 땅에서 난 제철 채소를 고르거나 주말에 열리는 로컬 푸드 직거래 장터를 찾는 일 또한 마찬가지이다. 이는 단순히 신선한 식재료를 구매하는 것을 넘어 수천 킬로미터를 이동하며 발생하는 탄소 발자국을 줄이는 의미 있는 행동이 된다. 나아가 지역 농가에 활력을 불어넣고 건강한 공동체를 가꾸는 사회적 연대를 실천하는 길이기도 하다. 한 끼 식사가 우리의 몸뿐만 아니라 지구와 지역사회의 건강까지 지켜주는 셈이다.

온라인 쇼핑을 할 때도 친환경 포장재를 사용하는지 확인하는 작은 관심 하나가 불필요한 쓰레기를 줄이는 데 큰 도움이 된다. 그리고 물건을 받은 뒤 남은 포장재를 종이, 비닐, 플라스틱으로 꼼꼼히 분리배출하는 습관은 자원순환의 중요한 첫걸음이다.

소비는 단순한 구매 행위로 끝나지 않는다. 그것은 '나는 어떤 세상을 지지하는가'를 보여주는 분명한 목소리이다. 우리의 오늘 선택이 기업의 내일을 바꾸고, 우리가 함께 살아갈 지구의 미래를 결정짓는다는 사실을 기억하자. 이러한 매일의 소비가 곧 환경을 살리는 작지만 가장 단단한 실천이 된다.

우리의 옷장이 지구에 미치는 영향

우리는 매일 옷장 앞에서 어떤 옷을 입을지 행복한 고민을 한다. 하지만 그 옷이 어디서 어떻게 만들어졌으며, 그 과정에 얼마나 많은 지구의 자원이 사용되었는지 깊이 생각해 본 적은 없을 것이다.

의류 산업은 전 세계 온실가스 배출량의 상당 부분을 차지하며, 엄청난 양의 물과 화학물질을 소비한다. 무심코 고른 티셔츠 한 장이 목화 재배부터 염색, 운송에 이르기까지 지구 곳곳의 자원을 소모한 결과물이라는 사실을 이제는 외면할 수 없다.

특히 패스트 패션은 더 중요한 질문을 던진다. 빠르게 변하는 유행을 좇아 저렴하게 대량 생산된 옷들은 짧은 생을 마감하고 너무 쉽게 버려진다. 그렇게 쌓인 옷들은 거대한 쓰레기 산을 이루며 환경에 무거운 짐을 지우게 된다. 결국 옷을 선택하는 행위를 통해 어떤 생산 방식과 가치를 지지할지 결정하고 있는 셈이다.

하지만 우리에게는 환경을 생각하는 더 나은 선택지가 충분히 있다. 새 옷을 구매하기 전 옷장 속 잠자던 옷들을 꺼내 새로운 조합을 시도해보는 것은 어떨까? 충동구매의 유혹이 찾아올 때는 '이 옷이 정말 나에게 필요한가?'라고 스스로 세 번만 다정하게 물어본 뒤 결정해도 늦지 않다. 중고 의류 매장에서 보석 같은 옷을 발견하거나 친구와 옷을 바꿔 입으며 새로운 스타일에 도전하는 것 또한 자원을 아끼는 멋진 방법이다.

더 나아가 유기농 면이나 재활용 섬유처럼 환경을 고려하여 생산된 옷을 선택하고, 지역 디자이너의 소량 생산 제품에 관심을 갖는 것은 가치 있는 소비의 시작이 된다. 지갑을 여는 방식이 곧 "나는 이러한 지속 가능한 생산 방식을 지지합니다"라는 분명한 목소리이기 때문이다.

옷을 소중히 다루고 오래 입는 마음 또한 중요하다. 세탁 횟수를 줄이고 찬물로 빨래하면 에너지를 절약할 수 있으며, 건조기 대신 햇볕과 바람에 옷을 말리면 옷의 수명도 길어진다. 작은 흠집이 생긴 옷은 버리기보다 직접 수선하거나 리폼하여 세상에 하나뿐인 나만의 옷으로 재탄생시켜 보자. 낡은 옷에 새로운 이야기를 불어넣는 즐거움도 누릴 수 있게 된다.

우리가 오늘 선택한 셔츠 한 장, 수선을 결심한 바지 하나가 지구의 탄소를 줄이고 자원을 아끼는 데 기여한다. 옷장은 유행을 따르는 공간을 넘어 지구를 생각하는 가치를 담는 장소가 될 수 있는 것이다.

스타일을 잃지 않으면서도 지구를 지키는 일은 생각보다 즐겁고 어렵지 않다. 오늘 나의 옷장이 내일의 지구에 어떤 긍정적인 이야기를 들려줄지 함께 고민할 시간이다.

탄소중립, 우리 모두의 약속이자 희망

탄소중립은 더 이상 막연한 미래의 과제가 아니다. 그것은 바로 오늘 우리가 내딛는 한 걸음에서, 우리가 함께 나누는 식사 한 끼에서 그리고 우리가 고르는 제품 하나에서 시작되는 우리 모두의 약속이자 책임이다. 일상 속에서 탄소를 줄이는 작은 실천을 차곡차곡 쌓아갈 때, 우리가 함께 만들어 갈 미래는 더욱 건강하고 희망찬 모습으로 다가올 것이다.

출퇴근 시 자가용을 이용하면 화석연료가 타면서 이산화탄소가 배출되지만, 걷거나 자전거를 타는 날에는 탄소 발자국이 거의 '제로'에 가까워진다. 굳이 매일 할 필요는 없다. 일주일에 단 하루 '뚜벅이의 날'이나 자전거 타는 날'을 정해 실천하는 것만으로도 1년에 수십 킬로그램의 온실가스를 줄이는 효과를 얻을 수 있다. 가까운 마트에 장을 보러 가거나 동네 친구와 약속 장소로 향할 때처럼 작고 실현 가능한 순간부터 시작하자.

우리의 식탁 역시 탄소중립에 매우 중요한 역할을 한다. 특히 소고기나 양고기 같은 붉은 육류는 생산 과정에서 이산화탄소보다 훨씬 강력한 온실가스인 메탄을 많이 배출한다. 그래서 일주일에 한 번 식탁을 채소 중심으로 구성하는 것만으로도 연간 수백 킬로그램의 탄소를 줄이는 효과를 기대할 수 있다. 두부, 버섯, 렌틸콩 등으로 만든 다채로운 요리는 맛과 영양 모두 풍부하므로 가족과 함께 '지구를 위한 채식의 날'을 정해 건강과 환경을 함께 지키는 것도 의미 있는 시작이 될 것이다.

집 안 곳곳에서도 탄소중립을 위한 변화의 기회를 찾을 수 있다. 에너지 효율 등급이 높은 가전제품을 선택하고, 사용하지 않는 플러그를 뽑아두며, 대기전력을 차단하는 멀티탭을 사용하는 것 모두 탄소 배출을 줄이는 효과적인 방법이다. 이처럼 특별한 장비나 기술 없이 작은 습관의 전환만으로도 누구나 전력 소비를 줄이는 현명한 선택을 할 수 있다.

온라인의 '탄소 발자국 계산기'를 이용해 생활 습관을 점검하는 것도 좋은 방법이다. 하루 동안 이용한 교통, 전기, 음식이 얼마만큼의 탄소를 남겼는지 눈으로 확인하면 작은 목표를 세우고 실천하는 데에 재미와 동기를 더할 수 있다.

기업과 정부가 탄소배출권 거래제나 RE100 같은 제도를 통해 노력하고 있지만, 여기에 우리의 일상 속 실천이 더해질 때 비로소 그 노력은 진정한 의미를 갖게 된다. 결국 탄소중립의 진정한 주인공은 바로 우리 한 사람 한 사람이다. 우리가 어떤 교통수단을 타고, 어떤 음식을 먹으며, 어떻게 하루를 살아가는지가 지구의 내일을 결정하는 가장 실질적인 힘이 된다.

탄소중립은 특별한 누군가의 이야기가 아닌 바로 지금 우리의 일상에서 시작되는 긍정적인 변화이다. 작은 실천들이 모여 거대한 전환을 이끌어낸다. 우리는 오늘의 선택으로 내일의 지구를 지켜나갈 수 있다. 그리고 이 변화의 여정은 함께할 때 더욱 강력하고 따뜻하게 이어질 수 있을 것이다.

ESG

자원순환과 보존

플라스틱 없는 세상을 꿈꾸며

우리의 하루는 플라스틱과 함께 시작되고 끝난다고 해도 과언이 아닐 만큼 플라스틱은 우리 삶 깊숙이 자리 잡고 있다. 아침에 마시는 생수병, 점심의 배달 용기, 장바구니 속 음료 페트병까지 편리한 일회용 플라스틱은 사용하는 시간은 짧지만, 자연에서 완전히 분해되기까지는 수백 년이라는 긴 시간이 걸린다. 그 과정에서 잘게 쪼개진 미세플라스틱은 바다로 흘러 들어가 해양 생태계를 위협하고, 결국 우리의 식탁으로 되돌아오기도 한다.

플라스틱 문제는 단순한 환경 오염을 넘어 우리의 건강까지 위협하는 심각한 현실이 되었다. 미세플라스틱은 이미 물과 음식, 심지어 숨 쉬는 공기 속에서도 발견될 만큼 우리 가까이에 있다. 이제 플라스틱은 단순히 버려지는 쓰레기가 아니라 우리 삶의 방식과 소비문화를 근본적으로 성찰하게 하는 거울로 바라보아야 할 때이다.

　이 거대한 문제 해결의 첫걸음은 의외로 간단한 곳에서 시작된다. 장을 볼 때 비닐봉지 대신 장바구니를 챙기고, 카페에서 음료를 마실 때 텀블러를 사용하는 것처럼 말이다. 텀블러 하나를 꾸준히 사용하면 1년에 약 500개의 일회용 컵을 절약할 수 있다는 통계도 있다. 텀블러 사용 시 할인 혜택을 제공하는 카페도 많으니 환경과 지갑을 함께 지키는 현명한 습관이 아닐 수 없다.

　무심코 받게 되는 일회용 빨대나 컵 뚜껑, 플라스틱 수저처럼 꼭 필요하지 않은 물건들은 미리 "괜찮습니다"라고 정중히 거절하는 용기를 내보는 것은 어떨까? 그 작은 거절들이 모여 세상을 바꾸는 의미 있는 변화를 만들어 낸다.

　최근에는 샴푸나 세제와 같은 생활용품도 내용물만 다시 채워 사용할 수 있게 해주는 리필 스테이션이 점차 늘어나고 있다. 다회용기에 음식을 담아주는 식당이나 플라스틱 포장 없이 제품을 판매하는 가게를 찾아 나서는 발걸음 또한 지속 가능한 내일을 만드는 소중한 실천이다.

　물론 이러한 선택들이 때로는 조금 번거롭게 느껴질 수도 있다. 하지만 그 작은 불편함은 우리가 더 나은 세상을 위해 기꺼이 감수하는 기분 좋은 대가이며, 소비문화를 긍정적으로 바꾸는 거대한 힘이 된다.

　주말에는 가족과 함께 '플라스틱 없는 하루'를 보내며 즐거운 추억을 만들어 보자. 함께 장바구니를 들고 시장에 가고, 텀블러에 담은 음료를 마시며 산책하는 모든 순간이 플라스틱 없는 삶을 자연스럽게 배우는 소중한 경험이 될 것이다.

　우리의 선택이 그만한 가치를 지니는 이유는 분명하다. 매일 사용하는 물건 하나하나가 자연에 어떤 영향을 미치는지 돌아보는 마음, 바로 그 마음에서부터 변화는 시작된다. 플라스틱 없는 삶은 처음부터 완벽해야만 시작할 수 있는 것이 아니다. 어제보다 조금 더 나은 선택을 하려는 꾸준한 다짐에서 비롯되는 것이다.

오늘 텀블러를 들고 나서는 그 한 걸음이 우리가 함께 만들어 갈 더 깨끗한 내일을 여는 희망찬 발걸음이 된다.

자원순환, 버려진 것들에 새 생명을

우리는 일상에서 '버린다'는 말을 참 쉽게 사용한다. 더 이상 쓰지 않는 물건, 다 쓴 화장품 용기, 택배 상자, 먹고 남은 음식물까지. 이 모든 것을 그저 쓰레기라고 생각하지만, 사실은 새로운 모습으로 다시 태어날 수 있는 소중한 '자원'이라는 사실을 얼마나 자주 떠올릴까? 우리는 단순히 폐기물을 만들어 내는 소비자가 아니라 버려진 것들에 새 생명을 불어넣는 자원순환의 주체인 것이다.

현대사회에서 '쓰레기'라는 개념 자체가 인간이 만든 착각일지도 모른다. 자연에서는 한 생물의 배설물이 다른 생물의 영양분이 되고, 낙엽이 흙으로 돌아가 새로운 생명을 키우는 거름이 된다. 이러한 완벽한 순환 시스템 속에서 진정한 의미의 쓰레기는 존재하지 않는다. 그렇다면 우리가 매일 만들어 내는 폐기물들도 올바른 관점에서 바라보고 적절한 과정을 거치면 모두 귀중한 자원으로 되살아날 수 있지 않을까?

이러한 철학적 전환은 단순히 환경보호를 위한 구호가 아니라 우리의 삶을 더욱 풍요롭고 의미 있게 만드는 새로운 생활 방식의 제안이다. 버리는 순간에도 그것이 어떤 새로운 모습으로 다시 태어날 수 있을지 상상해

보는 습관 그 자체가 우리의 일상을 더욱 창의적이고 희망적으로 만든다.

오늘 버린 유리병 하나도 제대로 분리배출하면 언젠가 근사한 유리컵으로 우리 식탁에 다시 돌아올 수 있다. 음식물 쓰레기 역시 올바르게 처리되면 바이오 가스나 비료가 되어 자연의 품으로 돌아가는 순환의 고리를 잇게 된다. 문제는 우리가 무심코 그것들을 뒤섞어 버리는 습관에 있다.

페트병 하나를 버릴 때도 라벨을 떼고 속을 깨끗이 헹궈 배출하는 작은 수고가 재활용 가능성을 활짝 열어주는 소중한 과정이 된다. 이 간단해 보이는 행동 하나가 재활용 공장에서 얼마나 많은 차이를 만드는지 알게 된다면, 우리는 더욱 기꺼이 그 작은 수고를 감내할 수 있을 것이다. 깨끗하게 분리된 페트병은 새로운 의류 섬유로, 카펫으로, 혹은 다시 새로운 페트병으로 재탄생할 수 있다.

단순한 우유팩이나 종이컵처럼 보이더라도 비닐 코팅이 된 제품들은 따로 모아 배출하면 고급 화장지나 재생용지로 다시 태어날 수 있다. 알루미늄 캔은 분리배출 후 단 60일 만에 완전히 새로운 캔으로 재탄생할 수 있으며, 이 과정에서 원재료로 새로 만드는 것보다 95%나 적은 에너지가 소모된다. 우리가 조금만 더 관심을 기울이면 쓰레기통으로 향하던 것들이 새로운 쓰임새를 찾아 되살아날 수 있게 된다.

특히 전자제품은 함부로 버리면 환경에 치명적인 영향을 미칠 수 있지만, 올바른 경로로 배출하면 귀중한 희귀 금속들을 회수해 다시 활용할 수 있다. 스마트폰 하나에는 금, 은, 구리 등 다양한 금속이 포함되어 있어 적절히 재활용되면 새로운 전자제품의 원료가 될 수 있다. 이처럼 분리배출은 단순한 정리정돈이 아니라 지구의 자원을 보존하고 미래 세대를 위한 유산을 남기는 숭고한 행위인 것이다.

자원순환은 잘 버리는 것만큼이나 '신중하게 소비하는 것'에서 시작된다. 옷장 속에 한 번도 입지 않고 걸려 있는 옷이 몇 벌이나 있을까? 충동적으로 구매한 물건들은 결국 제대로 사용되지 못한 채 버려지고, 그것을 만들고 옮기는 데 쓰인 막대한 자원과 에너지는 그대로 낭비되고 만다.

패스트 패션의 유혹 속에서 우리는 종종 진정으로 필요한 것과 단순히 원하는 것을 구분하지 못한다. 새 옷을 구매하는 대신 옷장 속 옷들을 새롭게 코디해 보거나 중고 거래 플랫폼을 통해 필요한 사람에게 보내주는 것 역시 멋진 자원순환의 실천이다. 한 사람에게는 더 이상 필요 없는 물건이 다른 사람에게는 꼭 필요한 보물이 될 수 있다는 것, 이것이야말로 진정한 의미의 순환 경제가 아닐까?

'미니멀 라이프나 제로 웨이스트' 같은 라이프 스타일이 주목받는 이유도 여기에 있다. 적게 소유하되 오래 사용하고, 필요할 때만 구매하며, 사용하지 않는 것은 필요한 사람과 나누는 삶의 방식이야말로 지속 가능한 자원순환의 모델이다. 이는 절약 정신에서 나오는 것이 아니라 지구와 미래 세대에 대한 책임감에서 비롯되는 새로운 가치관인 것이다.

'렌털 경제나 공유 경제'의 확산도 자원순환의 새로운 가능성을 보여준다. 자동차, 공구, 캠핑 장비처럼 가끔 사용하는 물건들을 개인이 모두 소유할 필요가 있을까? 필요할 때 빌려 쓰고, 사용하지 않을 때는 다른 사람이 활용할 수 있도록 하는 시스템이야말로 자원의 효율성을 극대화하는 현명한 방법이다.

음식 소비 또한 마찬가지이다. 한 번에 너무 많은 식재료를 구매하기보다 필요할 때마다 조금씩 장을 보고, 남은 재료는 '냉장고 파먹기'와 같은 창의적인 요리로 즐겨보는 것은 어떨까? 이러한 습관은 단순히 음식물 쓰레기를 줄이는 것을 넘어 요리 실력을 향상시키고, 식재료 본연의 맛을 더욱 깊이 이해하게 해준다.

음식물 쓰레기는 전 세계적으로 심각한 환경 문제 중 하나이다. 생산된 음식의 약 3분의 1이 버려지고 있으며, 이 과정에서 발생하는 온실가스는 전체 배출량의 상당 부분을 차지한다. 하지만 식단 계획을 세우고, 적정량만 구매하며, 남은 음식을 창의적으로 활용하는 습관을 기른다면 이러한 문제를 크게 개선할 수 있다.

컴포스팅(퇴비 만들기)은 음식물 쓰레기를 자원으로 전환하는 가장 직접적인 방법이다. 아파트 베란다에서도 할 수 있는 작은 컴포스트 박스를 통해 음식물 찌꺼기를 영양이 풍부한 퇴비로 만들어 화분의 식물에게 주는 것은 완벽한 소규모 순환 시스템을 구축하는 일이다. 이는 단순히 쓰레기를 줄이는 것을 넘어 생명의 순환을 직접 체험하게 해주는 소중한 작업이 된다.

자주 사용하는 세제나 샴푸는 리필제품을 선택하여 불필요한 용기 소비를 줄이는 습관도 좋다. 개인용품뿐만 아니라 가정용 청소용품, 주방용품 등에서도 리필 문화가 확산하고 있다. 이러한 작은 선택들이 모이면 플라스틱 사용량을 대폭 줄일 수 있으며, 기업들도 소비자의 이런 요구에 맞춰 더욱 친환경적인 제품을 개발하게 되는 선순환 구조를 만들어 낸다.

지역사회 차원에서의 자원순환도 중요하다. 동네 카페에서 텀블러 사용을 장려하는 할인 혜택, 재사용 가능한 용기를 가져오면 포장재를 줄여주는 반찬가게, 불필요한 일회용품 사용을 자제하는 식당들의 노력이 모이면 지역 전체의 폐기물을 크게 줄일 수 있다.

물물교환, 나눔 장터, 수리 카페 같은 지역 공동체 활동들은 자원 절약뿐만 아니라 이웃 간의 유대감을 형성하고 지역사회의 결속력을 높이는 사회적 가치도 창출한다. 고장 난 가전제품을 함께 수리하고, 아이들의 장난감을 다른 가정과 나누며, 텃밭에서 기른 채소를 이웃과 함께 나눠 먹는 활동들이야말로 진정한 의미의 '순환하는 공동체'를 만들어 가는 과정이다.

이처럼 우리의 소비 방식 자체를 돌아보고, 개인을 넘어 공동체 차원에서 자원순환을 실천하는 것이야말로 지속 가능한 미래를 만들어 가는 핵심이라고 할 수 있다.

자원은 단순히 소모하는 것이 아니라 끊임없이 순환시키는 것이다. 그리고 그 순환의 중심에는 바로 우리의 따뜻한 손길이 있다.

우리가 오늘 실천하는 작은 자원순환의 노력이 모여 내일의 지구를 만들어간다. 분리배출함에 넣는 빈 병 하나, 장바구니를 들고 나서는 발걸음 하나, 불필요한 구매를 참는 현명한 선택 하나하나가 모두 미래 세대에게 물려줄 소중한 유산이 되는 것이다.

자원순환은 제약이 아니라 창조이고, 불편함이 아니라 새로운 가능성의 발견이다. 버려진 것들에 새 생명을 불어넣는 이 아름다운 순환의 고리 속에서 더욱 풍요롭고 의미 있는 삶을 살아갈 수 있을 것이다. 그리고 그 시작은 바로 지금, 우리의 손 안에 있는 작은 실천에서부터 비롯된다.

물과 에너지, 보이지 않는 자원의 소중함

수도꼭지를 틀면 쏟아지는 맑은 물, 스위치를 누르면 환하게 켜지는 불빛 등 우리는 언제든 원하면 쓸 수 있는 풍요로운 세상에 살고 있다. 너무도 익숙한 편리함 속에서 우리는 종종 잊곤 한다. 이 모든 자원이 얼마나 귀하고 한정적인지를 말이다.

하지만 지금 이 순간에도 지구 반대편에서는 가뭄과 전력난으로 고통받는 이들이 있다. 우리가 무심코 흘려보내는 물 한 방울, 무심코 켜두는 전등 하나가 실은 지구의 유한한 품에서 나온다는 사실을 기억해야 한다.

오늘 하루 얼마나 많은 물을 사용하고 얼마나 많은 에너지를 소비했는지 잠시 돌아보자. 양치하며 틀어놓은 수돗물, 빈방을 지키는 외로운 조명, 눈에 띄지 않게 소모되는 대기전력까지 잘 보이지 않기에 쉽게 간과되는 이 모든 것이 소중한 자원의 낭비이다. 하지만 우리의 작은 습관 하나하나가 바뀌면 그 마음이 모여 거대한 자원 절약의 물결을 이룰 수 있다.

양치할 때 컵을 사용하는 작은 변화만으로도 놀랍게도 6리터나 되는 물을 아낄 수 있다. 세수할 때도 세면대에 물을 받아 쓰는 습관은 그 자체로 지구를 위한 배려가 된다. 세탁기와 식기세척기는 빨래와 그릇으로 가득 채워 기계가 가장 효율적으로 작동할 수 있을 때 돌려주는 지혜를 발휘해 보자. 에너지 절약 모드를 활용하는 것도 좋은 방법이다. 이러한 작은 조절들이 모이면 물과 전기의 낭비를 눈에 띄게 줄여준다.

여름철 에어컨 온도를 1도만 높여도 몸이 기분 좋게 적응할 수 있는 온도에서 전력 소비를 크게 줄일 수 있다. 겨울에는 실내에서도 따뜻한 겉옷을 걸치고 난방 온도를 조금 낮춰 온기를 나눠보는 것은 어떨까? 집 안의 조명을 LED로 바꾸고, 햇살 좋은 낮에는 커튼을 활짝 열어 자연의 빛을 집 안 가득 들이는 것 또한 현명한 선택이다.

눈에 띄지 않게 소모되는 대기전력 또한 간과할 수 없다. 사용하지 않는 가전제품의 플러그를 뽑거나 대기전력 차단 멀티탭을 활용하는 등 보이지 않는 곳에서 낭비되는 에너지를 막는 노력이 필요하다. 이러한 실천이 처음에는 조금 불편하게 느껴질 수 있지만 곧 익숙해져 지구를 위한 기분 좋은 습관으로 자리 잡을 것이다

우리는 이제 자원이 영원하지 않다는 진실을 겸허히 받아들여야 한다.

우리의 손끝에서 아껴진 물 한 방울, 꺼진 전등 하나하나가 모여 단순한 절약을 넘어 지구의 건강한 내일을 위한 귀한 씨앗이 된다.

그동안 너무나 당연하게 여겼던 이 소중한 자원들의 진정한 가치를 오늘부터 우리 함께 되새겨보는 것은 어떨까?

ESG

자연과 기술의 조화

함께 숨 쉬는 지구를 위하여

아침 창밖으로 보이는 나무 한 그루의 싱그러움, 산책길에 마주친 작은 새의 노랫소리가 주는 평온함. 우리는 이러한 자연의 선물을 당연하게 생각하며 누리곤 한다. 그러나 지금 지구 곳곳에서는 개발과 기후변화로 수많은 생명이 터전을 잃고 생태계의 조화가 위태롭게 흔들리고 있다.

생물 다양성은 단순히 동식물만의 이야기가 아니다. 우리가 숨 쉬는 공기, 마시는 물, 먹는 음식 등 모두가 건강한 생태계와 깊이 연결되어 있다.

회색빛 도시의 삶은 때로 자연과 멀어진 듯 느껴지지만, 우리는 여전히 그 안에서 자연과 함께 살아가고 있다. 도심의 작은 공원, 아파트 화단, 길가의 가로수 한 그루는 단순한 풍경이 아니라 생물 다양성을 지키는 소중한 '작은 숲'이다. 이 녹색 공간들은 도시의 열기를 식히고 미세먼지를 걸러주는 도시의 허파이자 잠시 쉬어갈 틈을 주는 고마운 쉼터이다.

그렇기에 우리는 도시 속에서도 자연에 생명을 불어넣는 작은 행동을 시작할 수 있다. 아파트 베란다나 옥상에 나만의 작은 정원을 가꾸거나 꿀벌과 나비가 찾아올 수 있는 꽃 화분을 놓아두는 것만으로도 도시의 작은 생명에게 따뜻한 안식처를 제공할 수 있다. 길에서 만난 들꽃은 꺾기보다 그 자리에 둔 채 눈으로, 사진으로 담아두는 따뜻한 마음이 생태계를 존중하는 아름다운 자세인 것이다.

나무 심기 행사에 참여하거나 동네 주민들과 함께 커뮤니티 정원을 가꾸는 활동에 동참하는 것도 좋다. 주말에는 가까운 공원이나 숲을 찾아 흙을 밟고 풀과 꽃의 향기를 맡으면서 우리가 거대한 자연의 일부임을 온몸으로 느껴보는 시간을 가져보자.

이러한 작은 움직임들이 모일 때 도시는 점차 생명이 숨 쉬는 공간으로 되살아나고, 사람과 자연이 더불어 살아가는 건강한 공동체가 될 수 있다. 우리가 심은 나무 한 그루가 거대한 숲의 시작이 되고, 우리가 가꾼 화분 하나가 나비의 소중한 쉼터가 된다.

생물 다양성은 멀리 떨어진 곳의 이야기가 아닌 우리 삶의 터전을 지키는 가장 근본적인 약속이다. 오늘 자연을 향한 작은 관심이 우리 모두가 함께 숨 쉴 수 있는 건강한 지구를 만드는 가장 큰 희망이 된다.

시원한 바람과 깨끗한 에너지가 흐르는 도시

오늘날 도시의 풍경은 쉴 틈 없이 분주하다. 길게 늘어선 자동차 행렬과 건물마다 뜨거운 바람을 내뿜는 에어컨 실외기는 도시의 온도를 끊임없이 높인다. 도심의 아스팔트와 콘크리트는 낮 동안 열을 흡수했다가 밤에도 식지 않고 열을 내뿜으며 주변보다 평균 기온을 높이는 열섬 현상은 이제 익숙한 현실이 되었다. 도시가 숨 가쁘게 돌아갈수록 우리는 더 시원하고 맑은 공기를 간절히 바라게 된다.

그래도 희망적인 사실은 도시의 열기를 식히고 탄소 발자국을 줄여 지속 가능한 미래로 나아가는 길이 멀리 있지 않은 우리 일상 속에 있다는 것이다. 이러한 도시의 온도를 낮추고, 탄소 배출을 줄이며, 지속 가능한 삶으로 나아가기 위해서는 교통과 에너지, 도시계획의 전반에서 무엇보다 친환경적인 전환이 필요하다. 그 시작은 아주 가까운 곳, 바로 우리의 이동 방식에서부터 가능하다. 매일 아침 이동 방식을 바꾸는 작은 실천에서 비롯되는 것이다.

자가용 대신 대중교통을 이용하고, 가까운 거리는 자전거를 타거나 두 발로 걷는 것 등 이러한 작은 선택들이 모여 도시의 열기를 식히는 시원한 바람이 되고, 화석연료 매연 대신 건강한 숨을 쉬는 하루를 선사한다. 상쾌한 바람을 맞으며 자전거로 출근하거나 퇴근길에 한두 정거장 먼저 내려 걷는 여유는 개인의 건강뿐 아니라 도시 전체의 공기를 맑게 하는 소중한 행동이다. 자동차 대신 자전거를 선택한 하루가 그만큼의 연료 소비와 탄소 배출을 줄이는 날이 되는 셈이다.

도시의 숨통을 트이게 하는 또 다른 아름다운 방법은 우리 곁에 나무와 숲을 더하는 것이다. 삭막한 건물 옥상에 조성된 작은 정원, 길가를 따라 늘어선 푸른 가로수, 낡은 담벼락을 뒤덮은 담쟁이덩굴, 공공기관의 벽면을 뒤덮는 녹색 식물들. 이 모든 녹색 공간은 도시에 시원한 그늘을 드리우고 맑은 공기를 불어넣는 '생명의 허파'와 같다. 도시의 온도를 낮추고, 공기를 정화하며, 도시에 생명력을 더해 준다. 아파트 화단을 이웃과 함께 가꾸거나 주말에 나무 심기 행사에 참여하는 따뜻한 마음만으로도 우리는 이 생명의 흐름에 동참할 수 있는 것이다. 푸른 공간은 도시의 미관을 아름답게 할 뿐 아니라 새와 곤충들의 보금자리가 되어 도시의 생물 다양성을 풍요롭게 한다.

무엇보다 중요한 전환은 우리가 사용하는 에너지의 근원을 바꾸는 일이다. 오랫동안 화석연료에 의존해왔지만, 이제는 태양과 바람, 지열 같은 재생에너지를 활용하여 지속 가능한 도시로 나아가야 할 때이다. 옥상에 작은 태양광 패널을 설치해 햇빛으로 전기를 만들고, 에너지 효율이 높은 가전제품을 선택하는 현명한 소비는 더 이상 먼 미래의 이야기가 아니다.

예를 들어 집이나 건물에 태양광 패널을 설치해 전기를 자체적으로 생산하거나 에너지 효율이 높은 전자제품을 사용해 전력 소비를 줄이는 것 그리고 그린 빌딩이나 스마트 그리드 시스템이 적용된 공간을 선택하는 현명한 소비가 필요하다. 최근에는 아파트 베란다에 설치하는 소형 태양광 발전기부터 주민들이 힘을 모아 에너지 자립을 꿈꾸는 공동체까지 희망적인 시도들이 우리 주변에서 활발히 이루어지고 있다.

거리에는 전기버스와 수소버스가 늘어나고, 도시 곳곳에는 태양광 및 풍력 발전 시설이 들어서면서 도시의 건강한 변화를 이끌고 있다. 각 지방자치단체도 '스마트 그린도시'를 목표로 재생에너지 인프라를 확대하고 친환경 교통수단을 늘리는 노력을 계속하고 있다. 이러한 변화에 발맞추어 우리의 삶 또한 자연스럽게 친환경적으로 물들어간다.

하지만 잊지 말아야 할 것이 있다. 지속 가능한 도시는 거대한 기술이나 화려한 정책만으로 완성되지 않는다는 사실이다. 그 핵심에는 언제나 우리의 작은 선택과 꾸준한 실천이 있어야 한다. 우리가 걷는 한 걸음, 자전거를 타는 하루, 나무를 심는 그 순간이 바로 도시를 식히고 숨 쉬게 하며 지속 가능하게 만드는 출발점이 되는 것이다.

기술과 자연이 따뜻하게 만나는 미래

미래의 도시를 어떤 모습으로 만들 것인가는 우리의 손에 달려 있다. 지금 우리가 선택하는 교통수단, 사용하는 에너지, 심는 나무 한 그루가 지구의 내일을 바꾸는 힘이 되는 것이다. 시원한 바람과 깨끗한 에너지가 흐르는 미래, 그 희망찬 도시의 모습은 결국 오늘을 살아가는 우리의 선택과 실천에 달려 있는 것이다.

기후위기 시대에 우리가 살아가는 도시는 단순한 거주 공간을 넘어 더 나은 내일을 향해 스스로 숨 쉬고 성장하는 거대한 생명체이자 미래를 설계하는 실험장이 되고 있다. 지금 이 순간에도 전 세계 곳곳에서는 더 지속 가능하고 회복력 있는 도시를 만들기 위한 시도가 이어지고 있으며, 그 중심에는 '스마트 그린도시'라는 새로운 패러다임이 자리 잡고 있다.

스마트 그린도시는 최첨단 정보통신기술(ICT)과 푸른 자연이 조화를 이루어 에너지 효율을 극대화하고, 자원 소비를 최소화하며, 시민의 삶의 질까지 높이는 미래형 도시를 의미한다. 이는 기술과 자연이 균형을 이루

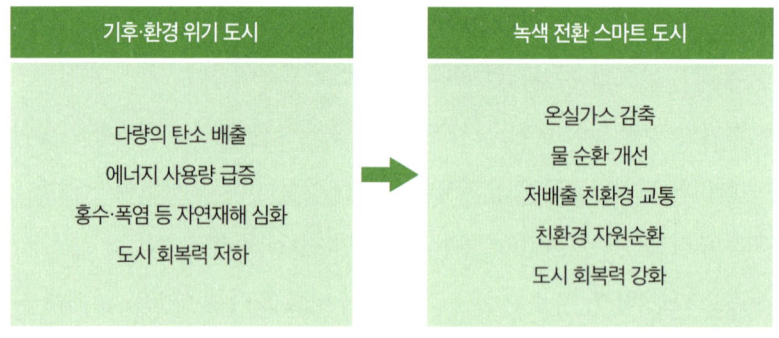

<스마트 그린 도시로의 전환>

출처: 환경부

며 따뜻하게 공존하는 공간을 지향한다. 마치 도시 전체에 뻗어 있는 촘촘한 신경망처럼 스마트 센서는 곳곳의 에너지 사용량을 실시간으로 파악하여 불필요한 낭비를 줄이고, 도시의 혈액과도 같은 에너지를 가장 효율적인 방식으로 순환시킨다. 덕분에 탄소 배출량을 효과적으로 관리할 수 있게 되는 것이다.

이러한 도시에서는 건물 하나하나가 에너지 생산과 절약에 기여하는 '살아 숨 쉬는 집'으로 거듭난다. 지붕의 태양광 패널은 따스한 햇빛을 전기로 바꾸고, 에너지저장장치(ESS)를 통해 생산된 전력을 효율적으로 활용한다. 또한 고성능 단열재와 같은 친환경 건축 자재를 사용해 냉난방 에너지를 절약하며, 이러한 기술이 시민의 생활 속에 자연스럽게 스며들 수 있도록 '제로에너지 건축물' 기준이 점차 확대되고 있다. 뿐만 아니라 무심코 버려지던 빗물을 저장하고 재이용하는 시스템, 도시 내 순환형 수자원 관리, 폐열 활용 난방 같은 방식도 점점 더 보편화되고 있다. 일상의 작고 반복적인 소비를 통해 자원을 순환시키는 도시, 그것이 바로 우리가 지향하는 스마트 그린도시의 모습이다.

기술적 진보는 지속 가능한 도시를 만드는 데 필수적이다. 하지만 기술만으로는 지속 가능한 도시를 온전히 완성할 수 없다. 진정한 변화는 시민 한 사람 한 사람의 작은 선택과 꾸준한 실천에서 비롯된다. 전기차 충전소를 이용하고, 친환경 건물을 선택하며, 지역 에너지 공동체에 참여하는 일 등 에너지 절약 캠페인이나 환경 워크숍에 참여하는 것과 같은 다양한 실천이 모여 도시의 변화를 이끌어낸다. 이 모든 것이 도시의 내일을 더욱 푸르게 만드는 우리의 목소리인 것이다.

스마트 그린도시는 하루아침에 완성되는 유토피아가 아니다. 오늘 우리가 아낀 전기 한 줄, 우리가 지지한 친환경 정책 하나하나가 모여 한 뼘

씩 자라나는 늠름한 나무와 같다. 그것은 작지만 의미 있는 행동에서부터 시작된다. 일상 속에서 에너지를 아끼고 재생에너지를 선택하면서 자연을 존중하는 태도를 유지한다면, 도시는 조금씩 회복력을 갖추고 더 건강하고 쾌적한 공간으로 변화해 갈 것이다.

우리가 진정으로 꿈꾸는 미래의 도시는 기술만 발전한 차가운 공간이 아니라 사람의 지혜와 자연의 순리가 어우러지는 따뜻한 공동체이다. 지속 가능한 도시는 거대한 기술이나 화려한 정책만으로 완성되지 않는다. 그 핵심에는 언제나 우리의 작은 선택과 꾸준한 실천이 있다. 우리가 오늘 아낀 전기 한 줄, 선택한 그린 빌딩 하나, 심은 나무 한 그루가 바로 스마트 그린도시를 향한 의미 있는 실질적인 발걸음이 되는 것이다.

시원한 바람과 깨끗한 에너지가 흐르는 미래, 그 희망찬 도시의 모습은 결국 오늘을 살아가는 우리의 손에 달려 있다

ESG

지속 가능한 미래를 위한 시민참여와 연대

ESG, 변화를 완성하는 우리의 힘

기후위기와 환경 문제는 더 이상 특정 전문가나 정책 결정자만의 몫이 아니다. 우리 모두가 연결된 세계에 살고 있기에 변화의 주체 역시 모든 시민이어야 한다. 이제는 환경을 위한 실천이 일부 사람들의 특별한 활동이 아니라 우리 모두의 기본적인 삶의 태도가 되어야 할 때이다. 그 출발점은 바로 '알고 행동하는 것', 즉 ESG에 대한 이해와 실천에서 시작된다.

지속 가능한 미래를 향한 길고 긴 여정의 마지막 열쇠는 두꺼운 정책 보고서나 눈부신 기술 개발에만 있지 않다. 그 열쇠는 바로 한 사람 한 사람의 마음에서 발견된다. 생명을 소중히 여기고 이웃을 돌보며 더 나은 공동체를 꿈꾸는 마음. 이제는 그 마음을 꺼내어 배우고, 나누고, 함께 행동으로 옮겨야 할 때이다.

ESG(Environmental, Social, Governance)는 단순히 기업의 경영 전략이

아니라 시민의 삶과도 깊이 연결된 가치이다. 환경 문제에 얼마나 민감하게 반응하고, 지역사회에 어떻게 참여하며, 투명하고 올바른 사회적 구조를 지향하느냐는 모두 ESG의 영역에 포함된다. 그렇기에 ESG에 대한 교육은 어린이부터 어른까지 모두에게 필요하며, 생활 속에서의 실천은 일회성이 아닌 습관이 되어야 한다.

이러한 철학은 교실과 삶 속에서 생생하게 피어난다. 아이들의 작은 손으로 생명의 신비를 배우는 학교 텃밭, 청소년들이 직접 기획하고 가꾸는 동네 공원, 청년들이 목소리를 내어 제안하는 지역 재생에너지 정책. 초등학생이 쓰레기를 분리배출하는 이유를 배우고 학교에서 직접 텃밭을 가꾸며 생물 다양성을 체험하는 경험은 평생 지속될 환경 감수성을 심어준다. 청소년이 지역의 공원 조성 프로젝트에 참여하거나 청년들이 지역 재생에너지 정책 제안서를 작성해보는 경험 역시 ESG 교육의 실천이다. 이 모든 것이 행동하는 '시민력(力)'을 길러내는 살아 있는 교육이다.

우리의 참여는 즐거움과 연대가 넘치는 축제가 될 수 있다. 주말 아침에 가족과 함께 쓰레기를 주우며 동네를 산책하는 줍깅(플로깅) 챌린지, 내가 실천한 뿌듯한 환경보호 활동을 SNS에 공유하며 선한 영향력을 퍼뜨리는 일, 지역 환경 워크숍에 참여해 새로운 지혜를 얻고 좋은 이웃을 만나는 시간. 지역사회의 환경 캠페인이나 워크숍, 쓰레기 줍기 활동, 기후 행동 걷기 챌린지 등은 시민이 참여할 수 있는 손쉬운 ESG 실천의 장이 된다. 누군가의 참여가 또 다른 참여를 이끌고, 그것이 다시 지역 전체의 분위기를 바꾸는 선순환이 만들어지는 것이다. SNS를 통해 실천 내용을 공유하거나 동네 커뮤니티에서 함께 목표를 세우는 것도 좋은 방법이다. 이처럼 작고 즐거운 움직임들이 모여 우리 동네를 바꾸는 긍정적인 에너지를 만들어 낸다.

기업과 지자체, 학교, 시민단체가 함께 협력해 지역 맞춤형 ESG 프로젝트를 만들어 가는 일도 점차 활발해지고 있다. 공공기관과 민간기업이 협력해 '제로 웨이스트 상점'을 운영하거나 지역 주민과 함께 나무를 심고 재생에너지 마을을 조성하는 등의 사례는 도시와 지역 마을이 더 나은 방향으로 나아가고 있음을 보여준다.

세상은 저절로 변하지 않는다. ESG라는 가치가 우리의 일상에 깊이 뿌리내리고, 한 사람의 선한 실천이 다른 이에게 용기가 될 때 비로소 지속 가능한 변화는 완성된다. ESG는 멀리 있는 거대 담론이 아니라 우리가 매일 살아가는 동네와 집 안에서부터 시작되는 변화인 것이다. 무심코 지나치던 동네 나무의 이름을 궁금해하고, 오늘 실천한 작은 선행을 소중한 이와 나누며, 지역의 환경 모임에 따뜻한 관심을 보내는 그 모든 순간이 이미 세상을 바꾸는 위대한 여정의 일부이다.

지속 가능한 세상은 혼자만의 힘으로 만들어지지 않는다. 지속 가능한 미래는 우리 모두 함께 배우고 실천하며 서로 격려하면서 움직일 때 비로소 단단한 뿌리를 내리고 오래도록 이어지는 약속으로 이루어진다. 지금의 작은 관심과 실천 하나하나가 바로 우리가 꿈꾸는 더 나은 세상을 현실로 만드는 가장 큰 동력이자 희망이 된다. 이 의미 있고 아름다운 여정의 주인공은 바로 이 책을 덮고 새로운 내일을 시작할 당신이다.

세대와 세대를 잇는 연대의 실천

기후위기는 더 이상 먼 미래의 경고가 아닌 우리 모두의 문을 두드리는 오늘의 현실이다. 점점 더 길어지는 폭염, 예측할 수 없는 폭우와 한파는 우리 일상의 평온을 흔들고 있다. 이제 기후위기 대응은 더 나은 삶을 위한 선택이 아니라 우리 모두의 생존을 위한 필수 조건이 되었다.

이 거대한 변화의 한가운데에서 중요한 것은 바로 세대와 세대를 잇는 '연대의 마음'이다. 기성세대는 지난날의 경험과 지혜를 바탕으로 책임 있는 전환을 이끌고, 젊은 세대는 새로운 감각과 기술로 누구도 상상하지 못했던 해법을 제시해야 한다. 오래된 가전을 고효율 제품으로 바꾸는 어르신의 지혜로운 실천에서부터 기후 정의를 외치며 거리에 나서는 청년의 용기 있는 목소리까지 각 세대가 지닌 강점이 서로를 존중하며 어우러질 때, 우리는 훨씬 더 강한 힘을 발휘할 수 있다.

특히 미래의 주인인 어린이와 청소년에게 기후 문제의 심각성을 알리고, 그들의 생각과 목소리에 귀 기울이는 사회적 분위기를 만드는 것은 우리의 의무이다. 아이가 "왜 나무를 심어야 해요?"라고 묻는 순수한 질문에서 지식을 넘어 '세상을 함께 지켜야 하는 이유'라는 가치를 공유하는 소중한 기회를 얻는다. 아이의 눈을 맞추고 진지하게 답하며 함께 나무 한 그루를 심는 행동이야말로 살아 있는 연대의 실천인 것이다.

이 연대의 범위는 국경을 넘어선다. 우리가 무심코 사용하는 제품 하나가 지구 반대편의 숲을 사라지게 하고, 우리가 내뿜는 탄소가 머나먼 섬나라의 해수면을 높이는 현실을 직시할 때, 우리는 비로소 지구촌 공동체로서의 무거운 책임을 깨닫게 된다. 파리협정 같은 국가 간의 약속부터 플라스틱 프리 챌린지처럼 국경 없이 퍼져나가는 시민들의 자발적 캠페인에 이르기까지 우리는 이미 다양한 방식으로 연결되어 서로에게 영향을 주고받고 있다.

결국 기후위기라는 거대한 도전 앞에 우리는 홀로 서 있지 않다. 우리는 단지 오늘을 살아가는 개인이 아니라 과거와 미래를 잇고 지구촌의 이

옷과 연결된 책임 있는 주체이다. 세대와 세대의 마음이 이어지고 국가와 국가의 협력이 단단해질 때, 우리는 비로소 이 위기 앞에 강한 공동체로 설 수 있다. 우리의 실천이 지구 반대편 누군가에게는 희망이 되고, 미래 세대에게는 더 나은 세상을 물려주는 가장 귀한 씨앗이 될 것이다.

작은 실천이 만드는 커다란 변화

지속 가능한 미래를 향한 우리의 여정은 매일의 작은 실천에서 비롯된다. 아침에 텀블러를 챙기고, 잠들기 전 플러그를 뽑고, 새것 대신 중고를 선택하며, 번거로움을 감수하고 분리배출하는 우리의 사소한 행동들이 모여 세상을 바꾸는 강력한 변화를 만들어 낸다.

지속 가능한 삶은 완벽을 향한 질주가 아니라 오늘을 소중히 여기는 꾸준한 발걸음이다. 처음에는 낯설고 불편할 수 있지만, 그 걸음이 쌓여 익숙한 습관이 되고 자연스러운 삶의 방식이 된다. 그리고 이 긍정적인 변화는 나 자신을 넘어 가족과 이웃, 우리가 속한 공동체 전체로 퍼져나가 깊은 울림을 선사할 것이다.

이제 ESG는 기업 보고서의 딱딱한 단어라기보다는 우리가 어떤 삶을 살고 어떤 세상을 다음 세대에 물려줄지에 대한 진지한 물음이자 삶의 방향이다. 더 이상 선택이 아닌 우리가 함께 지켜야 할 책임과 연대의 약속인 것이다.

우리는 단지 오늘을 살아가는 존재가 아니라 내일의 풍경을 직접 그려나가는 주인공이다. 서로 다른 시간을 살아왔고 다른 공간에 서 있을지라도 지구라는 하나의 집에서 함께 숨 쉬고 있다는 사실만으로 우리는 깊이 연결되어 있다. 당신의 작고 따뜻한 선택 하나가 지구의 미래를 밝히는 등불이 된다.

인류는 기후위기라는 거대한 도전에 직면해 있다. 하지만 우리가 함께 손잡고 배우고 실천하며 서로에게 힘이 되어준다면 절망 속에서도 희망의 길을 열어갈 수 있다.

더 나은 세상은 혼자서는 이룰 수 없다. 지속 가능한 미래는 우리 모두 함께 행동할 때 비로소 단단해지고 큰 변화를 이끌어낸다. 우리의 작은 관심과 매일의 실천 하나하나가 바로 우리가 꿈꾸는 더 나은 미래를 현실로 만드는 가장 강력한 동력이자 희망의 불씨이다.

오래전부터 전해 내려오는 인디언 부족의 소중한 격언을 되새겨 본다.

"우리가 지금 사용하고 있는 자원은 우리 조상에게서 물려받은 것이 아니라 바로 우리 자녀들에게서 잠시 빌린 것이다."

만약 지금 우리의 편리함이 미래 세대가 살아갈 터전을 위협한다면, 그것은 단순히 빌린 것을 넘어 갚을 수 없는 빚을 남기는 일이 될 것이다. 우리는 단순히 물건을 소비하는 개인이 아니라 이 소중한 지구에서 다음 세대와 더불어 살아갈 책임 있는 존재이기 때문이다. 이 의미 있고 아름다운 여정의 주인공은 바로 이 책을 덮고 새로운 시작을 맞이할 당신이다.